郭松棻文集

保釣卷

上圖：1971年1月29日舊金山聖瑪琍廣場（Saint Mary's Square）示威，郭松棻發言。

SMASH
PRINCETON
Los Angles
SMASH

1971年1月29日舊金山聖瑪琍廣場示威，最右角為郭松棻。

四九示威前夕，舊金山花園角示威場地的國民黨工作人員的塗鴉。站在前邊的是郭松棻。

北加州保衛釣魚台話劇社紀念「五四」52週年公演晚會

四幕二場劇　日出

原著	曹禺
演出人	北加州保衛釣魚台話劇社
社長	戈武
導演	李渝　戈武
前台負責人	鄭紹遠
後台負責人	刘大任　丁治
佈景	傅運籌
灯光	譚炳光
道具	鄧義生　張冠生
錄音	蕭宝維
服裝	丁汝玉
化粧	刘宇新
劇务	黃凱
宣傳	黃宇宙
司幕	唐文標
招待	潘傑媚

演員表（出場序）

陳白露	黃靜明
方达生	趙家齊
王福昇	張洪年
小東西	麗南南
潘月亭	戈武
黑三	黃凱
流氓甲	蕭宝維
流氓乙	王治華
顧八奶奶	李傑英
張喬治	張常典
李石清	傅運籌
李太太	李醒夏
黃省三	陳騮
彩鳳	刘謙
小弟弟	許世雄
妓甲	楊潔娣
妓乙	譚玉怡
報童	刘大任

我們同時要在此感謝那些更多的、默默工作的同學們。

右上：1971年5月8日在加大劇場公演話劇《日出》，第一幕：演員為黃靜明與趙家齊。
右下：話劇《日出》演出工作人員表。
上圖：演出後當晚全體工作人員慶功（李渝攝）。

《大風通訊》第一期封面。

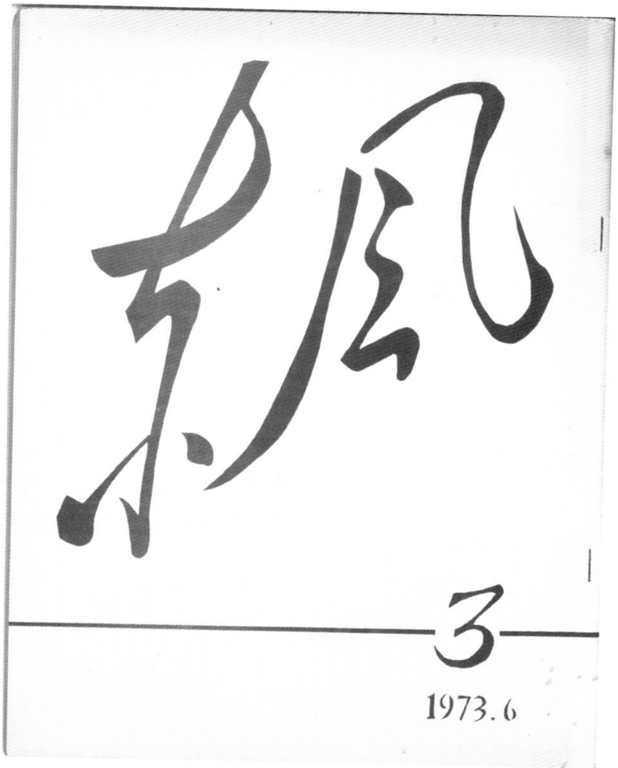

《東風》雜誌第三期封面，封底為「紡織工人進軍」插畫。

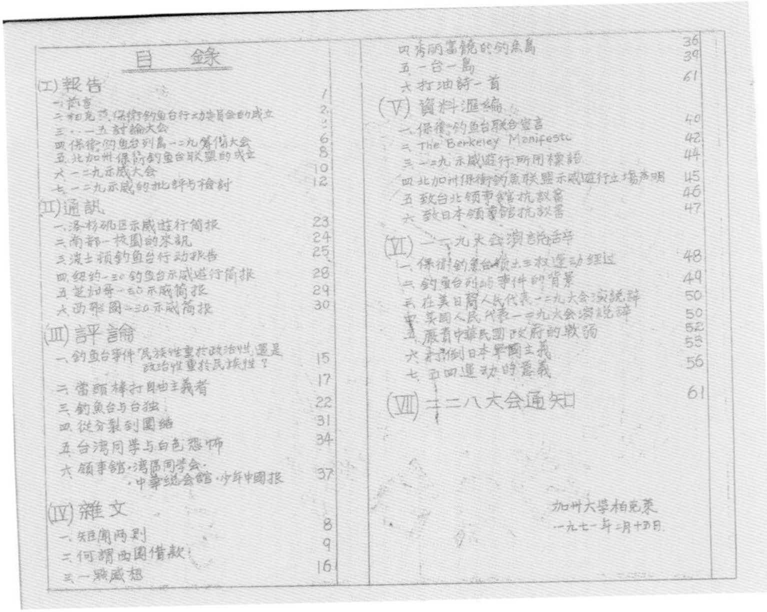

目錄

加州大學柏克萊
一九七一年二月十五日

《戰報》第一期封面和目錄。

刊於《戰報》第二期的四九示威大會傳單。

52

台独極端主義与大國沙文主義

簡達

在魯迅的時代，中國的大國民曾經是一群体格茁壯，而精神格外麻木的愚衆，只配大家圍着看自己的同胞被日軍砍下頭顱來，而無神的呆立着，表示沒有意見。

時代慢々的演变过来，不久以前——或更確鑿的說，半年以前——中國的大國民已是別具面目的一群：体格並不茁壯，不过頂在脖子上的却是一顆顆碩士、博士的頭顱，腦殼裡裝的盡是學有專長的一堆貨物，然而，其精神之格外麻木却仍是依然。這一群是從港台兩地溢出而滯留在海外，人數上萬的中國人。在西方社会裡——或更確鑿的說，在美國社会裡——，大家圍着看西方人以高度發達的科技在圍堵亞洲，而顯現着一付早衰性痴呆症的神采，表示自己並沒有什么特別的意見。

半年來的學生運动迫使時代的步伐邁大加速。這運動的意義，与其是在表面的遊行示威，不如說是在內在意識的猛醒。許多政治思想上，一向被視為禁忌的，都被這群行動中的中國人民一一衝破。以往「入世而不為世所困」的虛偽温敦的生活被丟進拉圾桶裡。一連串持續不懈的行動正向「分裂的中國」告別，而向前捕捉嶄新的，屬於「亞洲的、中國的、台灣的」時代意義。向二十年來的「超現實」的种々生活告別。

告別

以「個我」、「徬徨」、「焦慮」、「不安」等々、等々織成的浮泳「時代失落症」。

告別

向漂泊天涯海角的猶太人看齊，以自棄的心情，求安于海外終老于海外的「邊際人的宿命論」。

告別

以「世界公民」的超級名目自欺，不敢面对当前亞洲以及世界其他各地正在進行的殖民战爭、奴役战爭，而兀自諂弄着「邦無道乘桴浮於海」的浩然無根的、以「詩的境界」為歸宿的「悲劇人生观」。

中國人民正努力的在洗脫這些麻木痴呆的自欺臉貌，一种抵死追求新時代的決心在歷史的子宮裡孕造，新的生命在黑暗裡開始胎動。

在這段新思潮正在胎長的時期，血脈骨架首先成形的是「中國統一論」。這「統一」的論調在釣魚台運動的第二次示威之後，已在美國各地散播，「中共和美國的『乒乓外交』」更像一陣春風，將這論調吹生促長起來。到目前為止，「中國統一論」，雖然陣容未成，不过流散的零星人馬，已陸續的從側面，受到已經有了二十多年歷史，以「倒蔣，台灣民族自決」為目標的台独運動的狙击。台独運動與「中國統一論」的正面遭遇，或將來彼此可能產生的衝突，對打破現今海外中國人的僵硬、閉塞的政治冷感的氣圍，都是有益無害的。甚至於，這兩种力量的鼓盪或將替我們這代導出一條生机來也未可知。

然而，這兩种政治導向在尚未進入正面衝突之前，各自都已經攤出了各自的弱點。這些弱點便是我想在這裡一一列舉，藉以表示一己的管見，並就教於各方有志之士。

一

「中國統一論」被「台独」斥為大國沙文主義並不是沒有道理，癥結在於目前的「統一論」的立論基礎是形而上的、是空想的、是反歷史的。他們的着眼方向是以「超越前進」的態度往上層的社会結構用心，而忽略了迫在眉睫的台灣諸問題。「統一論」一天不腳落實地，當下承担這些實際問題，而只想避重就輕的以空論促成中國統一，則一天只是蹈虛的政論，只能口言，不能实踐。依我看來，「統一論」有以下种々的危机：

第一、「領土完整」的玄想——將台灣島上的一千四百萬人民硬生々的劃歸大陸的七億人民，是「統一論」的工作目標。墊在這种企圖底下的基

〈台獨極端主義與大國沙文主義〉刊於《戰報》第二期的版面。

刊於《戰報》第二期的一二九示威圖集。

40

一、本文不在批判目前已獲得，正在獲得，或將獲得博士學位的个个中國留學生。台灣的大專畢業生，想盡辦法，絞盡腦汁，從台灣出來留學；在國外做盡苦工，竭盡体力，五、六年如一日，慢々的，一步々的熬着，終而得到了「人生最高目的」的博士學位，其能耐与恒心，是誰也不忍去鄙薄非難的。而其苦心設計無寧是更令人同情的。

二、然而，中國學生正大批從台灣湧出，滯留海外，在漫長的岁月裡，數年如一日，埋首於書本，無暇过问時事世局，終於慢々將自己鍛鍊成一隻々埋首在沙裡的鴕鳥，而更是一隻々自得自滿的埋頭大鴕鳥。正在留學生浸々於這般读書寫字的時節，台灣慢々的被入侵，一夜之間，日資、美資、美軍、美政的夜潮滾々湧襲，被這些外来势力的漫々冲喪，家鄉整个的島嶼慢々的陆沉。然而留學生無視於此，娩以为目前的天下还算太平，一心只想功成名就，衣錦榮歸，回台灣搞一陣子歸國學人，賣々洋貨，压压國內同胞，以自顯威風。這种心理，這种作派，正是洋大人求之不得，誘之唯恐不及的。這种心理，這种作派正無形的助長鞏固了台灣半殖民的狀態。這种心理，這种作派正是本文要痛加駁斥的。這种心理，這种作派簡言之就是買辦作風。

打倒博士買辦集團！

羅龍邁

0

由西洋強权排撻入侵，從而開辦洋務以来，散佈在中國上層階級的各行業中，存在着有組织的或無形的各种買辦集团。這些集团專靠輸入洋物以搾取自己人民的物质和精神。更为了方便自己的行業，這些買辦集团一向便有计劃的抵制自己國內土货的滋生壯大。這類物质上和精神上的買辦集团在近代中國之久而不衰，主要的仍然是依賴兩种力量的維持：

一种力量是以美國为代表的資本主義的誘陷。

另一种力量是國內自甘步入誘陷的盲目容納。

在這兩种力量的外呼裡應之下，買辦集团加速與隆，而中國社会也加速淪为半殖民的狀態。在中國近代史中，整個社会結構淪入這种悲慘的畸型發展，而人民在折辱中苟延渡日的時期屢出不鮮，這种悲慘辱沒的時期到一九四九年以後的台灣便達到了顶峯狀態。

目前，台灣之步々深陷於半殖民的境地而不能自拔，是昭然自明的事实。在經濟上，美日的資本霸佔了台灣的市場；在軍事上，美軍的基地遍佈台灣而不必受台灣牽制，在台灣的美軍有他们自己的雷達網和指揮系统，台北政府無权过问，美軍出入台灣如入無人之境；在政治上，台灣更無法甩脫美國政府的「顧问」；其他文化、民生各方面，美日的渗透更是履及劍及，毫不輕鬆放过。總括一句話，目前的台灣便像是一個可憐的養女，全身癱瘓，被美日不休的相继輪姦，而全然失去了抗拒的能力。在這姦污的罪行下，最耐人尋味的是，充作這養女家長的台北政府却因美日嫖客的小惠而雀躍起来，对外以「經濟繁榮」来掩飾這一齣醜劇。而留學海外的中國學人们，不但对自己的家鄉之一再被姦污，無所動于衷，反而時常还帶美國大兵回家，再去姦污自己的家鄉。這「美國大兵」便是留學生，在「歸國學人」的名義下，從國外常回去宣揚的「美國文化」。

我將「歸國學人」或「準歸國學人」之類的比喻作「拉皮條的」，並非故意污辱這批浪蕩海外的學子们，实在是事出有因，查有实据的。這不容置辯的鐵的事实，只怕你不敢去面对它。

這事实可以分兩頭講起：

1

第一、台灣政經的畸形存在。先说財經。

在美日資本交替入侵台灣之下，台灣本土上的民族工農商業（以下簡稱民族工業）一向呈現着凋萎不能振奮的狀態。民族工業既不振，仰賴外資的情况則日趨嚴重；而外資的連續攙入，势必更劇压民族工業的幼苗，於是民族工業与外资的拉鋸式的矛盾，形成了一輪越滾越嚴重的惡性循環。一千四百万的台灣人民，其中大多数人在這惡性循環的火輪下被摧残輾滅，少数人則騎在這輪上，不但不去解除這財經的惡性循環，事实上，却依賴其中的矛盾来吸收搾取，以壯大自己。在中國現代史裡，代表這少数受惠者的便是先前的「蔣宋孔陳」四大家族，在金融界偕稱的「孔宋財团」，以及現今的「蔣氏財团」。

在大陸時期，「孔宋財团」，以及被「孔宋財团」吸收分化的「政學系財团」，其財政經營的基本原則便是買辦作法。從國民党在上海掌握了金融界崗

刊於《戰報》第二期的郭松棻手抄〈打倒博士買辦集團！〉

【編者前言二】

理想主義者的言說與實踐

——郭松棻釣運論述的意義

簡義明

一

自一九七〇年代以來，位於台灣東北方外海的釣魚台列嶼，在東亞的地緣政治中，一直扮演著各種權力交鋒的關鍵性地位。由北美地區的台、港留學生所發起的保衛釣魚台運動，燃起了這場運動的第一把火焰，隨後，台灣和香港的大學生與知識青年也紛紛加入這場以愛國主義為號召的民族運動中，一時之間，烽火燎原。由於不同地區或組織當初參與的動機與想法並不一致，運動開始沒多久之後，各式各樣的意見在會議、團體，和表達言論的刊物中發生分歧。當時有三種主要陣營在集結，分別是「國家統一派」、「獨立建國派」和「革新保台派」[1]，有另一種分法是「左派」、「右派」和「中間自由派」[2]，雖然持後面這個分類意見的人比較多，保釣人士在回顧自己的思想與政治傾向歸屬時，卻多半把自己定位在

「中間自由派」，這是相當有意思也值得討論的問題：這樣的稱呼似乎比較能夠顯示自己在歷史關口的超然性與自主性。

但是，當我們仔細爬梳當時不管是親國民黨政府的右派，或是標榜中立的自由派在釣運刊物上的言說，可以發現他們並未對彼時的世界情勢、冷戰結構下東亞諸國的政治角力、兩岸政權的統治問題與現實等等，提出過深刻的觀察與分析，在運動過程及其後續言行的展現，似乎只反映了己身素樸的民族認同、淺層愛國主義的情感投射而已。這或許是這場運動從未真正成功，或撼動了任何政治現實的重要原因，至今媒體與政治人物仍以非常廉價的方式在消費釣魚台的議題。由此看來，歷史的重建要能發揮真正的反省意義，關鍵在於行動者戮力於重塑集體記憶時，不該只是急著如何於史冊中安放自己的功過與名字，首要之務，應當是還原保釣當時的文獻所呈現的思想狀態，並給予相對完整的修復與整理。這本《郭松棻文集‧保釣卷》的出版，正是這項工作的一個具體起步。

從二〇〇一年開始，幾位老保釣以「春雷系列編輯委員會」的名義，陸續結集了《春雷聲聲：保釣運動三十週年文獻選輯》、《春雷之後：保釣運動三十五週年文獻選輯》（三冊）、《崢嶸歲月‧壯志未酬：保釣運動四十週年紀念專輯》（兩冊）等厚重的文獻集，清華大學圖書館亦從二〇〇四年開始，在林孝信、葉芸芸等人的文獻捐贈下，開啟了保釣史料的收藏與數位典藏的計畫，並於二〇〇九年、二〇一一年兩度舉辦了以保釣為主題的研討會，會議期間有多位老保釣出席，會後並集成《啟蒙‧狂飆‧反思——保釣運動四十年》和《東亞脈絡下的釣魚台：繼承、轉化、再前進》等專書[3]。表面上看，台灣的知識圈與文化界似乎對保釣運動所遺留下來的歷史意義與思想資產有著高度的重視與興趣，但我們依舊未能清楚，究竟那場距今已經超過四十年的運動，歷史全貌為何？各種路線之爭背後所牽涉的思想分歧如何重估？以及，對當代的我們依舊富有真正啟發性思考的議論何在？如果以上這些提問，不能通過實質的文獻整理與重建，予以嚴肅的詮釋與回應的話，那麼，一個島嶼的政治界線或身份歸屬，將永遠只是握有權力之人的遊戲或手段，而我們終究無法在這樣震盪多年的爭議事件中，獲得更深刻與反省力的思索。

二

二〇〇四年二月，我在冬雪未融的季節裡，來到紐約拜訪郭松棻，為了迎接這位從家鄉遠道而來的研究者，他和李渝從安置多年的地下室收藏裡，找出了許多泛黃的期刊、手稿與資料，這些文獻正是記錄著作家在一九七〇年代初期參與過保釣運動的言說與歷史。經由郭松棻的回憶與一篇一篇文獻的解說，我才知道，不曾於前衛版《郭松棻集》的作家寫作年表中出現的保釣編目，其實是他刻意留白的結果，我也才清楚，他那些年對運動的投入，不只是展現於北美各大學社團之間的合作與倡議，也銘刻於數量龐大的各式雜文與書寫裡。

不過，這樣反差甚大的對比更加令人好奇，曾經在釣運當時將他的政治認識、思想維度、情感指向統統匯聚在大量文字裡的郭松棻，在離開那段歷史之後，為何不想在自己的書寫史裡留下記錄呢？相較於其他老保釣的重說與多說，甚至不斷凸顯自己在當時的立論與影響力，郭松棻的「不說」非常值得思索。是政治的張揚與糾葛，還是體制的暴力，或人事聚合的無情，讓他選擇以封存而非闡釋，以沉默代替喧囂的方式留下見證呢？

經由郭松棻在不同時序、不同類型的寫作去做完整的回顧，我們可以發現，作家的精神史其實不曾斷裂，文體的改變也只是書寫形式的調整與追尋，他內在的思考其實是以辯證性的方式在延續與擴充的，不管是保釣時期的各式雜文，一九七〇年代中期到一九八〇年代初期的哲學書寫與文藝論評，以及後來重返文學的小說創作，都關乎一個知識人與理想主義者的自我要求與完整，亦即，郭松棻是以反身性（self-reflexive）的律則構成其所有的書寫與行動。底下對這本文集的內容評介與意義定位，也是從這個角度出發。

三

我們從郭松棻的手稿、參與過的團體與刊物中，整理出三個範疇的文章，分別是「保衛釣魚台列島運動宣言與刊物紀事」、「釣運論述」和「政治評論、國際局勢、瞭望」。第一類的文章，不真正署名作者，這類文字，多半是通過集體討論而獲得的意見與團體共識，交由郭松棻執筆定稿，它們多半呈現著柏克萊保釣社群的行動綱領與運動思考，我們還可以從若干篇章中，看出這群留學生對如何認識「新中國」所做出的準備。

以《大風通訊》裡的〈中國近代史的再認識〉這篇為例，這份檔案雖然只是「大風社」草創期的手工製作，卻濃縮了後來柏克萊釣運的精神與行動方針，從破到立，面面俱到。破的部分，可以看到他們的反省：台灣知識青年被一九四九年的國民黨政權之奴化教育蒙蔽了眼睛，對一九二〇年代之後的中國歷史與社會發展完全無知，且帶有偏見，當時台灣雖有躍起的經濟成績，但那都是基於美國的庇蔭與掩護而來，如同「把表面打點得叮噹玲瓏，硬是

辦集團的方式在進行，等到它退據台灣之後又以同樣的方式治理這個土地，再利用冷戰結構的矛盾性，向美國政府輸誠與傾斜，成為帝國主義在東亞的代言人，而窩在美國高等教育機構裡頭學習各種領域的這些「洋奴」，正是連結帝國和台灣最重要的傀儡：

> 二次大戰以來，美國軍經勢力之滲透歐亞，企圖與蘇聯雄霸世界，尤其美國在歐亞各小國利用CIA製造政變，建立傀儡政權，替美國服務。正當覺醒的亞洲、非洲、拉丁美洲企圖擺脫美蘇控制，建立第三世界，建立自己的文化、文學、藝術、政治制度、社會知識的時候，在自己的陣營裡卻出現了一群群寧願與美國利益認同，臣服於美國侵略文化，一心在美國的傀儡政權下求安、求活、求榮、求名的洋奴們，這一群群洋奴分別散居於政界、文化界、學術界、教授群，直接或間接以維持美國殖民自己國土為己職，純粹反對改變美國軍臨控制自己國家的殖民現狀。這個現象是世界性的，而解決這個問題便是二十世紀後半葉的一個大課題。[9]

郭松棻對當時歸國學人不斷移植西方的「價值中立」與眾多現學現賣的社會科學方法論來診斷台灣的研究，提出嚴肅的批判，並具有主體的自覺。再看〈台獨極端主義與大國沙文主義〉此文，以「極端主義」這個概念，批評台獨運動並非郭松棻所創，這也不是保釣運動中的關鍵問題，如果只從標題就去斷定他的國家認同傾向，也失之草率，因為在文章中，郭松棻也分析了中國統一運動可能帶來的沙文主義問題，他認為「中國統一論」會被「台獨」指責為大國沙文主義不是沒有原因的，因為此時「統一論」的「立論基礎是形而上的、是空想的、是反歷史的。」並且，有六大危機是「統一論」應該要去面對的，分別是：

1.「領土完整」的玄想。
2.機會主義的蠢動。
3.遊說主義的迷惘。
4.社會主義的空談。
5.議會主義的幻滅。
6.異立特（elitism）主義的架空。[10]

由此可知，郭松棻的國家認同或中國民族主義立場，並非建立在「大國」的妄想上，而是社會主義的理想，扁斥菁英主義與依賴國際強權的機會主義，並對任何形式的獨斷與暴力，都保持警覺的距離。相同地，他對台獨的主張，也提出他的質疑，共有四點：

1.「必然性」的地方主義。
2.「獨立先於一切」的形上論。
3.二二八革命的誤解。
4.國際透視力的薄弱。[11]

在講述台獨的問題之前，郭松棻先感性地抒發了台灣歷史的不幸所造成的「感覺結

的自由主義者找不到出路。隨後他引述了一篇《自由中國》的社論，讓我們看到戰後台灣過度依賴美國的背景、緣起與根深蒂固的意識型態。更甚者，以「反共」之名，讓號稱具有改革立場的《自由中國》和當時的國民黨政權幾乎共享了一樣的思維邏輯。不僅如此，既然自由主義思想鞏固了政權，以及和美國之間的臣屬關係，那麼，在文學、文化和藝術方面，當然也難逃被宰制與控制的命運：

> 改良主義是政治上的一種超現實主義，它脫離民族立場，以自己的民族面貌為落後、為醜陋，引以為恥，而幻想美國為人間的天堂，暗拜山姆叔叔為乾爹。這種人物在國內關起門來便睥睨群眾，自己高高在上，大耍其異立特（elitism）調調兒（按，即所謂菁英主義）。然而，他們的思想真能落實嗎？事實擺得很鮮明，既是一種超現實主義，自然就沒有落實於現實的可能。既然是個異立特，就只能坐陣台北，縱覽全島。台北是一座封閉的城市，他們在封閉的城市裡發酵著一套封閉的思想系統。所謂現代化也者，實際上就是一套精神上的虛脫現象：悱惻、徬徨、焦思、憂慮、迷惘、沉鬱、惶恐、畏怯，然後還加上他們的孤傲。[20]

這大概是郭松棻此階段對現代派和台灣現代主義看法的完整總結，同樣在這個時間點發表的另一篇文章〈談談台灣的文學〉[21]，大抵亦是從這個認識基礎出發，具體批判台灣現代主義的無病呻吟與荒蕪。此外，我們也可以從這篇〈戰後台灣的改良派〉裡得到一個線索，那就是一九七四年後，郭松棻陸續書寫的一系列探討「戰後西方自由主義分化」的哲學論文都可以在此找到相互呼應的問題意識，原來，他那些西方思想史的用力鑽研背後，終究是有著對台灣的現實關懷與情感，不只是在哲學和知識上的思辨興趣而已。

五

以當時冷戰結構的現實語境，和二戰後帝國主義對第三世界國家的統治轉化與國際權力重編的視野，來看釣魚台問題，來商榷中國統一或台灣獨立的政治後果，並思考在這環環相扣的序列問題中，台灣的知識份子何去何從，能為與該為什麼，便是郭松棻的保釣論述最核心的思考。既有結構的掌握與認識，也具備行動主體的召喚與省思。到聯合國工作之後，他亦持續對國際局勢，包括美國對華政策、中情局對西藏問題的遠端操控、中國大陸的三反運動、智利左派政權的垮台，還有聯合國內的政治角力、日本的經濟問題和女性議題等等，寫下過許多視野甚廣、思考甚深的文章。

文集中所收錄的最後一篇手稿，是郭松棻難得地以追憶的方式，於一九八五年年底參與了紐約《台灣與世界》雜誌的「保釣運動回顧」座談，在發言後半部，郭松棻引述了魯迅在《兩地書》中的一段話：

最初的革命是排滿，容易做到的，其次的改革是要國民改革自己的壞根性，於是就不肯了。22

郭松棻認為：「這個『就不肯了』的現象，或許也是保釣人士可以加以深思的課題。」[23]我們可以發現，他總是以這樣不斷反思與批判的態度來界定自我與審視人間，所以才會以行動後的安靜來註記那段為了追尋理想的國度而將青春焚燒的歲月，也因為「自我否定性」的精神貫穿著他的追尋，他才會在保釣運動之後，選擇以哲學的探索和文學的鑄煉來接續存在的叩問。這也是今天在重新翻讀這些歷史的哲音時，因為理想主義者不想苟且與屈從，所以我們可以清晰地聽到，人性的爬昇在現實的複雜和苦難裡所產生的迴響。

1. 劉大任，〈反思〉，收於謝小芩等主編，《啟蒙‧狂飆‧反思——保釣運動四十年》（新竹：國立清華大學出版社），二〇一〇年，頁二七二。
2. 李雅明，〈海外保釣運動的回顧與檢討〉，收於謝小芩等主編，《啟蒙‧狂飆‧反思——保釣運動四十年》（新竹：國立清華大學出版社），二〇一〇年，頁八二—八三。
3. 以上這些跟保釣有關的專書出版資訊為：春雷系列編輯委員會，《春雷聲聲：保釣運動三十週年文獻選輯》（台北：人間出版社），二〇〇一年；《春雷之後：保釣運動三十五週年文獻選輯》（三冊）（台北：人間出版社），二〇〇六年；《崢嶸歲月‧壯志未酬：保釣運動四十週年紀念專輯》（兩冊）（台北：海峽學術出版社），二〇一〇年。謝小芩等主編，《啟蒙‧狂飆‧反思——保釣運動四十年》（新竹：國立清華大學出版社），二〇一〇年；劉容生等主編，《東亞脈絡下的釣魚台：繼承、轉化、再前進》（新竹：國立清華大學出版社），二〇一二年。
4. 簡義明，〈郭松棻訪談記錄〉，收於《驚婚》（台北：印刻出版社），二〇一二年，頁一九七。
5. 〈留美愛國學生痛斥野心分子　促注意少數害群之馬〉，《中央日報》頭版，一九七一年四月四日。
6. 〈周彤華籲僑社警覺　謹防野心分子　破壞愛國運動〉，《中央日報》第二版，一九七一年四月八日。
7. 簡義明，〈郭松棻訪談記錄〉，收於《驚婚》（台北：印刻出版社），二〇一二年，頁二〇一。
8. 值得一提的是，在香港推動、主導保釣運動的包奕明，在他擔任主編的《生活與學習》月刊第七期「保釣專輯」中，曾收錄了郭松棻〈打倒博士買辦集團！〉、〈台獨極端主義與大國沙文主義〉這兩篇長文，就現有的訪問與資料中，我並無法確認當時包奕明和郭松棻有無直接的聯繫，但原本受到香港「回歸」思潮影響的北美的台灣留學生知識圈，卻在釣運如火如荼展開之際，也提供了香港在運動的戰線方面思想的彈藥。我以為一九七〇年代初期在北美加州柏克萊大學的這群參與保釣運動的核心份子，他們論述問題的模式，尋找解答的方向和一九六七、六八年由包奕明在香港等引起巨大反嚮的「回歸」論述，是同一流脈的產出。如果我們將一九六〇年代中後期香港《盤古》雜誌中的文獻、一九七〇年代海外保釣運動時期的論述、還有同期間香港雜誌中對此議題的持續討論，以及一九七〇年代台灣的現代詩論戰與鄉土文學論戰當作一個整體的、辯證的發展階段去進行研究，將這些文獻的時空與問題疆界打開，集體的閱讀與比對，可以發現，在冷戰的歷史語境之下，這批在時間幅度上延續前後十幾年（一九六〇年代中期至一九七〇年代末期），在空間上跨越台、港與北美地域，具批判性與反思性的文獻，無論在話語風格、思考模式與框架上，有其微妙的呼應與類似性，呈現了思想與文體的共振效應。請參見簡義明，〈冷戰時期台港文藝思潮的形構與傳播——以郭松棻〈談談台灣的文學〉為線索〉，「媒介現代：冷戰中的台港文藝」國際研討會會議論文，台南：成功大學人文社會科學中心，二〇一三年五月。

9. 《郭松棻文集・保釣卷》，頁一三七—一三八。
10. 《郭松棻文集・保釣卷》，頁一四九—一五七。
11. 《郭松棻文集・保釣卷》，頁一五八—一六四。
12. 《郭松棻文集・保釣卷》，頁一五七。
13. 簡義明，〈郭松棻訪談記錄〉，收於《驚婚》（台北：印刻出版社），二〇一二年，頁二一八。
14. 詳細經過請參考：水秉和，〈國是大會的緣起與經過〉，收於龔忠武等合編，《春雷聲聲：保釣運動三十週年文獻選輯》（台北：人間出版社），二〇〇一年，頁四〇三—四〇八。
15. 西雅圖〈釣魚台通訊〉，收於龔忠武等合編，《春雷聲聲：保釣運動三十週年文獻選輯》（台北：人間出版社），二〇〇一年，頁四〇九。
16. 《郭松棻文集・保釣卷》，頁三一〇—三一一。
17. 《郭松棻文集・保釣卷》，頁三一二。
18. 《郭松棻文集・保釣卷》，頁三一二。
19. 《郭松棻文集・保釣卷》，頁三一三。
20. 《郭松棻文集・保釣卷》，頁三一五。
21. 郭松棻，〈談談台灣的文學〉，《抖擻》第一期（香港：抖擻雜誌社，筆名「羅隆邁」），一九七四年一月，頁四八—五六。

經濟的繁榮不能代表政治的開明。「很多鄉間的人家都有了電視」並不能證明進步。插在一家家鄙陋、汙穢的農家屋頂上的天線，並不能替鬱結在每個人心底的失望講一句話。台灣的經濟再繁榮，觀光事業再發達，也掩飾不了一個鐵的事實：台灣目前有四萬的「政治犯」。

在被迫無我、忘我、喪我的愚民世界裡，有時我們也從昏噩裡猛醒一下，然而總是抬出一九一九年來。如果我們不知道一九一九的前後關鏈，這類招牌總是無濟的。

到一九七〇年，我們看到的自己仍是哈哈鏡裡的自己。似乎一個較為實在的自己不見了。因為回頭看時，竟是一堆被拐扭的歷史。

我們要把二十、三十、四十年代的中國史，從專制政權的土蓋裡挖掘出來，還大家一個真面目，這是文化認同的真直途徑。我們應該充分利用較為自由的美國環境，把中國近代史（當然不只近代史，也不止「史」而已）儘可能的還原到它的本真。是什麼就說什麼。

如果真理抵觸了某一政體，我們的本意並不是為了反對而反對。我們不依附任何當權的政黨的政策，我們不把知識販賣給政權。

將來的鬥爭必然是知識對政治，知識份子對政權的鬥爭。

如果文化寄生在政權下，文化便只能是姨太太。如果不能把文化從任何政權的霸持下解放出來，知識份子白活。如果文化還不能抵制強權，我們把文化武裝起來，讓文化去戰鬥。

海內外的中國知識份子聯合起來！

原載《大風通訊》，美國：大風社，頁一、二，一九七〇年五月。

保衛釣魚台列島第一次討論會報告內容

時間：一九七一年元月十五日
地點：Tan Oak Room, ASUC Building, 4th Floor, Berkeley Campus
召集人：保衛釣魚台列島行動委員會、柏克萊加州大學中國同學會

一、日本政府的貪婪與橫蠻

一九六八年八月駐琉球美軍政府與琉球政府在我國領土釣魚台發現了石油油礦苗，日本政府鑑於油利所在，起了覬覦中國領土的野心，為了實行侵佔中國領土主權的陰謀，仍重施二十年前軍國主義侵吞中國領土的故技，對釣魚台列島先下手為強，做出了一連串橫蠻的行動：

一九七〇年七月十日，琉球海岸巡防船開往黃尾嶼（釣魚台列島之一）擅自埋沒石碑，上面鐫刻「琉球石垣縣久場島」八字，並於該島西端建立木牌，用中日韓三國文字聲明該

島為琉球領土，進入者須向琉球政府辦理手續。到七月，日琉雙方三度派遣龐大的技術調查團，前往釣魚台列島作實地探測。

一九六九年五月變本加厲，在釣魚台列島各島上，各自豎立水泥標柱，寫著「八重山尖閣群島釣魚島」、「沖繩縣石垣市字登野城二三九二番地」等字樣，並於釣魚島上另豎立書有「八重尖閣群島」與列舉八個島名的大理石標柱。

配合著豎界碑侵領土的實際行動，日本外相愛知竟宣稱尖閣群島（日名）顯而易見的為日本的、實為無需磋商的一個問題，緊接著這種自拉自唱、作賊的喊捉賊的鬼蜮伎倆。琉球當局更奉日本政府及美軍政府之命，將島上的青天白日旗扯下，撕裂後攜往黃尾嶼（日名石垣島），九月二十日，琉球政府的巡邏艇在美國的同意下，在釣魚台列島區域兩度追逐台灣漁船。這是自一九六五年以來態度最凶惡的事件，這次的行動已經完全放下假面具，露出侵略的爪牙，以槍尖指向漁民，用日語狂呼濫罵。

我們從私立界碑，擅自勘測，配合外交煙幕，撕毀國旗、驅逐漁民，終至於艦艇槍尖相向的一連串強盜行為，再度看清了日本軍國主義陰魂復活的猙獰面目。二十五年前血淋淋的侵華歷史怎能從我們的腦海裡拭去呢？

二、台北民間的反應

面對著日本政府這一連串的新軍國主義，我們台灣的廣大民眾做了些什麼反應呢？根據我們的資料所得，透過報界的報導，都極為義正辭嚴。

八月三十一日《中國時報》的報導：

基隆、宜蘭、台北縣地區三千餘艘漁船，與這些漁船養家活口所賴以維生的釣魚台列島，位於基隆北北西方一〇二海哩處，其中至少有四個主島，經常留有漁民們的足跡，北部漁民的祖先曾活躍於這些島嶼及海域，他們的子孫也勢必需以這一帶為生活根據，由於地理環境及海流的原因，先民的經營早在歷史上創造了紀錄，日據時期台北州的文獻，就記載著釣魚台列島是該州範圍內的一個優良漁場。

現在，基隆、宜蘭與台北縣等地的漁船，仍然享有充分權利在盛產的鰹魚、鯖魚、鰺魚的釣魚台列島一帶海面捕魚。過去，這種權利既已存在，將來，這種權利更不應該橫遭剝奪。所以漁民們理直氣壯地說：「釣魚台列島是我們的！」

九月四日《聯合報》反映漁民的意見：

南方澳一般漁民希望政府堅持釣魚台群島主權，不要一直逗留在「紙上談兵」階段，應該立刻有具體行動，現在琉球人已在該島豎立水泥碑，上書「八重山」字樣，絕對不能漠視，若使琉球人在該島有進一步行動，我們前往作業的漁船就定要遭到干預。

漁民們認為，最好能由海關先在該島建立一燈塔，派人輪留看守，象徵著這是中國的領土，接著再派技術人員進入島上詳細勘查。

漁民們說：何況現在已經知道該島擁有相當豐富的油礦，怎可不力爭到底？

台灣光復時，我政府接受台北州行政區域，當時未把釣魚台群島列入管轄範圍，可說是一種失誤。多年來，宜蘭、基隆漁業的發展依賴該島程度之深，政府也未注意到該運籌同學就日本軍國主義之再起為題，講述了二次大戰後日本軍國主義的發展趨勢與其對整個亞洲安全的影響。同時，為了喚醒中國同學對日本軍國主義為禍中國的慘痛記憶，演講後即當場放映抗戰時代日軍在華暴行實錄幻燈片，討論會最後一位演說者是董敘霖同學，他就釣魚台事件的意義方面做了極其尖銳有力的申論。

由於言詞的激動與同學對這個事件熱烈的關心，董同學的演說中曾引起了一段高潮性的辯論。環繞這個辯論的題目，廣泛而深入的討論開始了，同學們就此事件的經濟、法律、歷史、政治，以至於全美留學生的反應等各方面提出了不同的見解。其間，由於同學們發現了舊金山領事館總領事周彤華與其他兩名隨員亦在座中，即提議由周總領事代表官方立場說幾句話。周總領事表示，這是一個極有意義的愛國運動，他個人非常贊同。在問到台灣政府何以對日本侵略行動竟無嚴正表示時說，政府認為釣魚台為我國領土仍為一無須與外國討論的問題。且說，根據官方報紙，政府已向日方表示我國對釣魚台列島有主權。至於過去，因為該島為無人的小島，所以日本及我方都忽略了。[1]今後政府對保衛國家主權自為不容規避的職責；「西園借款，媚外賣國」絕不會重演。參加與會的同學又問到關於沈劍虹在答立委質詢時稱：「釣魚台列島現屬美軍託管」這種言論豈非已經承認了美國有權將該島一併歸還琉球？又有同學認為根據舊金山和約才造成今日情況，但該約條文意思模糊不清，其中是很難找到極有利我國的內容。同學中亦有人說，舊金山和約根本是國民黨政府與日本所訂，今天在大陸的七億人的人民政府則從未與日本訂過任何和約，因此舊金山和約亦不能算是天經地義的根據。周總領事就上述討論僅回答一、釣魚台列島現在事實上確在美軍管理之下。[2]二、中華民國政府為中國唯一合法政府。

周總領事並答應代全美同學將各地學生對釣魚台運動之宣言與資料，經外交部、教育部轉致台灣各大專學校，期望全體愛國學生與我們共同行動。

討論會決定了元月二十九日要在舊金山開示威大會遊行，遞抗議書等行動。會中並朗讀了史丹福大學保衛釣魚台主權聯合會宣言，紐約保衛釣魚台行動委員會宣言。

會場中同時進行了捐款，結果情況熱烈，共得款美金一百二十二・八六元。

大會接著全體無異議通過了柏克萊保衛釣魚台列島行動委員會的五點主張：

堅決反對日本軍國主義侵略行動，全力保衛我國領土釣魚台列島。

在我釣魚台領土主權未得明確承認前，堅決反對所謂「中日韓聯合開發行動」。

正告釣魚台事件承辦人員，必須對全體中國人民負責，「二十一」條不許重演。

反對美日勾結陰謀剝奪中國經濟權益。

全體留學生團結行動，發揚五四愛國精神。

最後，約有數十同學自動參加了行動委員會所設的各小組，準備展開各項實際行動。大會在晚上十二時圓滿結束。

1. 釣魚台列島近百年來一直為中國漁民打漁作業的場所，島上有中國漁民自建的工寮，自建的台車路，自建的碼頭，開掘的泉井，數千漁船在那裡停泊，數以萬計的漁民生計賴以建立。這樣的地方，政府從未去經營，去確立國界，到了今天遭日人侵略，甚至不做嚴正的聲明與抗議，對漁民作業不做任何保護，這種「忽略」難道是可以原諒的嗎？反觀日本，自一九六九年來即連續設碑、撕旗，甚至於派艦艇驅逐漁民，演變到今日竟已宣布該列島為日本領土，顯然日本政府並沒有「忽略」這塊地方。

2. 釣魚台最早的記載見於明朝永樂元年（一四〇三）的「順風相送」航海圖，並見於此後一連串不斷的記載。一九四一年，日本占據台灣時代，「台北州」與沖繩縣為尖閣群島（釣魚台列島日名）發生主權之爭，一九四四年東京法院判決尖閣群島屬「台北州」，這就表明了該列島為台灣的一部份。一九四三年開羅宣言、一九四五年波茨坦宣言、日本對盟國降書等一連串歷史文件上都將台灣正式歸還中國，釣魚台列島既一向不屬於琉球，所以美軍從來沒有對釣魚台列島有過任何管轄權，美軍在事實上亦從未「管理」過釣魚台列島。今日日本聲稱釣魚台列島屬琉球範圍內，美國國務員竟亦聲稱釣魚台為琉球之一部份，將於一九七二年隨同琉球歸還日本。這種荒謬的、慷他人之慨的態度，已經嚴重地侵犯到中國的領土主權，凡中國人都該挺身抗議，力爭才是。而台北外交部代部長沈劍虹反倒糊塗油蒙了心，一句話把中國的領土劃給了外國去「管轄」，天下有如此莫名其妙的官員嗎？

原載《保衛釣魚台列島一二九籌備大會通知》，美國柏克萊，頁一——三、六，一九七一年一月二十四日。

北加州保衛釣魚台聯盟一二九示威遊行大會召集書

時間：一九七一年元月二十九日中午十二時半至四時

地點：三藩市聖瑪琍廣場

釣魚台列島是由位於北緯25°40'到26°，東經123°20'到123°40'之間八個小島所組成，在台灣東北方約一百二十浬的大陸礁層上。自明代以來，一直是屬於台灣省一部份的中國領土。該列島在中日甲午戰爭後與台灣同時為日本所強占，二次世界大戰後，根據開羅宣言、波茨坦宣言及日本對盟國降書，已經為屬於台灣的一部份而歸還中國。自從台灣以北大陸礁層發現價值達數千億美元的石油礦藏後，日本忽然聲明該列島是琉球的一部份而將於一九七二年歸屬日本。配合此一聲明，並派人到各列島上，豎立石碑木牌，撕毀青天白日旗，並以武力驅逐一向在該區作業的中國漁民。到今天為止，處於當事者的台北官方對這一切無理行動只有「不予置評」的沉默及其他模棱兩可、軟弱含混的聲明，甚至於避免聲明中國對該列島的領土主權，我們恐懼於鴉片戰爭以來一百二十年種種喪權割地媚外辱國的交易條約可能再現於今日。我們痛恨日本軍國主義的再度復活，馬關條約、西園借款、九一八事件、八年侵華戰爭的魔掌重新伸向中國。我們更痛心於中國的領土主權不能得到有力的保護，中國人的尊嚴要在強權的陰影下受到一次又一次的折辱。作為一個覺醒的中國人，我們豈能再繼續容忍國家被列強所分割魚肉！豈能再坐視懦弱無能的外交去喪權辱國！凡是中國人，不分信仰，不分黨派，不分地域，讓我們團結行動，強烈抗議日本軍國主義的侵略，反對美政府的片面偏袒，嚴禁出賣領土主權的任何外交協議！親愛的同學，中國人不能再沉默了，當侵略者向我們揮動屠刀，沉默只代表馴服地接受宰割！

這次的示威不是一件單獨、孤立的行動，而是史無前例全美中國人聯合一致的全國性行動。紐約的中國人定於元月三十日在聯合國日本代表團前示威，洛杉磯、芝加哥、費城、哈佛、耶魯、普林斯頓、哥倫比亞、康乃爾、威斯康辛、伊利諾密歇根、馬利蘭、艾荷華各地及大學的中國人也將在二十九及三十日兩天舉行演講示威、討論等行動。同學們，二十餘年來，中國留美學生從來沒有像今天這樣奮發過，我們也瞭解大家從來沒有任何團體性的、公開的政治行動的經驗。發動組織這個愛國運動的同學嚴重地考慮到，必須盡一切努力，保持這個運動的純潔性，使它成為團結最大多數留美中國人的一次示威運動。同時我們也認為，留學生，無論來自香港或台灣，在這次運動的意義上，是站在一個中國人的立場說話、批評、示威、抗議。絕不能使這個運動成為官方報紙的宣傳資料，淪為簽名祝壽的場面。我們深信，中國是中國人的中國，我們誓死反抗任何侵略中國的國家，我們同時反對任何出賣中國的政府。如果大家確認釣魚台列島的領土主權問題與中國未來的生存發展息息相關；如果大家都不忘二十五年前日本侵華戰爭血淋淋的歷史教訓；如果大家都認識到美國商業資本活動的擴張性、侵略性對亞洲未來前途影響鉅大，請大家捐棄彼此的成見，拋下猜疑畏懼的心理，讓我們在這個關係重大的事件上緊緊攜手，共同行動。團結就是力量！

原載《保衛釣魚台列島一二九遊行大會通知》，美國柏克萊，頁一、二，一九七一年一月二十四日。

一二九示威籌備大會決議書

一月二十四日下午七點半在加州大學柏克萊校園學生活動中心大樓的四樓「保衛釣魚台列島行動委員會柏克萊分會」召開第二次大會，以一二九示威遊行為中心展開討論。經四小時的意見發表之後，與會的一百多港台中國同學採取了一致的步調，表決了一二九示威遊行的各項議案。

雖然這次大會能順利的通過各項議案，但會議中仍遭遇到兩種阻礙。大體說來，這兩種阻礙多存在於來自台灣的中國同學，其原因皆種於錯誤思想造成的誤解。

第一種誤解以為這次的保衛釣魚台須要認清二次大戰結束後一切有關的條約與法律，然後再依循這些條約與法律來解決釣魚台問題。不錯！國際間的條約和法律是必須研究清楚的。然而卻不必全部奉為金科玉律。對於任何條約與法律，我們要先質問：

1. 是誰定的條約和法律
2. 這些條約和法律背後的企圖是什麼

3.這些條約和法律到底為誰服務

事實上，任何違背中國人民利益的、片面的不平等條約或侵略者的強權法律，我們都要挺身出來反對。

第二種誤解以為我們不應該批評政府，尤其目前中國尚處於分裂的狀況，不應該再引起更多的分歧；更有人本著家醜不可外揚的心理，主張不可揭自己政府的短處。這是偏狹的國家主義的錯誤心理在作祟。事實上，知識份子原就對政府具有批評及貢獻意見的權利和義務，所謂當局者迷，旁觀者清。批評時政原是中國讀書人的優良傳統，孫中山先生說過：「政府是人民的公僕。」作為一九七〇年代的知識份子還把政權當作父母官而奉之若神明實在是落伍可笑的想法。弄清楚了這上面兩種誤解才可能瞭解到，並把握住我們這次示威的真正意義。

第一次大會的決議如下：

1.通過柏克萊保衛釣魚台宣言
2.通過統一製作標語口號
3.通過示威大會演說範圍
4.成立北加州保衛釣魚台聯盟

原載《保衛釣魚台列島第一次討論會通知》，美國柏克萊，頁三，一九七一。

片軟綿綿的官僚組織的橡皮墊子上，所有的憤怒一下子就變成了笑柄。

留學生到今天之所以成為這樣一種荒唐可笑，認同關係模糊，變相移民，填補美國就業夾縫的可憐蟲，不是沒有原因的。我們自己想得不算少，但是都是以個人為本位，以「前途」為歸結的，終而至於發為牢騷形式的思緒。我們從來沒有以留學生當作一個整體，一個時代，一個國家，一個社會的歷史發展過程中的普遍現象來分析它的嚴重性荒謬性。我們從來不敢確認，是我們自己的沉默，自己的散漫，自己的懶惰，而宿命論者的手揑在我們這一代人的命運的脖子上，讓我們自己窒息，讓那些既得利益階層的人胡亂擺佈我們國家的命運！同學們，你要糊塗就糊塗到底吧，要清醒，就該有徹底的清醒！

一二九示威以後，我們和大家一樣，從激憤回歸冷靜。仔細檢討一二九示威的前前後後，我們發現了很多問題，很多錯誤；更重要的是，我們覺得，正如芝加哥區的同學們在檢討會中所決議的，這只是一個開始。目前最重要的事，一方面要把我們第一階段的辦事經驗，所碰到的問題和挫折，整理出來，供大家參考：一方面，我們也應該擴大我們的視野，向問題的周邊、根源處去挖一挖。在我們第二度出發前，我們一定要想得深一點，遠一點；這一份戰報就是基於這些目標編集而成。

柏克萊區、北加州區、美西、美東、全美國、全世界有中國人的地方，以釣魚台事件為中心的一個愛國運動正方興未艾。讓我們勇敢站起來！

原載《戰報——一二九示威專號》〔第1期〕，美國：柏克萊保衛釣魚台行動委員會，一九七一年二月。

從分裂到團結

在柏城分會成立之前，史丹福已經召開了討論會，並曾有領事館總領事及領事到場參加。柏克萊的董同學亦曾以個人身份前往。他的發言很引起了與會同學之間的爭執。當時他所發言的內容不外乎兩點，一為，題目不妨做大一點，應該談到反對日本軍國主義的題目。其次，這次運動不但在保衛釣魚台的意義上有其重要性，而且它將是一個留學生打破僵局的解凍先聲，對台灣的政治問題、社會問題，都該有相當的關心，從而在釣魚台事件上對國民政府具有嚴正的批評。

當時像這樣的看法，對與會的同學來說不啻是投下了一個小炸彈。尤其對那些還提議向領事館要錢，與領事館「協調」「磋商」的人更產生了醍醐灌頂的效果。第二次史丹福的討論會上，周總領事帶著隨員到場。會中同學對之禮貌有加，問話客氣，甚至偶有問到使周總領事發窘的問題亦立即有同學出來打圓場。這些同學當然是出於一片善心，不忘中國人溫和有禮一派君子的作風。周總領事因而也流暢地說了幾句不關痛癢的外交辭令。事後還有些同學頗賞識他的風采，認為他沒有什麼官僚氣（是不是來自台灣的同學一直蜷縮在書齋裡，沒有見過什麼官僚，因而以為非得像丁副官張大帥那樣滿口粗話才算官僚氣？）這次會上令人氣結的是，當談到台北外交部訂的條約往往不如日本方面訂的考慮週到嚴密時，洪領事居然說，這也不是外交部的錯，而是「中國人整個QUALITY的問題」。面對這樣公然汙辱全中國人的無恥言論，董同學覺得已是忍無可忍，於是大聲斥罵洪領事「荒唐」。這又引起在場同學紛紛出而調解。可以看出，會中同學這種和和氣氣，禮禮貌貌的「君子」作風，以及對一些荒唐言論的隨和態度很能代表許多留學生的心理狀態與政治水平。

說到政治水平，許多同學馬上就聯想到“dirty Politics”而為之驚心。有些同學甚至說，這次愛國行動不要滲進政治。這種說法是幼稚不通的。事實上，這個愛國運動的成功與失敗的評價主要地就在它能產生多少政治意義！何以我們會有這樣低的政治水平？何以談到打倒日本軍國主義有人以為是扯得太遠了？批評政府就是「行不得、太激烈了」？為什麼一談政治便色為之變？原因很多，簡單地說是因為在台灣的同學不但與世界的政治思潮脫節，並且與政治活動、群眾工作從無機會參加，而現實的政治給人們的都是骯髒血腥的印象，因而以為只要鑽進象牙塔，潛心研究便可做個「乾淨」人了。事實上這種政治陽痿的態度並不能把人變成不沾政治煙火的世外神仙。面對一個政府的許多荒唐措施，社會的不平現象只一味逃避，則無異在幫助這種措施，惡化不平的現象，最後的惡果必定由大家來分嚐，沒有人能真正逃避得了。除了逃避以外，另一種人以為「溫柔敦厚」「四平八穩」「面面圓通」是最懂得政治三昧的做法。這種作風的危險性在於它的隨和性與妥協性，更明白地說是它的投降性。這種作風表現在行動上就是虛偽客套，互留餘地，請客送禮，打躬作揖……這種投機的鄉愿主義一遇到忠奸立判的緊要關頭就要禁不住考驗地投降了。

我們再舉一個例子來證明鄉愿主義在遇到現實考驗時可能採取什麼態度。史丹福討論會中曾有一段時間某些同學是主張不去日本領事館及台北國民政府領事館示威抗議的。其理由是到日本領事館示威不大合適，因為釣魚台事件與日本無直接關係。琉球才是直接關係的對象。到國府領事館則不大好意思，因為總領事風度不錯，對同學很客氣。這些理由不知是誰提出來的，真正危險的是當時居然有同學們覺得很有道理！前一個理由說明了政治水平低落，根本認不清釣魚台事件是日本軍國主義復活的第一個警號。後一個理由呢？實在可笑到不值一駁。

自然，在柏克萊的同學中也不無患著上述兩種政治陽痿或鄉愿主義病的。這兩種病才是這一次愛國運動中最大的潛在危機。一些別具用心，企圖分化團結的人便暗中利用這兩種存於人們心中的病苗，散佈謠言，製造分裂。我們這次的運動過程，從一方面說，也就是一個同這兩種病態心理相戰鬥的過程。我們看到，無論是史丹福或是柏克萊，甚至以後與我們共同行動的其他學校同學，都是在保衛釣魚台這個愛國意義下，共同討論，共同研究，共同決定，共同行動，而終於能戰勝了那兩種潛在的病態心理，克服了分裂的危機，勝利地團結在一致的行列中。

我們提出上列的事實，舉出一些例證，用意絕不在對某一學校某一個人施以攻擊，因為我們都曾面臨那些同樣的困難，在行動的過程中共同摸索出正確的道路，學得了經驗，受到了益處。我們便懇切地把這些經驗提出來做為將來共同行動的借鑑。我們同時也從彼此的熱情，奮發與團結中得到繼續前進的鼓舞。

我們為什麼要發起中國統一運動

——客觀形勢的初步分析

尼克森在明年二月二十一日即將赴北京訪問。

我們面臨國際局勢的迅速變化，冷靜的檢討了留美學生運動的現狀，本著敢於鬥爭敢於勝利的精神，向全美及海外中國學生組織提出一個展開全面性的中國統一運動的草案。這個草案的重點是在尼克森訪華以前，舉行一個全美性的大示威。

四月示威以來，我們與全美各地一樣，都在做著基礎性的說服與組織工作，辦些中小規模的教育性的活動。連月以來，經過廣泛的討論和分析以後，我們結論到，以一次大示威為重心，展開全面性的中國統一運動的時候到了。我們的分析如下：

（一）新中國的進入聯合國觸發了台灣內部矛盾的尖銳與明朗化。這可以從幾件事情看出來：(1)沈君山之流公開在美活動，代蔣經國替「獨立」投石問路，爭取學生（尤以外省籍為對象）的支持。(2)星島日報十一月十二日的社論：「中國應走和平統一之路」極可能是替蔣經國作「統一」的問路工作。(3)台灣金鈔猛漲，資金迅速外流，房地產股票大跌，均顯出山雨欲來之勢。(4)岸信介派代表及日本極右派份子先後訪台，與國民黨裡親日派頭子張群、何應欽、谷正綱等人會談，返日後即發表台灣應該獨立的謬論，加上其他一些跡象顯出國民黨裡親日派開始蠢動。親日派、親美派、親俄派的鬥爭日益激烈，小蔣似有平衡不易之感。(5)台灣島內傳來消息，學生運動躍躍欲試，大有繼保釣運動慘遭扼殺後重整旗鼓之勢，保釣運動已經給國府一次深重的打擊，現在我們更不能放過這一與台灣學生運動配合以影響台灣前途的機會。

（二）北京週報一連兩期（44、45）清楚刻劃出，在新中國進入聯合國後，美國分裂中國，製造一中一台的陰謀日益加緊，我們身為中國人必須盡力阻止美、日的野心。

（三）保釣運動喚醒了留美學人、學生的民族意識，各地陸續地辦討論會與雜誌，中國統一的呼聲響徹全美，東西兩岸支持中國如聯合國的大示威及東、西、中三次國事大會的投票結果，充份顯示出留學生要求統一，反對美、日帝國主義的熱情，尤其在中國進入聯合國以後，更達到一個新的水平，這種熱情的普遍與高漲已經遠不是現有的保釣活動所能滿足，而必須由一個全面性的大活動來作集體的表現，這指出了一次大示威的可能性與應行性。

（四）今天，留學生政治水平的普遍提高，民族意識的廣泛覺醒，各種活動的多姿多采，是保釣兩次大示威的勝利成果，這一事情清楚地說明，由一個大規模的示威及其準備工作所造成的大規模群眾動員及其教育性的價值決非任何小規模的活動能夠比擬。

（五）國民黨及一批美國極右派份子投下大量金錢，利用遊行示威，不斷在美國製造反中國的謬論及海外華人支持蔣介石的錯誤印象，他們這種活動必須用萬千留學生及華僑聯合以大示威表明立場，予以徹底打擊。

（六）各地保釣會，現在或有以中間姿態出現，其立場或有與我們草案中鮮明的立場稍有不同的。這種保釣會的工作人員的一部份可聯合其他進步份子另組中國統一行動委員會，原保釣會工作並不需要停頓，可兩路並進。

（七）現在留學生中一部份主張中國統一論者，對中國統一所涉及的問題，尚欠缺深刻瞭解，而以星島日報為代表的統一謬論一出，立會發生混淆視聽的結果，我們必須提出正確的統一方案。

綜合以上分析，我們認為一個大規模的，以示威為中心的時機已到，而且唯有這樣的全面活動，才能造成：

(1)全面動員，產生全面性的教育效果。

(2)更進一步，提高中國留學生運動的水平，維持運動的戰鬥精神。

(3)直接影響到台灣變化中的政局，打擊反對勢力，促成中國統一。

(4)打擊國民黨與美國極右派份子反中國宣傳，表達海外留學生要求中國統一的強烈願望。

尼克森就要去中國談到台灣的問題了，他就要重彈「兩個中國，一中一台」的濫調，製造「台灣人民反對統一」的謊言，讓我們以我們的行動粉碎他的濫調與謊言。

面臨國際局勢速雷驚電一樣的變化，面臨中國統一與台灣問題已到關鍵時刻，面臨美國帝國主義的黑手公然伸向台灣，面臨台灣內部學生群眾即將覺醒，我們再不能觀望沉默了，再不能用手頭工作忙碌作藉口而逃避必要的搏鬥了！讓我們繼續保釣的戰鬥精神，團結起來，爭取更大的勝利！

柏克萊、洛杉磯保衛釣魚台行動委員會同啟

一九七一年十一月十九日

原載《柏克萊快訊》第二期，美國，頁一，一九七一年十二月二十日。

《東風》第三期編輯組報告

輪編制的進行

《東風》第三期編輯組的朋友們贊成第三期人物完成後，將第四期的人物移交給西部柏克萊／奧克蘭區，並希望西部洛杉磯能成立第五期編輯組，擔任該期的編緝工作。

以紐約為重心的原第三期編輯組在他地接辦《東風》時期，仍將以「讀書小組」形式繼續定期聚會，作專題討論，並將討論結果整理作為《東風》雜誌的稿件。

雜誌立場和編緝方針

第三期編輯組重申第一次籌備會所訂的立場和方針，即：

(1)《東風》不是代表海外學生運動的雜誌，也不是代表海外華人的刊物；

(2)雜誌重點漸由介紹社會主義新中國轉向著重台灣問題的探討；

(3)中間派、自由主義者和右派份子都是《東風》的工作對象，《東風》避免予人以「海外紅旗」的印象。

第三期編輯經過

（一）為什麼第三期又遲遲不出：

第三期編輯組於去（七二）年十月二十九日的第一次籌備會中決定購買中文打字機，在美國打字以帶至香港鉛字排版，以節省稿件在美國和香港之間來回郵寄的時間。當時預定購買兩部，加上在紐約借來一部。一共三部同時間開工，爭取時間，使第三期如期與讀者見面。

結果托朋友從國內訂購的只來一部，而原先借到的一部又由原主拿回去。目前的這一部在本（七三）年二月底由海關領出後，立即改變原先計劃，不由我們沒有訓練的生手負責打字，而找職業打字員包辦，以免太耽誤時間。

第一個找到的職業打字員接洽妥當之後，又因政治立場問題，中途變卦。經過一些時間的尋找，好不容易又找到另一個，即目前這一個。但由於他熟悉的打字機是台灣出品的，字盤的排列前後左右次序與中國大陸出品的完全不同，大大影響了他的打字速度。

以上這些事故是第三期被拖延的主要原因。

（二）目前的進度：

(1)全部打字工作將於四月三十日完成；

(2)設計、剪貼、編排預計六至八月；

(3)印刷、裝釘約二至三週（由於經費關係，所接洽到的是一家同情進步事業的小工廠，價錢公道，但他們人手短缺，故可能費時較長）；

(4)頂快五月底可出版

（三）第三期費用：

打字約 450-500 美元

印刷（包括裝釘） 約450美元

共約 900-1000 美元

附第三期內容（暫定）

(1)社論：和為上策（有關和談、中國統一問題）

(2)理論：美元貶值問題

(3)重新認識近代史：上海解放

(4)社會主義的教育制度

中國的科學（翻譯）

短論：李敖與棒子
中國外交
越戰之後
文藝：雨後春花（小說）
海外夢覺（劇本）
雜文五則
文學的階級性（理論）
巴黎的最後一支探戈（影評／翻譯）
家事（小品）
會親記（報導文學）
介紹新中國：祖國八週記（連載3）

——筆記。

內，我們更受到外來有計畫或無心的破壞和干擾，徒費彼此不少精力時間。然而我們終於能夠排斥掉這些破壞和干擾，而成功的達成我們始終堅持的立場，這是我們，以及在美國各地瞭解並支持我們的作法的中國人所應該慶幸的。

我們所遇到的阻擾，除了來自國民黨有計畫的分化以外，同時也來自一群中國同學的誤解——他們看不清整個事件的癥結所在，徒發議論，徒生枝節。關於國民黨有計畫的分化，我在此不打算提它，關於這群中國同學的誤解，以及從這一誤解所反映的心態，我則想在這裡談談。我統稱這種心態為「自由主義的心態」而要痛加駁斥的。

第一種自由主義者是永遠想看戲的。熱鬧一來，他們便站在一旁觀看。心裡雖存有是非，但卻不敢在行動上對這是非作明白的好惡表現。自己終於變成一具沒有原則的行屍。在美國兩萬多中國留學生當中，有太多的碩士行屍、博士行屍和教授行屍。

第二種自由主義者是國民黨白色恐怖下的犧牲品。他們是一群心理癱瘓的自由主義者。長期在國民黨特務強凌之下，這批人已患了早發性癡呆症。如今在海外仍未消除這份特務恐懼症。在美國隨時隨地仍感到杯弓蛇影，鬼出魅沒。以致於使他們完全怯於發言，恐於行動。要知道這是幻覺而不是事實。如今流泊在海外的少許國民黨的特務其處境是可憐的！他們恨不得早些甩掉自己不體面的枷鎖，想盡辦法要留在美國改行轉業。多少特務們已放下屠刀而開起飯館來。同學們如果看清他們的真面目，便知道恐懼是多餘的。我們不但不應該恐懼，而且應該聯合起來，把這批鬼鬼祟祟的狗腿子揪出來，在公眾面前亮他們的醜相。這是治癒中國學生在白色恐怖下所罹的心理殘缺的最好藥方。

第三種自由主義者，是那些仍舊存有「萬般皆下品，唯有讀書高」的封建思想的學生教授們。他們以自高自滿的學者風度謾罵「政治都是髒的」，而對眼前自己國家領土就要喪失了也不聞不問！是的，政治是很髒的！唯其是髒，我們就不能不出來清掃一番。尊貴的學者先生們忘了他們純學術的研究本來也是寄生在髒政治之下的，一味在垃圾堆裡討生活也未必是很清潔而衛生的罷！這類清高的想法早已落伍，當代的政治是全面性的，個人早已沒有迴避的餘地。政治的輻射，正如原子彈的輻射，雖然身不處其間，然而也會身不由己的遭到災害。你對政治不感興趣，政治卻對你感興趣。釣魚台絕不是孤立而遙遠的事件，也不單是中日之間的事件，這是至少牽涉到中、日、美三個國家的國際事件。這個國際事件任你怎麼逃入實驗室或研究室也迴避不了的。清高尊貴的學者先生們，醒醒！

第四種自由主義者是一群沒有憤恨的一代。他們誇言他們的口袋裡裝的都是愛，於是隨時掏出來亂愛一番，隨時向敵人寬容，這是一群最沒有原則的泛愛主義者。他們是絕對主義者、永恆論者，或什麼人道主義者。眼前歷史的顛沛沉浮對他們都不算數。他們只知道一片的愛過去，對日本的軍國主義是「以德報怨」，對自己政府的懦弱無能是「不妨再寬容一下」。結果，你這邊在不分敵友的亂愛過去，別人早在那兒砰砰硼硼的格鬥起來。而這種違反「愛」、「人道」的格鬥總是終於要殃及池魚的，總是終於也把你格掉了。終於總是一片死屍，終於大家一道昇入天堂，一齊擠進永恆。這是絕對主義者、永恆論者的最後答案。

第五種自由主義者是投機份子。他們的原則是：有奶的便是娘；他們的伎倆是：見風轉舵，他們的處世哲學是：不擔風險，要撿最順當安穩的路走。這批人平日好談國家大事和國際局勢，他們的普遍結論是：目前該走的是：走小蔣路線，可做的是：搞留學生包機。然而搞包機得要有路線，得要獲得上面的賞識。於是釣魚台事件對他們便是出風頭的大好機會，這種人帶給這次的行動多大的災害是不言可喻的。

第六種自由主義者對於釣魚台事件表現得相當積極，而且有一套古怪的「官逼民反」的「革命」理論。他們以為國民黨的作為誠令人失望，目前釣魚台事件的處理更令人失敬，然而不妨「再給他一次機會」，暫時不批評他，而把矛頭單指向日本。如果國民黨還站不起來，那麼，最後當然順理成章，把它演成「官逼民反」的鬧劇。持有這套荒謬理論的人不外兩種：一種是純天真派，把保衛釣魚台主權的學生運動誤以為是武裝革命，滿腦子裝的是阿Q式的革命景象，眼睛卻從不睜開來看現狀，因而也無從將這學生運動的功能發揮盡致，甚至於扭曲了整個運動的方式。另一種是純老狐狸派，這一派人士之所以唱「官逼民反」論是另有企圖的，這企圖無非是拿這個「高調」當作幌子，將那批狂熱浮躁的「革命」份子引鱉入甕。然後拿著這批甕中的「革命」之鱉去向他們的主子報功。不管引鱉者也好，自動入甕者也好，都是有百害而無一利的。

第七種自由主義者對於釣魚台事件也表現得格外積極，而且高唱「民族主義」，目的在替台北政府遮醜，以為這次釣魚台事件純是中國人民和日本人民之間的爭執，因而在事件的處理上，主張「民族性高於政治性」。持這種論調的人，老實不客氣一句話，就是無知！人民何罪之有？不但中國人民無罪，而且日本人民也是無辜的。這次釣魚台事件的一切的罪過都出在統治者身上！沒有日本佐藤政府的軍國主義，沒有美國政府對亞洲的野心染指，沒有台北政府在軍事上、經濟上一味的依賴老美和日本，這三者任缺其一，都不是那麼容易把釣魚台搞成現在這般尷尬景象的。今天問題的癥結到底是在民族間的仇恨上，還是在政府間的衝突上，這本是彰彰自明的事實！現在偏偏有人故意渲染中日人民的民族衝突，來拐扭真相；目的在於掩滅政府間的衝突，掩滅日本政府的軍國主義，掩滅台北政府的侏儒外交。這種人不是無知，就是無恥，再不然就是另懷鬼胎，企圖破壞這次學生運動的嚴正的方向，我們要迎頭痛擊這類偽君子！

總之，眼前中國的自由主義者，林林總總種類不一，名目繁多，然而總括的一句話，都是中了懷疑主義、無為主義的毒害。思想上沒有什麼主意，生活上是一派放任頹唐，而整個精神氣度上都是纏足的小腳女人。嚴格地說，以上這七類人都是假自由主義者，因為這批人平日本就內心一片空壑，只是碰巧現在遇上了釣魚台，一時忍耐不住，發出了一陣陣的歇斯底里而已。不同於以上這些假自由主義者，在海外的中國人當中又出現了另一種自由主義者，這是第八種自由主義者，也是唯一比較貨真價實的一種，因為他們有思想、有言論。

然而，這第八種自由主義者，和其他的種類一樣的對中國有百害而無一利，甚至於，正因為這類自由主義者有思想、有言論，所以他們的為害更其嚴重。在中國留學生中這第八種人相繼出現、層出不窮，尤其以美國留學生中為最，胡適之便是其中的抽樣代表。這類人不明是非、不理原則，不問頭上是什麼政權、什麼體制，隨時隨地表示「愛國」，這是典型的機會主義的愛國主義者。當年胡適之主張「點滴改良」，不管原則，不理主義，遇到溥儀喊「皇上」，碰到蔣介石叫「先生」，什麼人在他頭上都是一樣的，有奶的便是娘，不管碰到張三李四，都一樣打躬，一樣作揖。今天在美國的胡適之可多了，「愛國」從不後人，緊跟著胡適之的鬼魂隨時點滴建議，點滴論政，這類胡適型的點滴派遇到台灣有礦災，便點滴的寫點文章，捐點錢，遇到中國人在南亞被集體屠殺了，便點滴的寫點讀者投書的東西投到外國報章雜誌。我之所以批評這類人士，主要是本末倒置，以為這樣的寫文章，這樣的捐錢，能把握住正確的方向，那麼再多的行動也是徒勞。並且會產生反效果。因為，沒有正確方向的行動等於是猴子幫忙，愈幫愈忙，不但與事無補，反而足以壞事。在保衛釣魚台行動的開始，我特別強調「方向」的重要性，這也正是五四運動中一再強調的。最近《少年中國晨報》所刊載的消息，以為這次的行動是毫無保留的、一廂情願的要替國民黨政府作後盾、替國民黨政府撐腰，這是荒唐而錯誤的。這是企圖混淆我們行動方向的毒惡的技倆，我們的方向是支持爭回釣魚台，但絕不是無條件地與國民黨政府一道鬼混，在主權紛爭未明前，任何出賣中國人民利益的開發或聯合開發行動都是我們嚴厲反對的。這正是五四傳給我們最寶貴的歷史教訓。當年五四運動在北大首先爆發，北大的學生反抗矛頭指向兩個方向，對外：反對日本帝國主義侵佔中國青島，反對山東割與日本託管。對內：反對當時腐敗的軍閥政府及其懦弱賣國的外交。當時最有名的口號之一，代表五四精神的便是「外抗強權，內除國賊」。關於這一點，我們七〇年代的學生可能有一種錯覺：以為外抗強權的時候，一定要和自己的政府合作才能收到外抗強權的效果，如果你對外也抗對內也抗，那你憑什麼來抗？我的答案是憑人民的力量來抗！五四運動的歷史事實更證明了這一個真理，強有力地攻破了那種「誓言支持政府」的錯誤、落伍而鄉愿式的荒唐看法。五四運動是內外都加以攻擊的，特別要攻擊的是自己政府官吏的昏聵腐敗。因為這些官吏隨時會忘記全體人民的利益的，為了個人的利祿可以隨時出賣國家。從近五十年來，我們看到多少政府要人，黨國元老，在國家危急的時候，帶著他們撈來的民脂民膏，坐著飛機往外國一逃，把這些民脂民膏換成美金存入外國銀行，這種例子我們看多了。今天我們要繼承五四偉大的愛國精神，在保衛釣魚台的行動上，我們不但反對日本軍國主義、美國帝國主義，同時更要嚴厲批評國內承辦這件事的官吏，不容出賣國家領土主權。我們強調這是愛國運動，這是學生運動，愛國家不是盲目愛政府，盲目愛政府的官吏，而是愛全體中國的人民。

這不是武裝奪取政權的運動，我們不需要依賴任何政權來反對任何另一政權，因為這是落伍的強權思想，我們反對日本軍國主義的同時，也應該反對這種強權思想，我們聯合海內外全中國人民，聯合愛和平正義的日本人民，聯合反帝國主義侵略的美國人民，共同起來推翻一切軍國主義、帝國主義，還有任何假民主、假自由的政權。

在這次保衛釣魚台的行動過程中，我們看清楚了從台灣來的中國人的真面目。一句話，就是政治冷感，更確切的說，就是患了政治陽萎症，你就是把他脫了褲子，再怎麼搓，都是不舉的，都是硬不起來的。昨天在電話裡，我們邀請他們來參加今天的大會，他們在電話裡害怕起來，甚至牙關打顫，有的說，國民黨的特務是很多的，他們害怕上黑名單；有的說，他們不怕美國政府，也不怕日本政府，他們怕國民黨政府。這是什麼民主國家？這是什麼自由國家？我深深的同情各位的處境，我更同情那些不敢來參加的同學的處境，長期在暴虐的政權下，他們連吭氣都不敢吭。

我控訴這種在外號稱民主、號稱自由的國家，暗地裡是捉人、殺人的特務手段的政權！

我控訴喊了二十年反共，而事實上並不反共也不能反共的騙子勾當！

我控訴壓迫學生，視大專學生為草包，不給他們一點知識份子的立場，不給他們一絲言論自由的愚民政策！

我這些控訴，並不向上帝控訴，也不向任何政權控訴，更不向任何法庭控訴，我向各位，我向全體中國人民控訴！當你們三兩人私下交談的時候，你們可以將滿肚的牢騷、滿腹的委曲、滿腔的憤怒向你們知己傾訴。今天，在光天化日之下，我替你們將心中的要講的話講了出來。同時我也要在這裡向一小撮人講幾句話。如果今天，在各位當中，有任何仍舊在替國民黨效勞的特務和職業學生，那麼我要向你們說幾句話：

我相信你們仍有愛國的熱誠，我更不願相信你們只是為了一點小津貼而做著違背良心傷天害理的事，然而我希望你們看清楚，誰愛國，而誰可能是賣國的。當你們暗中遞上小名單，暗中打上小報告的時候，請你們先再問一下自己，這種作為是不是為了大公？是不是為了全體中國人民的利益？或者只是為了自己眼前一點小利？你們應該是可以暫時沾沾自喜一番的，因為有這麼多的中國人害怕你們，甚至因為你們而不敢來參加今天的大會。然而如果今天有一百人暗中憎惡你們，不久他們將站出來公然唾棄你們，今天是一百人，明天就是二百人，任何幹著違反人民利益勾當的人究竟會被人民踩在腳下！我對特務先生及職業學生們的話到此為止。

現在，我重新向全體各位說話，我們需要立即以行動繼承五四的愛國精神。我們都是學生，都是手無寸鐵的知識份子，本著知識份子應有的責任來支持為人民利益打算的政權。如果這個政權沒有為人民利益打算，我們便要本著五四愛國的精神，聯合一致來批評這個政權；如果經過了批評指責，這個政權仍然蒙混敷衍，站不起來，成了一個扶不起的阿斗，那麼我們主張打倒這個政權！

全體愛國的中國同胞們，讓我們共同攜手，團結起來，在不忘批評譴責的義務下，要求國府爭回釣魚台！這次釣魚台事件對於國民黨政府是一塊試金石，這個政府能不能名符其實地做一個獨立的國家，能不能保護國家的領土，能不能替人民謀利益，單看釣魚台這一遭。

釣魚台事件的發展和中國人民對這個政權的向背有著決定性的關連。我們再也不能袖手等待，讓我們立即貢獻一分力量來保衛自己的國土！今天的一二九大會就是中國第二個五四運動的開始！

原載《戰報——一二九示威專號》（第一期），美國：柏克萊保衛釣魚台行動委員會，頁五十六—六十，一九七一年一月。

收錄於《春雷聲聲：保釣運動三十週年文獻選輯》，台北：人間出版社，頁三一四—三一七，二〇〇九年六月。

駁斥

一九二五年，五四革命運動爆發之後的第六年，魯迅在〈論『費厄潑賴』應該緩行〉一文裡，便一針見血地指出：

現在的官僚和土紳士或洋紳士，只要不合自意的，便說是赤化，是共產……。

一九七一年，全美中國留學生掀起的保衛釣魚台運動方興未艾，在台北的國民政府便迫不及待的使出他「亂扣紅帽」的老慣技，越洋拋送，蓄意誣陷各地參與運動的學生。其中，董敘霖、「北加州聯盟」的劉大任與本人被國民黨黨報《中央日報》單挑，誣控為「共匪特務」，「潛伏在加州大學」，「企圖把這次愛國運動轉變為反政府的統戰活動」。

這一裁誣巇陷的事實，再度印證了半個世紀以前魯迅的那句名言。

事情是這樣的，在舊金山一二九的示威，我們堅持除了向美、日政府抗議外，也應該向台北的國民政府提出抗議。這是當時全美各地的示威運動還不想那麼做的。這一件單一凸出的行動令當局者不快。當然，如果再從全美各地的第二次（四九、四一〇）示威看來，向台北的國民政府抗議已成為常識，理應如此，不容逆辯，而北加州第一次（一二九）的示威只是時間上先邁出了一步，與全美各地的運動，在本質與取向兩方面，都沒有什麼衝突矛盾的地方。然而這一點時間上的先跨出，加上我們發行的《戰報》，言論和態度上較嚴明徹底，便很使當局者無法平心聽取，於是，汲汲於孤立「加州北盟」，再按上紅帽，企圖達到他們分化恐嚇的目的。

首先，《戰報》發出後，繼之而來一連串反《戰報》的印刷品，到目前為止，看到的便有：

一、《釣魚台列嶼問題》（「海外」出版社印行）

二、《暢言》

三、《學聯通訊》（一九七一、四、一出版）

四、〈清除愛國陣營中的敗類〉（以「西部中國愛國學生聯盟」之名發出之一封公開信）

五、《芝加哥論壇》（署名「梁美芝」，按「芝加哥行委會」已證明為假名。）

其中《暢言》與《學聯通訊》的論調均由國民黨黨報《中央日報》披載介紹（《中央日報》四月四、七日海外版第一版），而〈清除愛國陣營中的敗類〉一文則全文轉載，並按以「舊金山留美同學來函，揭穿匪特醜惡嘴臉」之標題（《中央日報》四月六日海外版第一版）。四月八日《中央日報》更在海內、外版的第一版以「周彤華籲僑社警覺，謹防野心份手。然而忘著玩著，卻也忘不了罵幾句什麼「無恥與下賤」或什麼「充分表露了他的流氓根性」來作掩飾，孔聖人早有明訓在先：「非禮勿視，非禮勿聽，非禮勿言，非禮勿動。」正當政府極力提倡「文化復興」之際，這樣的把孔聖人的話忘在腦後，逕自玩起那穢物來，這干子人豈忠於「黨國」哉!?

第三種是裝瘋賣傻派：然而《暢言》的年輕君子們，似乎頗以孔聖人的話為戒的，他們不太敢去碰色關上的要害，於是我的話便變成：

在這次保衛釣魚台的行動過程中，我們看清楚了從台灣來的中國人的真面目。一句話，就是政治冷感，更確切的說，就是患了政治×萎症，你就是把他脫了××，再怎麼×，都是不×的，都是×不起來的。

他們為了「保持我們留學生身為知識份子應有的尊嚴」所以一逕的「×」著。然而，在色關上，雖然沒有像《學聯通訊》與「西部愛國聯盟」的諸君子那樣一頭栽入那裡，圍著大做文章，如蟻之附羶然，但在思想方面卻也掩飾不了他們的混亂。

七月七日是日本軍閥侵略中國的日子，在八年裡，日本使其「殺光、搶光、燒光」的三光政策，屠殺中國人民一千多萬，單單南京大屠殺，一夜之間，便坑殺三十萬。這種視中國人民為糞土的殘暴侵略行為，最後雖然被兩顆原子彈所粉碎，使中國免於絕滅的浩劫，然而無論如何，七月七日都是中國的國恥日。今天日本以戰敗國一躍而為經濟大國，國民政府便不能不聽他的擺佈。為了貸款，身為副總統的嚴家淦居然甘心被安排於七七跑去謁見日皇。

這種卑膝承辱的事，在裝瘋賣傻的《暢言》諸君子便變成，七七「這個日子何等光輝燦爛，我們是戰勝國，屈辱在日本，七月七日晉見日皇有何不妥？」

第四種是誓與「人民」為敵派：《學聯通訊》裡〈論《戰報》的觀點〉一文寫道：

> 郭某某在一二九示威大會中所講〈「五四」運動的意義〉，中間一段也有同樣的說法，他說：「我們聯合海內外全中國人民，聯合愛和平正義的日本人民，聯合反帝國主義侵略的美國人民，共同起來推翻一切軍國主義、帝國主義，還有任何假民主假自由的政權。」
>
> 他開口閉口「人民」，其實他所謂「人民」，就是共產黨統戰所慣用的術語。不消說，他的所謂「日本人民」、「美國人民」和「全世界……人民」好像是日本共產黨、美國共產黨和全世界共產黨及其同路人的意思。

很多事情，我們不能做了，也不能說了。因為共產黨已經做了，也已經說了。不管他做得好不好，說得有沒有道理，只要經由他的手做出，由他的口道出的，一切將徹底毀滅，如果毀滅不來，至少也將唱唱反調，他說這個，你就偏說那個，他做這個，你就偏去做那個。因此，搞出很多的政治遊戲來唬人，台北的許多措施都是由這套遊戲弄出來的。中共搞簡體字，我們硬得寫繁體字，幸好中國字到民國已經經過多次簡化了，不然誰能擔保我們現在不是在寫甲骨文！當年羅家倫也研究出一套漢字簡化的系統，並發表在台北的報章上，然而中共是在搞簡體化的，所以羅家倫到死為止便凍藏在國史館裡，沒事兒做。中共搞文化大革命，台北偏來個文化復興運動，然而唱出很久了，卻也沒有什麼動靜，台灣也沒看到文化衛兵在大串連，只是幾個大官抽暇多閫了「孔孟協會」幾趟門子而已。中共連續放出警告，指斥日本軍國主義的復興，於是中央日報的社論裝聾作啞，喊著「日本軍國主義在哪裡？」一家裡給坑了一大半了，他還在喊「強盜在哪裡？」

從國民黨這些措施看來，說一句刻薄的話，就是創造力的完全停頓，進入老年期的萎頓狀態，賴中共下一步棋，它才反應一下，應應「與之對敵」的景而已，試看幾年的「文化復興運動」運動出什麼東西來？這種與中共採相反方向的亦步亦趨法，最嚴重的是表現在國民黨到目前為止沒有政治理論出現，以對抗共產黨。不能抓牢共產黨的社會主義哲學的要害而予以重重一擊，卻只在表面上的小地方罵它，這是令人焦慮的。

讓我們看看國民黨的首席政論家葉青的話，在他一九六八年出版的《毛澤東語錄批判》的自序中，他說：

反共的理論批判，從來都把重點放在馬克思主義之上；其次是列寧主義。但在劉少奇於三十四年（一九四五年）提出「毛澤東思想」以來，逐漸流行，到近年而益盛。去年八月「紅衛兵」出現，便採取一手持經一手持劍的辦法，以推銷毛澤東思想於大陸各地。所謂「經」，就是包含毛澤東思想的《毛主席語錄》，通常把它叫《毛澤東語錄》。現在，這書已輸出海外及各國了。在這種情形下，反共的理論批判非注重毛澤東思想不可。而批判《毛澤東語錄》便成為不可少了。

這是什麼話！等到火燒到了屁股了，才知道著急，才「非」著急「不可」。搞成這種頹風的一個重大原因是因噎廢食，不分是非，不管好壞，一經中共黏上，便得統統丟進毛坑。這種放在第一格的理論已經消極怠惰至此，全盤的風氣能積極創發到什麼程度，也用不著在此地多說了。

——一九七一年；手稿，未發表。

釣魚台事件的「民族性重於政治性」還是「政治性重於民族性」？

在釣魚台事件發生後，有許多發動保衛釣魚台運動的人說，這個運動應該是「民族性重於政治性」。我們認為不然，相反的，它應該是政治性重於民族性。我們的理由很簡單很清楚，日本侵占我國的釣魚台是日本政府走軍國主義路線的具體結果，而不是由於日本大和民族與中華民族之間存有誓不兩立的民族仇恨。

沒有人能證明出，基於日本大和民族的血統、語言、宗教、文字、風俗習慣的原因而發展出必然要侵華的結果。但我們可以找到充分的理論與實例可以證明出日本過去與今日的侵華主要種因於這個國家所形成的經濟制度，社會制度，政治信仰和政府策略而造成的。顯然，這些因素都不是民族性而是政治性的。如果我們今天特意來強調其民族性重於政治性，那麼我們就極容易犯一個觀念上的最重錯誤，而在行動上走到一條極其危險的道路，那就是，錯誤地認為大和民族先天後天都必然命定了要成為中華民族的敵人，因而也必然要錯誤地把中國人民和日本人民推入世代仇恨的狀態中。這是多麼荒唐而危險！今天釣魚台事件的發生絕不能用偏狹的民族主義來概括，它的發生其實是這樣的：台北國民政府中的昏憒糊塗，不顧國家利益的官吏為著眼前的政治局面而採取了崇洋媚外，逆來順受委曲求全的外交路線，這種路線正好配合了佐藤政府中目光如豆利欲薰心的官吏為著爭奪油礦而採取了經濟侵略為手段以武力恐嚇為後盾的軍國主義路線，在釣魚台事件裡具體地表現出來。造成這兩個政府一個貪婪無厭一個逆來順受的原因可以說十分複雜，但無論如何也扯不到日本民族是貪婪狠辣而中華民族是軟弱可欺這樣的結論上來。換言之，兩個政府的官員所採取的危險與錯誤路線絕不該轉教兩個民族來負擔其責任與後果。相反的，如果兩個政府之間為著外交手腕的運用，不惜挑起兩個民族之間的仇恨，或雖不刻意挑起，卻在形勢上造成兩個民族間的仇恨，這都是惡毒，不負責任的做法，是必然需要兩國人民起來共同阻止與糾正的。做為知識份子，不論中國或日本，都不應該互相宣揚不健康的民族歧視觀念，反而應該站在兩個民族長遠利益的觀點上，一面從日本內部全力撲滅軍國主義死灰復燃的星火，一面從外部，站在堅強果決毫不含糊的立場加以抵抗，打擊軍國主義向外侵略的魔爪，唯有這樣才是正本清源不致誤入歧途的作法。今天，即使是日本人本身，也有認識清醒，思想進步的人民群眾，看清了軍國主義的危險性，起而反對佐藤政府的錯誤路線，這個事實正充分地說明了中日人民團結之間的障礙不是兩者之間的民族矛盾，而是為禍兩國人民的軍國主義。明白了這個道理，我們再來看今天的釣魚台事件就可以知道，其政治性的意義遠大於民族性的意義。

原載《戰報》第一期，美國：柏克萊保衛釣魚台行動委員會，頁十五──十六，一九七一年二月。

黑暗裡的腿子們！

——支持芝加哥行委會反國民黨特務的嚴正立場

在美國各地掀起的保衛釣魚台運動中，各地都曾經遭到形形色色的騷擾，其中以有計畫的分化這一股愛國的學生運動，其格調與手法最為卑劣。這最卑劣的行為之中，又以一小撮在背後躲躲閃閃，只會暗放冷箭的小嘍囉最為無聊。

這種在黑暗裡躡手躡腳，冷不防便丟一塊小石子，寫一張匿名信來洩洩私氣，其勾當之變態、卑劣，幾乎很可以與當年的阿Q比美了。阿Q對「男女之大防」有他一套由性生活的挫折、失敗由來的變態哲學，這套「性哲學」便是幻想成系統，總懷疑「凡尼姑一定與和尚私通，一個女人在外面走，一定想引誘野男人；一男一女在那裡講話，一定要有勾當了。」於是阿Q「為了懲治他們起見，所以他往往怒目而視，或者大聲說幾句『誅心』話，或者在冷僻處，便從後面擲一塊小石頭。」

阿Q這套變態的性哲學，移植到目前這批在黑暗裡的腿仔們的心理，變成了一套七〇年代變態的「政治哲學」：總以為兩個中國人在那兒講話，一定是在反政府，一群中國人在那兒開會示威便一定是在賣國，於是為了懲治他們起見，所以他們往往怒目而視，或者大聲說幾句「扣帽子」的話，不然就是在黑暗處，從後面擲一塊小石頭，來一張匿名信。這鬼鬼祟祟的行徑是二十年來台灣變態的政治環境下培養出來的「唯有此家，別無分號」的古怪現象。這種行為是台灣政治風格的嫡傳，是十足帶有台灣風味的。這次在芝加哥出現了有意誣陷范翔、吳力弓兩位同學，甚至誣陷整個芝加哥行委會的嚴正立場的大批匿名信，對主持行委會的林孝信同學、夏沛然同學或指名汙蔑，或電話恐嚇，這些骯髒的勾當，便是這種變態的「政治哲學」的標準範例。

誣陷、毒害，無聊而至於這般，也就不由得不令人站起來，為正義、為真理置言，希望各地的行動委員會不要將這一事件等閒視之，我們應該立即作桴鼓之應，加入芝加哥行委會所從事的追討這群黑暗中的腿仔們的行列。我們更不應該將芝加哥事件視為一個孤立事件，今天這件事可以發生在芝加哥，明天它就可以在任何其他地方重演。我們應隨時提高警覺，把握立場，對付這群狗腿子，仍然只有一個辦法——打！

狗腿子們居然指鹿為馬，以為芝加哥行委會的刊物是出於少數幾個「賣國賊」之手。這種拾起沙來往自己眼睛擲的矇曈憨態，徒徒暴露了一齣自導自演自看的笑劇。明眼的中國人毋寧是不加理睬的。為了保衛領土主權，抗議政府的對外懦弱與對內蒙混的態度，便兜得這批腿子們亂作一團，胡亂嘴吧，出言無狀，衝著子虛烏有的空中狂吠，除了令人不忍目睹其狀之外，卻又叫人不得不為其死忠的窘狀所動。他們那付「披著被窩上朝、苦盡忠」的嘴臉，可以媲美滿清末年的那群保皇黨。

而如今這群新保皇黨的見識也並不因時代的進步而稍有進步。只為了一點額外的小津貼，只為了一些空幻的未來名位，便甘心逆著時代進步的潮流去做蒙昧良知的勾當，甚而失去理智，這裡叫那裡吠，指這賣國，指那變質。即便叫得口沫橫飛，嘴唇發白，結果還是被窩裡放屁，自放自聞。

除了小報告、黑名單、匿名信、恐嚇電話之類的自瀆伎倆，除了以愛國當作「愛國民黨」的代號來亂丟紅帽子之外，狗腿子們還有些什麼花樣呢？按照狗腿子邏輯推論，乞求自己主子如果不靈，必然又要祭出主子的主子的旗號，什麼移民局啦，ＦＢＩ啦，顯然也是這批狗腿子們乞靈的法寶。他們的心態其實很簡單：以為土白色恐怖如果無效，洋大人的白色恐怖總有點用處吧！殊不知洋大人是只認現實不認人的，狗腿子們的暗中勾當如果給人一一揭發出來，恐怕洋大人的尊腿還是第一個向這批狗腿子們踢去。不過，我們主張中國人的事應該中國人來解決。中國人裡面的狗腿子，自然亦應由正義的中國人民一起踢！魯迅說得好，落水狗有好幾種，對付的辦法只有一個，就是打，而且要不斷的打，絕不能給牠爬起來反咬一口的機會。這是我們每一個海外的同胞必要記取的教訓。——一九七一年三月二十八日

原載《戰報》第二期，美國：柏克萊保衛釣魚台行動委員會，筆名柯贊如，頁十五，一九七一年六月。

組織學生法庭　展開人權保障運動

1

一、美國各地的保衛釣魚台運動，發展不到五個月的短短期間內，各地已陸續受到以各種不同形式出現的分化、阻撓、恐嚇、裁誣、蔑陷、扣紅帽。這些阻力都以達成破壞摧毀這一衛國保土的運動為其終極目的。此等形形色色的陰謀破壞與肆意中傷，一部份來自躲藏在黑暗裡的一小撮「無臉的人」，一部份卻來自執政的國民黨。

二、為了反分化、反阻撓、反裁誣、反蠛陷、反迫害、反扣紅帽，為了維護釣魚台運動始終堅持的嚴正抗議性與批評性，我們主張組織學生法庭。

三、當全美各地的保衛釣魚台行動委員會，在思想與實踐兩方面還沒有取得統一步調以前，我們主張，各自於各地成立學生法庭。

四、學生法庭的任務在於，徹底乾淨全然斥除、指控、唾棄、打倒一切恐嚇、蠛陷的言行或人物。學生法庭之目的但求向中國人民負責，向中國現代史交待。

五、中國為一獨立自決之國家，不容外國有軍事、政治、經濟等之控制或滲透，為確保獨立實質，中國不得讓超額之外資滯留境內，以抑制本國民族工業之萌茁壯大。

六、釣魚台事件絕非單獨孤立之事件。事實上，釣魚台事件僅為一併發症，真正的主症可由國民政府之內政外交途徑得之。釣魚台事件除了與一九五一年的「舊金山合約」、一九五二年的「中日和約」有直接的關連之外，也與國民政府之過份依賴美國之軍經有間接的關係，更與一九六五年美援停止後，國民政府一連以高利向日本貸款之事實有著不可漠視的牽連。

七、解決釣魚台問題的辦法，我們不認為學生搞搞示威遊行、遞交抗議書、政府說說「寸土片石必據理力爭」就算了事。學生之示威遊行表示中國學生已從二十年的昏睡裡覺醒，而且從覺醒跨進行動。國民政府如果專從形式、言詞敷衍學生，而一直保持其諱病忌醫或因噎廢食的作風，則我們再示威、再抗議。徹底乾淨完全奮鬥到「有話大家說，有事大家做」為止。我們要求政府表明「寸土片石」怎麼去爭，「據理力爭」據的是那門子理!?任何阻撓我們追到底、問到底、求到底、管到底的言行或人物，便是阻撓徹底保衛國土的言行或人物。易言之，反對這「四底」的都是這學生法庭所懲治的可能對象。

八、學生法庭不依據任何成文法，也不自訂任何死板固定的法律條文。這學生法庭的懲治標準完全放置在當前大家面臨的「世局」上。這世局的來龍去脈，其主要的關鍵是：第一，認清美國軍、經、政在亞洲的干預直接危害中國人民以及亞洲人民的利益。第二，七〇年代的幾年中，日本的佐藤政權將接替美國，在亞洲充當美國的憲兵。第三，中國為一獨立完整之國家，此乃不容置疑，而且得由中國人民隨時記取之事實。任何灰色悲觀，以為台灣必賴美日而後可以苟存的言行，或持有這類言行的人物，基本上都是違反中國人民利益的。

九、學生法庭得立即建立世界性通訊網，徹底發掘、利用現有之新聞媒介，並主動製造自己的新聞媒介，將我們的聲音、主張、態度、立場傳達於國際輿論界，引起全世界正義之聲。積極揭發各項企圖破壞學生保衛釣魚台運動之嚴正衛國立場的陰謀，以及一切藉分化破壞保衛釣魚台運動，以延遲中國獨立，肥大自己的賣國自私的言行或人物。不但不讓惡勢力坐大，而且採取主動消滅一切惡勢力。學生法庭之當前急務，在於撮出寄生或擁護這惡勢力的鼠輩，釀成老鼠過街、人人喊打的中國人民一條心的全面覺醒和果決。注意一點：學生法庭不依賴強權武力，硬以死條文來致人於死地，學生法庭藉討論、批評、自我批評，揭發以疏通彼此思想，是以當老鼠過街流竄，在未拿起棒來打之前，在未舉起腳來踩之前，可與老鼠先行溝通，將鼠輩還原成堂堂正正的人。

十、學生法庭得有計畫分析來自各方的破壞陰謀，步步跟隨，設檔歸類，對於敵人，只有一個辦法：以其人之道，反治其人。他們呵手擦拳，我們也呵手擦拳。

十一、學生法庭不必拘泥形式，得隨時地之環境不同，而隨時隨地以不同之形式出現，此法庭可隨示威大會開之，也可以在各地發行之刊物上隨時敲起驚堂木開庭。

十二、學生法庭所處理之個案，其文案將為中國現代史中七〇年代一章的寶貴史料，在這裡，愛國與賣國的分際截然分明，不容掩藏詭賴，這是衝破台灣新聞封鎖線，徹底消滅歪曲歷史事實的愚民政策的辦法。

2

在國民黨的勢力範圍之內，任何人想盡一份國民的責任，公開說一句真話，想盡一份知識人的天職，公開進一句諫言，那便得冒「大不敬」的危險。可能招惹的後果都會出乎知性、理性、人性可度的範圍之外。

在中國現代史裡，我們可以尋得一條線索：國民黨覺得刺眼逆耳的言行，不管它是為真理置言或為正義奮鬥，只要與他的政策衝突，便一律視為「異端」，或追捕之，或格殺之。所以在中國現代史裡也顯現，什麼地方有了學生運動，什麼地方有了群眾運動，什麼地方便得再組織一個「人權保障運動」，以抗辯「當局」無理的汙衊、裁誣和迫害。

多少中國人民在真理與槍尖之間，毅然選擇了真理！

多少中國人民為了真理，在槍尖之前倒下！

多少中國人民倒下之後又站起來了！

這是中國人民之魂！這是中國現代史演進的鐵律！而國民黨卻不想承認這條中國現代史的鐵律，也不想去把握這一脈優秀偉大的中國人民之魂。

在釣魚台運動才展開不到半年的時間，我們便被迫再展開「人權保障運動」，以維護我們運動的嚴正批評性，以免淪為「當局」所要你做的阿世、拍馬、一道混的肉麻勾當。同時，也強調每個人——港台的中國人也不能例外——都有基本的言論自由；也同時，強調每個知識人——港台的知識人也不能例外——都有揭發壓制言論自由，亂扣紅帽子的陰謀醜劇的職責。

在展開「人權保障運動」的開始，沉重的心情以及未來工作艱鉅的認識，在我們的胸口，凝成了一團憤怒的火焰。

誰能忘記：

一九三三年五月十四日，在國立中央研究院的前廳，一位熱心於人權保障運動的自由主義者楊銓被國民黨的四名特務亂槍射殺!?

誰能忘記：

一九四六年七月十一日，在雲南青雲街的石坡上，另一個偉大的自由主義者李公樸，為了批評時政，再被特務刺殺!?

誰能忘記：

四天之後的七月十五日，在雲南大學，「李公樸先生治喪委員會」召開大會，再一位偉大的自由主義者站了出來，一生堅持「義所當為、毅然為之」的「民主鬥士」聞一多，在會場上哭李公樸，控斥政府以瘋狂的暗殺來製造白色恐怖。散會後的當天下午，在西南聯大教職員宿舍旁，聞一多又在特務的亂槍中倒下。

誰能忘記：

中國現代文學史裡最偉大的作家魯迅，被國民黨浙江省黨部以「反動文人・魯迅」之名追捕一生!?

這些「趕盡殺絕」之血腥手段，並沒有給國民黨帶來任何鞏固其政權的基石。反而，在一九四九年國民黨便從大陸「趕緊殺退」而避居台灣。在台灣的二十年，國民黨痛定思痛了嗎？沒有！國民黨真走上了民主自由之路了嗎？沒有！到目前為止，國民黨仍然視人民為粉末，視知識人為草芥，視真理、正義的言行為叛逆，為「共產黨」。

我們這一輩目睹了：

一九四七年國民黨背信屠殺台灣人民上萬的「二二八」血腥事件。

我們目睹了：

《自由中國》、《文星》等被無理迫害的慘案。

我們目睹了：

上一輩碩果僅存的自由主義者殷海光，在一九六九年被黨工蠻橫迫害，忍無可忍之下，拍案奮起，對著黨工怒吼：「你們所優為之的事，無非是抓人、槍斃人，我殷海光在這裡！」

我們目睹了：

我們這一輩的自由主義先鋒李敖、孟祥柯最近也被請進了虎頭牢。

這一串史實告訴我們什麼？這是知識人被迫害、被屠殺的血腥歷史！這是當前只能守不能攻的自由主義最堅忍的實踐和最偉大的犧牲！

在釣魚台運動的開始，國民黨的老毛病便又患上了。暗中破壞這一運動之不足，又公然拋售其「唯有此家，別無分號」的「紅帽子製造無限公司」「榮譽」出品的紅帽子，這是他的老伎倆。略諳中國國民黨史的便知道他製造紅帽之後，如何去找尋拋售對象的全盤過程。當年魯迅便說：「現在的官僚和土紳士或洋紳士，只要不合自意的，便說是赤化、是共產。」（魯迅，〈論「費厄潑賴」應該緩行〉），知乎此，明乎彼，對於國民黨之亂拋紅帽子，便會有「此亦不足畏矣歟！」之感，我們不因國民黨這一格紅帽亂送的恐嚇陰謀而再退縮，而再退回黑暗，而再畏縮胡混。

反之，我們站立！面臨國民黨一連串失卻理性的蠻橫恐嚇、裁誣、迫害，我們毅然主張組織「學生法庭」以為抗議。這個法庭不靠兵器撐場，不賴強權控制，這個法庭的背後沒有特務，沒有軍隊，沒有陰謀。這個法庭所依據的法律只有三條：真理、人民、歷史。在真理的面前，任何喪理背德的條約或國際法都應該摒棄；在人民面前，任何喪權賣國的勾當都應該唾棄，在歷史面前，任何帝國主義的殖民滲透都應該排斥。這個法庭拋棄一切酷刑、拷問、電刑、老虎凳等等反人性的法西斯手段。一句話，這個法庭的力量來自覺醒的中國人民。這是一股無以估量的龐大力量，昨天在強權下沉默吞忍的一千四百萬海內外中國人民，今天決定不再沉默！

這個學生法庭的成立替我們說出了什麼？

第一，這表示將我們的敬意帶給以上所提及的那些為真理、為正義，反特務、反虐殺的自由主義的鬥士，以及萬千的無名英雄。第二，這表示我們不再追尋自由主義，在強權獨裁未能消弭之前，我們毅然放下曾經一度是燦爛的自由主義，而拾起更強有力的哲學。在強權獨夫下的自由主義者，正如坦克面前一隻美麗的蝴蝶，其最後的命運是被坦克碾滅。在現代的中國，已經有太多的自由主義者被個別斃落。我們重新建立有主攻能力的知識戰線！組織學生法庭是我們的開始！

——一九七一年三月二十七日

原載《戰報》第二期，美國：柏克萊保衛釣魚台行動委員會，筆名賀靈，頁二十四—二十六，一九七一年六月。

打倒博士買辦集團！

一、本文不在批判目前已獲得、正在獲得，或將獲得博士學位的個個中國留學生。台灣的大專畢業生，想盡辦法，絞盡腦汁，從台灣出來留學；在國外做盡苦工，竭盡體力。五、六年如一日，慢慢的，一步步的熬著，終而得到了「人生最高目的」的博士學位，其能耐與恆心，是誰也不忍去鄙薄非難的。而其苦心設計無寧是更令人同情的。

二、然而，中國學生正大批從台灣潑出，滯留海外，在漫長的歲月裡，數年如一日，埋首於書本，無暇過問時事世局，終於慢慢將自己鍛鍊成一隻隻埋首在沙裡的鴕鳥，而更是一隻隻自得自滿的埋頭大鴕鳥。正在留學生汲汲於這般讀書寫字的時節，台灣慢慢的被入侵，一夜之間，日資、美資、美軍、美政的夜潮滾滾湧襲，被這些外來勢力的漫漫沖擊，家鄉整個的島嶼慢慢的擊沉，然而留學生無視於此，總以為目前的天下還算太平，一心只想功成名就，衣錦榮歸，回台灣搞一陣子歸國學人，賣賣洋貨，壓壓國內的同胞，以自顯威風，這種心理、這種作法，正是洋大人求之不得，誘之唯恐不及的。這種心理、這種作法正無形的助長輩固了台灣半殖民的狀態。這種心理，這種作法正是本文要痛加駁斥的。這種心理，這種作法，簡言之就是買辦作風。

由西洋強權排撻入侵，從而開辦洋務以來，散佈在中國上層階級的各行業中，存在著有組織的或無形的各種買辦集團。這些集團專靠輸入洋物以榨取自己人民的物質和精神。更為了方便自己的行業，這些買辦集團一向便有計劃的抵制自己國內土貨的滋生壯大。這類物質上和精神上的買辦集團在近代中國之久而不衰，主要的仍然是依賴兩種力量的維持：

一種力量是以美國為代表的資本主義的誘陷。

另一種力量是國內自甘步入誘陷的盲目容納。

在這兩種力量的外呼裡應之下，買辦集團加速興隆，而中國社會也加速淪為半殖民的狀態。在中國近代史中，整個社會結構淪入這種悲慘的畸型發展，而人民在折辱中苟延度日的時期屢出不鮮，這種悲慘辱沒的時期到一九四九年以後的台灣便達到了頂峰狀態。

目前，台灣之步步深陷於半殖民的境地而不能自拔，是昭然自明的事實。在經濟上，美日的資本霸占了台灣的市場；在軍事上，美軍的基地遍布台灣而不必受台灣牽制，在台灣的美軍有他們自己的雷達網和指揮系統，台北政府無權過問。美軍出入台灣如入無人之境；在政治上，台灣更無法甩脫美國政府的「顧問」；其他文化、民生各方面，美日的滲透更是履及劍及，毫不輕鬆放過。總括一句話，目前的台灣便像是一個可憐的養女，全身攤開，被美日不休的相繼輪姦，而全然失去了抗拒的能力。在這姦汙的罪行下，最耐人尋味的是，充作這養女家長的台北政府卻因美日嫖客的小惠而雀躍起來，對外以「經濟繁榮」來掩飾這一齣醜劇。而留學海外的中國學人們，不但對自己的家鄉之一再被姦汙，無所動於衷，反而時常還帶美國大兵回家，再去姦汙自己的家鄉，這「美國大兵」便是留學生，在「歸國學人」的名義下，從國外帶回去宣揚的「美國文化」。

我將「歸國學人」或「準歸國學人」之類的比喻作「拉皮條的」，並非故意汙辱這批浪蕩海外的學子們，實在是事出有因、查有實據的。這不容置辯的鐵的事實，只怕你不敢去面對它。

這事實可以分兩頭講起：

1

第一、台灣政經的畸形存在。先說財經。

在美日資本交替入侵台灣之下，台灣本土上的民族工農商業（以下簡稱民族工業）一向呈現著凋萎不能振奮的狀態。民族工業既不振，仰賴外資的情況則日趨嚴重；而外資的連續撥入，勢必更劇壓民族工業的幼苗，於是民族工業與外資的拉鋸式的矛盾，形成了一輪越滾越嚴重的惡性循環。一千四百萬的台灣人民，其中大多數人在這惡性循環的火輪下被摧殘碾滅，少數人則騎在這輪上，不但不去解除這財經的惡性循環，事實上，卻依賴其中的矛盾來吸收榨取，以壯大自己。在中國現代史裡，代表這少數受惠者的便是先前的「蔣宋孔陳」四大家族，在金融界俗稱的「孔宋財團」，以及現今的「蔣氏財團」。

在大陸時期，「孔宋財團」，以及被「孔宋財團」吸收分化的「政學系財團」，其財政經營的基本原則便是買辦作法。從國民黨在上海掌握了金融界開始，這買辦作法便決定了黨的意識型態，而隨時表現在財經之外的政、軍、教等各界活動中。這種買辦的意識型態更挾上海十里洋場的作法，浸漫日久，便無形中使國民黨具備了自成一格的風範。這風範是以暴發戶為表，「聯外制內」為裡的古怪東西。（國民黨一向聯外的對象是美日，抗戰結束時，國民黨沒有及時適當懲治殘害中國人民八年的日本戰犯，反而助其開溜的史實，很微妙地意味著國民黨與日本的膠著關係。）

基於這買辦事業的特性，國民黨不但不可能鼓勵中國人民從事民族工業的發展，實際上，它是搬進外資而以自己的人民為榨取的對象。這種沒有從人民內部播種生根的經濟政策，先天地決定了國民黨的無根的政體。抗戰完結後，在短迅的四年內，這個政權，像秋風落葉一般，整體往下崩敗，便是它無根的佐證。

一九四九年國民黨退據台灣以後，並不想痛定思痛，改其一向與中國人民敵對的政策，反而變本加厲，仰仗台灣四處環海，有利於特務控制的特殊地理環境，加速其買辦事業，肥大自己的家族，荼毒島上一千四百萬的生靈。二十年來不斷狂嘯的「反攻大陸」只是掩飾「蔣家財團」在台分贓人民血汗所換來的利潤的一則徒托空言的口號而已。而那句由歷史搬引出來的「毋忘在莒」，在每個台灣人民的心目中，就像在每個國民政府裡的權貴的心目中一樣，並沒有帶來什麼歷史教訓，那只是一句刻在頑石上的虛詞，掛在口唇上，便變得輕飄而無意義，一如一闕飄過街頭的口哨。

一九五〇年六月二十五日，美國發動韓戰，兩天後的六月二十七日杜魯門悍然下令派遣美國第七艦隊侵駐台灣海峽地區。這雖然暫時替國民黨解除了中共「解放台灣」的威脅，但從此美國在政、軍、經各方面得寸進尺源源不斷的將美國勢力輸入台灣，這使台北的國民政府，在實力上降格而成為美國在台的政、軍、經各方面的總代理商，而毫無獨立可言。

單就農業經濟來說，美國剩餘農產品硬性推銷到台灣而使台灣本土的農業生產遭受頓挫的嚴重性，足足可以看出國民政府的侏儒政權之一斑：

一、僅一九五六年八月至一九六四年十二月間，在台北國民政府美國簽訂九次的所謂「剩餘農產品供應協定」之下，數值便超過兩億。

二、從一九六六年底兩方簽訂「農業品銷售協定」以來，美國每月運台的農產品平均超過一百萬美元。

三、根據台灣「貿易局」發表的統計，一九六九年台灣進口的

小麥達四十四萬餘噸

玉米達四十八萬餘噸

黃豆達四十五萬餘噸

總值超過一億美元。

這種美國剩餘農產品大量的往台灣撥入並不是一件孤立的現象，台灣經濟之被外滲透是全面性的。加以近年來，為配合尼克森的「新亞洲政策」，日本佐藤政權和美國之勾結越

來越緊密。在美國的支持下，日本更加緊進行其對台灣的經濟侵略，在一連串「投資」、「貸款」、「技術合作」等形式下，日本的資本對著台灣無孔不鑽，而鑽無不成。到去年（一九七〇）為止，日本在台灣直接投資設立企業的已達二百六十多家，「技術合作」的企業已有一百七十二個。這些企業約占外國人在台灣「投資」企業總數的百分之六十五，根據「行政院國際經濟合作委員會」統計，一九六八年日本壟斷資本在台灣的「投資」，比一九六七年增加了十倍。這樣日本資本在台灣迅速的生長，使日本在台灣的「投資」成為僅次於美國的局面。

美日的產品與資本這般大量的往台灣撥入，其最直接的後果是民族工業的胎死。美日外資挾其雄厚的資金，傾力爭奪台灣內銷市場，尚未生長成形的台灣民族工業無法抵擋外來勢力，而紛紛倒閉。最明顯的例子便是，在台灣各城市的市民都能在街頭覺察到的，自從美國的可口可樂、蘋果西打入侵後，台灣本土的冷飲工業紛紛望風靡倒。日本的味精公司（協和發酵工業會社），一九五八年在台投資建立台灣「中國發酵公司」，嚴重打擊了台灣的味精工業。台灣最大的味精公司，例如「味王」、「味福」等都受到控制，而「味新食品公司」因而被迫倒閉，以至破產拍賣。

以上只是外資壟斷台灣市場，從而扼死台灣自己的民族工業生機的一、二實例而已。民族工業受到摧殘之後，隨之而來的是工人失業的激增，截至去年（一九七〇），台灣八百萬零一千人的勞動力人口中，就業人口只有三百九十四萬人，失業人數已達四百零六萬人，比一九六三年激增一倍有餘。

2

為什麼一個自稱為獨立的國家，竟讓外國的資本入侵本國，而甚至於壟斷了國內的市場？甚而至於市場被壟斷、國內民族工業胎死腹中、工人失業人數高漲等等併發症層出不窮之際，在上的統治者居然能不圖變自強，反而還能容受相安，且處處誇言「經濟繁榮」、「經濟起飛」，其因安在？這一套微妙的問題，可以在作為統治者的國民黨的意識型態上得到答案。

最直截的答案便是，當前的國民黨，其能力與抱負，只能擔當美、日在台經、軍總代辦而已。到底國民黨想不想甩脫美、日的控制，而自己站起來做一個名副其實的獨立國，則因二十多年來到眼前，國民黨都沒有一絲一毫往這方面努力的痕跡或能力的表現，我們只好將這個問題暫時存而不論。我之所以提出這問題，只因看著一些正人君子們還在用什麼「處境太不利」啦、「難言的苦衷」啦、「不得不」啦等等苦澀的哀兵論調在替國民政府的侏儒形態開脫。這群正人君子正中了膚淺的常識論的謬誤，以為搞到目前這般尷尬的局面，國民黨一定有其苦衷，不便深責。甚至於釣魚台愛國運動一發軔，便有一些人士以為國民黨目前正向日本佐藤政府接洽貸款中，不便以釣魚台事件向日本抗議。不錯，美、日早已是台灣的債主，台灣的政府是不便隨便向主子們太嘮叨的，一切還是「忍氣求財」。這種賣國言論而想在留學生當中販賣得振振有詞，這只有算這群正人君子瞎了眼，以為海外還是像台灣愚民政策還能奏效的地方。事到如今，憑你製造如何巧妙，如何能掩耳盜鈴的賣國言論——例如強調美、日是台灣的「友邦」——都是紙包不了火。今天台灣最最赤裸的事實，而這事實點燃了台灣人民反抗的火苗的，便是台灣的政府將自己出賣給美、日。

而最令人痛心的是政府的外交是這般的自己抬不起頭來，然而對待自己的人民卻是那般的殘忍跋扈，隨時厚著臉捉人殺人，唯我獨尊，徹底乾淨「槍口向內」，與人民為敵。人民起碼的人權不能保障，起碼的言論自由被徹底剝奪。

視人民為敵人，視大學為鎮暴對象，而且完全依賴特務警察以維持其政體的根本癥結，仍在於那買辦作法與買辦意識。國民黨作為一個政黨的本質，最好以商業的觀點去把握了解，則其表現出來的一連串的政治怪現象便很容易豁然貫通。國民黨政權並不能當作一個正常政權去看待、或研究。美國社會學者研究國民黨總不能鞭辟入裡，很多現象不能納入其概念架構，其最根本的弊病在於：美國學者在觀念裡，先入為主的將國民黨當作一個正常的政黨處理。一言以蔽之，國民黨在台灣經營的只是一爿店而已。我說這句話，並不想對執政的國民黨有任何的刻薄，更不想故作聳聽之論。事實早已彰彰明甚，只看你我想不想面對而已！

在國際外交活動上，台灣的國民黨政府被牽在美國的衣角後面，只要順著這主子走便是，如今這最偉大的「友邦」躍躍欲試，使盡媚術，引中共上鉤而與之建交，則國民黨欲何言？（你罵美國沒有道義，不久日本也將跟隨著美國，也將對你沒有道義起來！幫你搞釣魚台，要你不要太依賴所謂的「友邦」美、日，希望你與人民結合，一起奮鬥，你卻說這些人是「共匪特務」，我請問你，你還要什麼人？你胡亂用「共匪特務」之名，也不怕貽笑大方，尤其是「共匪」早在那邊竊笑了，「共匪」會說：「你看看，國民黨有多怕我，批評他的，他都以為是我派出去，到處『潛伏』的特務。嘻嘻。」）內政上，國民黨使用的便是商場的手段。勾引外資進台，以蔣宋家族為中心的統治階層便從中取利。平常採用的技倆是「官商勾結」，幾年前的「盜豆案」便是較凸出的一個例子。在台灣的報章上常常看到這類的貪汙，調查到最後，總戛然而止，不了了之。原因是，慢慢的調查下去，最後碰到的總是赫然在位的統治者，於是大家只好誠恐誠惶地退了下去。那邊還是穩然不動，高高在上，你這邊是空忙一陣，亂索而上，不但自討沒趣，而且還差一點自己碰出毛病來。關於這類「官商勾結」總是形式上逮幾個下面的小官小商作替罪羔羊，應付輿論；而對上級的統治者，報紙上也頂多空吠幾聲，叫著什麼「背後主腦呼之欲出」，但是呼著呼著，他卻也並沒有給呼出來。消息是早在報館裡凍結起來，如果有任何不識相的記者們想開誠布公的話，那麼，虎頭牢見面。（多少年輕不懂「世故」的記者，也在牢裡。）於是，終於大抵空闖一陣之後，便又恢復了「常態」，小民們也還悶著回去過小民的活，大官們也仍再去做他們的勾當了。

蔣宋幾個家族及其忠實的「家奴」們大家圍著朋比分肥，在外則暗中鼓勵社會的投機。「民無信不立」，怪不得台北便出來個流氓市長高玉樹，專與國民黨打混戰。高玉樹是國民黨的眼中釘，但由於「無黨無派」的高玉樹善於利用台北市民反國民黨、厭國民黨的心理，國民黨正面砸不了高玉樹的鍋，於是終於只好做些損其聲望的勾當去打擊他。最近國民黨檢舉了他手下機要秘書的貪汙、收紅包之類的事。高玉樹在議會上，在公開場合裡，總處之泰然，沒有一絲風吹草動的失態，其故安在？蓋Henry高大有「斯亦不足畏無矣歟！」之概：你檢舉我的人，難道你要我把你們統統掏出來不成？各人的把柄都落在對方的手上，於是在「盜亦有道」的大道理下，彼此都彼此彼此彼此。

台灣的官場與商場混作一場，大做其買賣，於是一連串帶出的沒有「政治原則」，沒有「政治思想」，只有貪婪、矇詐，無能、腐化的官場現形都只能以「做買賣」的觀點去測度。以當前亞洲情勢在全世界所承擔的重荷，以台灣在東南亞的重要戰略性，而由這樣一個只顧做買賣，而毫無政治的世界觀，毫無政治思想為其基礎的政權來統治台灣，這是台灣人民的不幸！中國人民的不幸！是帝國主義的大好良機，是軍國主義者的大好良機！

3

在軍事上，台灣更無法脫離美國的掌握，二次大戰以還，美國有計劃的以霸權侵占亞洲。台灣便成為美軍的重要基地之一。杜魯門說：「台灣是不沉的航空母艦。」美國既然視台灣為其侵略亞洲的戰略重點，二十年來便陸續與台北的國民黨政府簽訂了一系列的「條約」和「協定」。從一九五三年九月的「軍事協調諒解協定」，到一九五四年十二月的「共同防禦條約」，再到一九六五年八月的關於美軍在台的所謂「地位協定」，在這些得寸進尺的「條約」與「協定」中，美國將武器及軍隊陸續的從正門開進台灣，將台灣的國民政府置於美國的控制之下。二十餘年來，美國政府在台灣設立了幾十個侵略機構和海空軍基地，並且還設置了細菌戰、化學戰的實驗場等軍事設施，派遣了數以萬計的陸、海、空軍部隊，導彈部隊、細菌部隊人員以及間諜飛機和間諜船隻進駐台灣，使台灣成為美國的大兵營。越戰爆發後，美軍B52戰略轟炸機又開進台灣。

戴高樂生前說過一句話：「二次大戰還沒有結束！」他指的是，二次大戰後，美元還留在歐洲繼續控制歐洲的財經。那麼，每一個覺醒的亞洲人更應該說：「二次大戰並沒有在亞洲結束！」因為，不但美元，而且還有萬千的美軍都留在亞洲，控制亞洲的軍、政、經各命脈，企圖扼死亞洲獨立的生機。事實上，美軍還不斷的開進亞洲。美國在越南挑釁的戰爭，其本質上是侵略的。事情擺得很單純明顯，日本為了再逞其侵略野心，甘心在七〇年代裡在亞洲充當美國的警犬，而台灣，則在最後的總逃亡尚未來臨之前，有一桶油水便撈一桶油水，什麼帝國主義，什麼軍國主義，已無法顧及，也寧信其為無，目前的越戰，台灣充當了美軍後勤、補給和維修的基地，而更是美軍的「軍中樂園」。

將自己的國土讓出，作為別人作戰的基地，這是國民黨所需要的「援助」嗎？不錯，這暫時替國民政府擋住了中共的「解放台灣」，但另一方面卻也因而使國民政府斷送了自己成為獨立自決的國家的生機，更出賣了島上一千四百萬無辜的人民，然而這已不是國民黨所能照顧得了的，同時也不想被人提及。因而唯一的辦法是硬著頭皮自詡為「自由」、「民主」的政權，而同時在島內關起門來實行愚民政策。把人民視為渾厄而不辨是非的愚民，硬強迫大家指驢為馬，不得有一絲認真。因此，在島上唯有作不見、不聞、不言的純粹順民才是標準國民，才是「十大青年」的根本條件。至於其他的人——指著穿新衣裳的皇帝，大嚷皇帝沒穿衣服，亂說皇帝光著屁股過街的兒童們——不是死了，就在虎頭牢裡。

以一個買辦集團組成的政權，其首要目的乃在於搜刮民脂民膏，將自己的國土變為別人的殖民地，要求自己的國民接受百依百順的殖民地思想、殖民地文化、殖民地教育，這也正是買辦政權得逞其目的的必要條件。國民黨當然不希望自己「亡國」，然而，國民黨怕不怕「亡國」呢？想來國民黨是不怕的！從他們經營金融的方式，便知道他們隨時可以逃亡的，將搜刮得來的人民血汗錢，換成美金，存入瑞士銀行、美國銀行，自己是隨時可以遠走高飛的。這是美國扶持的傀儡政權在危難臨頭時的遁逃辦法，韓國的李承晚便是記憶猶新的一例。這種愛錢不愛國土的買辦心態，這次又赤裸裸的在釣魚台事件上現世，不求領土主權，但求分得一桶油的厚臉貪婪醜像，令每個海內外的中國人民為之羞怒。

在經濟上受日本箝制的台灣，目前又快要再度淪為日本的殖民地了！在政治、經濟、軍事上全然被美國控制的台灣，目前也將成為美國的第五十二州了。如果這個危機，中國人自己不敢去承認，承認之後而又不敢去承當的話，那正是日本和美國所最需要而會加以「愛護」的中國人。

國土破而買辦興，國獨立而買辦閉。這是中國近代史所揭櫫的一項定律。

今天的台灣，當權者既然採取了投降主義的容納政策，開門接納美日軍經勢力，則國土淪為別國的殖民地，便不由每個有良知的國民黨去否認！我開宗明義，劈頭指破台灣被姦汙了，便是此義，便是此理。讓我再重複說一遍——這個骯髒的事實，只有正人君子們才會去不見、不聞、不言——台灣被姦汙了！而且，現在，此刻，就在這個時候，還繼續的被姦汙著！

4

其次，讓我們看看，自己的國土，自己的家鄉被外來勢力侵入而淪為二十世紀新型的殖民地之際，留學生在做什麼。

二十年來，台灣的大學畢業生大量的潑出海外，正與美日軍經勢力的大量潑入台灣形成強烈的對照；而美日軍經勢力之在台灣久駐不去，又正與台灣留學生之久滯海外不回相映成趣。

初期的台灣留學生懷抱著對西方的「民主」、「自由」、「科學」的嚮往，毅然出外求進。後期的留學生則多半已從對西方「民主」、「自由」、「科學」的抽象迷戀中覺醒，然而他們也還是踏出台灣，這一期的留學生心理較為複雜，他們懷抱著憤怒、憂悒以及投入新環境所需的冒險精神步出了台灣的關口。他們憤怒的是，以台灣政權之腐敗，對付島內人民居然使出那種喪心病狂的毒辣的特務手段；他們憂悒的是整個家園的辱沒淪亡。懷抱著這種複雜心理出來的留學生，除了部份台灣人立即加入全世界性的台獨運動之外，其他的「外省人」都躊躇不前。除了應付學校的課程與本身的生活問題之外，大家的心智仍然保持在未留學以前的狀態，鮮有發展。大致上，只有模糊的不滿台灣的政府，模糊的不滿在外國的生活，然而卻沒有理清這股不滿的背後道理。日子一久，便溺於國外的物質生活裡——特別是在美國的留學生。於是整體留學生在資本主義的文化誘降政策下，集體仆首認降。日常生活裡，除了打麻將、吃餃子之外，便跟著外國人一齊去關心汽車、股票生意之類的事，精神生活上，大抵顯現得空乏無聊。

暗藏在每個留學生心裡的另外有一個敵人。這個敵人令每個留學生遲遲不敢真正面對現實，不能下定決心。這個敵人便是「學而優則仕」的封建思想。總以為博士之為用大矣！獲得博士便是生命意義的完結，此後便是做官做教授享受人生的日子。得到學位的中國人在海外總岌岌於衣錦榮歸一個暑假，或一年半載的，回家鄉去當當萬人仰慕的「歸國學人」，拿拿「國家長期科學發展委員會」的優厚的講座待遇，販賣一下在國外學來的資本主義的知識，然後吃吃館子，混混舞場歌廳，看看女人，然後又在同胞眾目豔羨之下，得意的回到國外來，把祖國、把家鄉再置之腦後。這是一批「新權貴」！

裝滿這批「新權貴」腦子裡的是一團優越自滿的思想，而其本人的見識、膽識、常識則往往卻並不格外出落得優越，往往是除了自己「本行」之外，便一片矇喳喳了。而對自己的「本行」的性質、功能以及是否切用於自己的國土上等等問題，則一向缺乏徹底分析的能力，總以為人性共通，真理放諸四海不準也說到準為止。於是把「知識」、「文化」等首先孤立起來，一時也理不清什麼資本主義、帝國主義、軍國主義、殖民政策、愚民政策，便逕自很心安理得的將自己那套「知識」拋售到台灣。這很容易變成「拉皮條」的勾當！在軍經被美國控制的台灣，你拿以美國資本主義為中心的「西方知識」回去，這正助長了美國的文化殖民。那麼，軍經是被別人（美國政府）強行侵入的，而文化、知識則是自己拉進去的。

在這一點上，有些正人君子便要來反對了。這些君子們挾著所謂自由主義去贊助什麼「客觀」、「道德中立」，沒有顏色的「普遍」、「永恆」的知識，因而他們首先便懷疑知識之為物乃四海皆準，居然還有「西方」、「東方」之分嗎？直截答覆這群方正的君子們便是：知識——除了純科學之外——不只有東西方之分，而且有社會階層之分。知識之為物分殊大矣！尤其是社會科學和人文科學，更是白人有白人的社會科學、人文科學，黑人有黑人的社會科學、人文科學，正在勃興的第三世界有第三世界的社會科學、人文科學，分殊異趣，各具特性，何以故？蓋各國、各種族、各社會、各階層所面對的問題不同，所經歷的歷史不同，所身處的社會結構不同，所待解決之問題不同故。以美國論，白人的頹放、逸樂、悲觀的個人主義文化對於正在爭取平等自由的黑人不但無益，反而有害。例如海明威的文學以中產階級的白人之徬徨失落，以至於主張虛無主義為主題，被白人社會視為文學的經典，這類文學，以及標榜這類文學的文學批評和文化，都不是革命的黑人，或正在擺脫美國的亞洲以及更大的第三世界所能引起同感共鳴的。

從五四運動到十年前台灣的文化論戰，屢次掀起的文化爭論有一個共同的弊病。那就是：沒有把握當時具體的社會結構與當時面臨的歷史問題來作為論爭的共同基礎。全盤西化派、國粹派，或甚至於「中學為體、西學為用」的折衷派等等，雖然各自壁壘分明，相互攻擊，然而都是超離現實的玄學論戰，各派鮮能針對大局，面臨歷史而據實立論，結果半個世紀來的文化論戰都蹈虛落空，只能美其名曰「學術論戰」而將它束之高閣。

現在我把西方文化帶回台灣去盲目全盤播種的學者、學人或「歸國學人」斥為文化的皮條客，並不是出於國粹派的立場和主張。文化論戰乃千古玄學事業，不關現實痛癢，在台北主張全盤西化和在香港提倡新儒學都無關於台北之繼續封建，香港之繼續為殖民地。我之反對一廂情願的接受西方文化乃是基於：

一、當前國際情勢

a. 二次大戰以來，美國軍經勢力之滲透歐亞，企圖與蘇聯雄霸世界，尤其美國在歐亞各小國家利用ＣＩＡ製造政變，建立傀儡政權，替美國服務。正當覺醒的亞洲、非洲、拉丁美洲企圖擺脫美蘇控制，建立第三世界，建立自己的文化、文學、藝術、政治制度、社會知識的時候，在自己的陣營裡卻出現了一群群寧願與美國利益認同，臣服於美國侵略文化，甘心在美國的傀儡政權下求安、求活、求榮、求名的洋奴們，這一群群的洋奴分別散居於政界、文化界、學術界、教授群，直接或間接以維持美國殖民自己國土為己職，純粹反對改變美國君臨控制自己國家的殖民現狀。這個現象是世界性的，而解決這個問題便是二十世紀後半葉的一個大課題。

b. 美國尼克森政權，不但不能阻止或縮減越戰，反而擴張戰事，公然挑惹柬甫寨及寮國。美國繼續以武器干涉亞洲，除了維護其在亞洲的軍事基地，以防亞洲自覺獨立之外，另有二個目的：第一、靠著戰爭的煙幕作掩護，有計劃的大量掠奪亞洲資源，目前以東南亞的海底石油為其掠奪目標；第二、仍舊靠戰爭的煙幕作掩護，擴張他的亞洲市場。一言蔽之，美國在亞洲實行他的新型的殖民政策。在殖民主義的初期，資本主義只在殖民地搜刮資源，然後將製成的商品運銷於其他地方；如今，新型的殖民政策是在殖民地掠取資源，在該殖民地設廠，然後將製成的商品，再銷給該殖民地，殖民地的人民變成了資本主義者的消費者。

c. 尼克森的「新亞洲政策」有意扶持日本佐藤政權，讓日本出面，充當七〇年代亞洲的憲兵角色。日本以二次大戰戰敗國的身份再度興起，現今已成為資本主義國家當中第二經濟大國，由於日本本國資源之短缺，更由於日本想維持其經濟超級大國（superstate）之身份於不墜，佐藤政權在美國扶掖之下，迅急的踏上了資本主義經濟侵略之路，成為亞洲的另一叛徒。如今，為了配合其經濟侵略政策，日本在第四期的擴軍計劃裡已顯示其必然走向軍國主義的途徑，日本最近所謂「三、三、三」制（在短期內，建陸軍三十萬、戰艦三十萬噸、飛機三千架）便是軍國主義配合經濟侵略的實證。

二、西方文化之衰落

a. 在意識型態上，白人的自我中心主義危害世界和平之路。強盛時期，這種自我中心主義便挾軍經勢力向外擴張侵略，美其名曰「援助」，尼克森本人便說過：「越南人民缺乏自己作戰以及自己管理自己的能力。」這種囂張到幼稚無知的自我中心主義的論調，便是美國用來侵略亞洲的口實。在這自我中心主義的心理作祟下，無知的美國知識份子及一般人民也容易以為美國之出兵亞洲是在援助「落後」民族：亞洲人民長期被白人洗腦之後，於是也終於覺得自己本就落後，自己的能力本就差人一等，於是白人之侵略亞洲便顯得很天經地義，似乎事情不這樣，就更奇怪了！在白人衰弱時期，這種自我中心主義不能利用軍經勢力得逞其霸氣，只好在文化、思想上，散佈其「世界主人」的觀念，如當今的西歐然。西方文化中，由黑格爾的歐洲中心論的「歷史哲學」到尼采的「超人哲學」，到史賓塞、達爾文的「進化論」，在在都可以替白人的自我中心主義辯護。而西方的人道主義、自由主義，因為其立論立場是消極的、守衛的，不是積極的、攻擊的，間接助長了「白人至上」的現狀的拖延。若果有色人種，在政治、思想上還沒獨立之前，便跟著唱起人道主義、自由主義，那是白人所最樂意不過的。事實上，白人在意識上根本認為有色人種天生的應該像籠中的鸚鵡一般，白人散佈人道主義，他也學叫人道主義，白人放言自由主義，他也學唱自由主義；至於白人把有色人關在籠裡這一事實，則儘量讓他忘記。今天，仍處於被壓迫的人種實在沒有權利去享受白種人的文化化粧品。

b. 經過兩次大戰洗禮之後的歐洲，其目前的文化、思想早已呈現萎頓凋敝的面貌。廿世紀初德國的史賓格勒已預言「西方之衰敗」，現前，英國的湯恩比在半個世紀後，舊調重提，強調西方之衰落，東方之再崛起。目前西方思潮已入末期的萎頓狀態，以個人主義出發，強調中產階級之優閒的自由主義、人道主義等思想流派在社會的激變下，在侵略戰爭的浩劫下，整體潰敗，不但不能發揮主動的知識攻擊能力，更無法成為指引時代的前導思想；而卻淪為頹放、傷感、灰色悲觀的一串斷續的囈語，思想界的存在主義（後期的沙特告別了早期悲觀的個人主義）和文學藝術上的現代主義便一窩蜂替個人的挫折悲歎，而置恢廣的外在世界於不顧。當前西歐之哲學、文學、藝術不能面對龐大複雜的社會而發言。因而被大眾遺棄則是不待言的事實，然而哲學家、藝術家、詩人以及為這套沒落的文化衛護的學者教授們卻只有硬唱「貴族主義」，以為他們自己這一套思想藝術不是為人民準備的，因而他們只好整批的運進學院裡，供學生們用來拿學位，而整個的與學院外的社會動態隔絕。不幸的是亞洲人——尤其是台灣的中國人——在信心喪失的氛圍下，仆首稱臣，大量吸收這類現代主義、存在主義、自由主義。吸收本有它的好處，取他人之長，補己之短，本是應該做的。只是盲目的吸收，不顧敵我的吸收，其結果是助成亞洲被文化殖民的永久命運。最令人痛心的是台灣知識份子對西方現代思潮之盲目介紹。台灣的人民有他歷史的沉痛，八年抗日，國共內戰，接著逃至台灣，結果台灣生長的及大陸流亡的中國人，一夜之間發現自己困居在這閉塞的小島中，被強權騎在頭上，每個人的內心挫折是複雜的，而各有其歷史性的實據，不能以無病呻吟視之。而台灣的知識人卻援引西方個人主義的末路思想來解釋當今台灣人民的處境，以為人性普遍而永恆，彼此病情相同，可以一藥治百病。這種在傳播西方文化的過程中，忽略、甚至於乖扭了台灣的現狀，硬以西方套東方，一派滅自己威風、長他人志氣的氣勢，便是台灣知識份子已做的，而現在仍在做的學術事業。沒有政治覺醒，不能將自己定位於歷史的知識人，隨時可以在不知不覺中做上了文化的皮條客而遺害自己的人民、自己的家園、自己的國土。

c. 從兩次大戰獲得漁利的美國，在傳統上是一個反知性的社會。由於美國人民比較沒有身受戰禍的體驗，更由於美國地廣人稀，資源充足，人與人之間的利害衝突不凸顯，所以思想上趨於實效，美國從沒有過自己引發的思想運動，而任何悲觀或樂觀的思潮多不易在北美的沃土上生根。美國的政治，更由於其自滿於目前的「領導」地位，而不必以任何思想做其引導，只要維持現存體制，儘量阻止國外敵對勢力的茁長，便是他的政治理想。五十年代在美國學界叫囂一陣的所謂「意底牢結的終結」（the end of ideology），最能說明美國政治、社會、文化、學術各層面的活動。因為整個國家沒有一個明顯的哲學作為運作的根據點，所以國民各方面的努力不指向共同的目標，而只指向個人的利益。本來純科學的研究較社會、人文科學為單純，然而在美國的科學家之間，科學團體之間的明爭暗鬥經常趨於尖銳化，因此，有「科學中的政治學」一詞流傳美國科學界，科學家之間的偷取情報，派自己的助手到別的小組去探取別人的研究結果成為普遍的活動，或靠自己助手的研究來成自己的名的現象，更屢見不鮮。這套腐化的科學界的人際、組織、國際關係，被歸國學人們帶回去，用在台灣的實驗室裡，直接影響了研究的效率。「意底牢結的終結」的最壞的影響還是在社會科學的研究上面。美國流行的「行為科學」便是結出的壞果之一。美國的學術界處處主張「客觀」、「價值中立」、「量化說明」——一言以蔽之，主張「科學化」——自有他政治的潛因。以帝國主義的搜刮為其霸占世界的手段的美國，學術的研究、思想的孕造都退居次要地位，而直接、間接替帝國主義的霸道現狀辯護。「客觀」、「價值中立」也者乃是「不准唱反調」的託辭。美國的社會科學儘管往體系龐大、思維精細的路上走去。但求描述解釋現象，不求改變現象。換一句話說，原子彈、氫彈投下去了，美國的社會科學再跑去「客觀」、「價值中立」地仔細研究投彈後的災情，社會科學成了一種知識的後備部隊，喪失了它積極引導或正面針砭的能力，美國學界之走入這一條死巷，主要的是美國的學者們普遍沒有「危機感」使然，總以為自己的國家是高高在上的大國，戰爭總是派兵出去外面打的，原子彈、氫彈總是由自己製造，而拿出去擲在別人的國土上的。這種傲慢、蠻橫的自我中心主義當然希望一種「價值中立」的社會科學來撐他場面。

第三世界的國家，開發中的各民族，甚至美國本國內的受壓迫的少數民族——特別是黑人、亞洲人等——所需要的社會科學，不是描述、解釋現狀的科學，而是針砭、反抗現狀的科學。美國的社會科學主張「客觀」、「無我」，主張社會研究者電腦化，未必真科學。任何社會研究者必須考慮研究每個個人的主觀意願、然後將這組主觀意願放在客觀環境中，研究彼此的衝突、矛盾，彼此的協調、綜合；特別是社會科學家自身的興趣、品鑑力、利益關係、家庭背景、社會地位等等都得納入研究的範圍內，因為這些因素無形中塑造了一個人的世界觀，影響了一個人觀察事物時所採取的觀點。美國的社會科學標榜「客觀」，其實這「客觀」的觀點是出自美國中產階級為維護美國現狀的主觀心理。這一套社會科學對革命中的美國黑人是個死敵，對亞洲人民也是個死敵。然而我們的留學生卻一時惑於他們所標懸的「客觀」、「中立」、「科學」等美詞，不深究個中理據，盲目攀引，死心介紹，一意想把這套社會科學搬進台灣，這無形中鞏固了美國對台灣的文化、思想的殖民。

5

目前，留學生或「歸國學人」回國而長久留住島上的並不多，多半的留學生們總巴望撈個講座什麼的，回去做一年的「歸國學人回國講學」，然後再回到美國的崗位上來。也就是說，美國的職業才是這些人想要的長久職位，至於回去講學，主要的是探親、相親、吃喝、玩山遊水、逛舞廳、泡歌廳，享受「學人」的令譽，而自己回去以後落出下巴講出來的那套「學」到底對台灣的學生們產生怎樣的影響，則是無暇顧及的。其實有些科學家回去講學幾個星期，除了樂於接受優厚的薪金之外，也高興自己高深的學問被人聽不懂，因為這樣一來，便可以顯出學人的學問之的確高深。

這種學人歸國講學的制度並不能產生學人與島內學生、學者之間任何膠著密接的關係。最主要的原因還是在於政府的措施。就像國民黨根本不想發展島內的民族工業一樣，他也不想真正發展科學。純科學的發展貧弱得幾乎等於零，人文社會科學也不想獨立建立，而對於打擊資本主義侵略，鼓吹真正民族獨立的理論學說更禁止在島內生根。以買辦為其依歸的政權，他所指望於民的也是買辦事業，這在學術界也不能例外。真正的學術不想播種島內，則「學人歸國，作客講學」的制度，便是出重金聘請這些學人回去的政府當局所刻心設計的。一來，倉促短暫的講學，使海內外的學生，學者們沒有長期互相研討，一起建設的機會，更沒有互相結合，組成一股新生力量的可能。學術界癱瘓分化，知識人不能聯合在一條陣線上，主動要求建設，這是政府為了維持他的現狀（買辦事業！）所必須促成的分化局面。只要看政府如何對待島內大專學生的保衛釣魚台運動，便明瞭政府寧願各界分化渙散，而不願大家團結合作。政府一再強調的愛國運動，如今卻禁校際的聯絡串連。為什麼？因為這個政權最怕的是人民的覺醒。一旦人民要求自己國家的獨立自足，那政府這個買辦攤子要擺到那裡去呢？二來，學人短期歸去講學，可以替政府裝點門面，掩飾台灣島內各界新陳代謝的緩慢。在政府這樣不誠心發展科學的情況下，台灣留學生的命運便注定一生浪蕩海外（多回去幾人，就大喊「人才內流！」前陣子，沒人回去又苦叫「人才外流！」都是他們的鬼話！）偶爾回去講學，也是虎落平陽毫無用武之地。

國民黨既然這樣的擺佈所謂「學人」，使大家回去玩樂玩樂，而不許發展科學，不准觸及台灣半殖民地的「國格」，那麼，這套歸國講學的把戲還歷久不衰，其大半的癥結，實在也不得不歸咎於留學生自己了。

到目前為止，台灣出來的留學生的政治覺醒，幾乎少得等於零。對於台灣在政、經、軍、文、教各方面，都已淪為美、日的殖民地這一事實，雖不能說全然不知，然而在意識層面上，卻寧願不去管它。而卻總忙著往上拔，由碩士而博士，由博士而教授，由教授而歸國學人。既達到歸國學人的高位，則算是當前台灣知識人的一種登峰造極之境，而自己終於也納入了台灣海內外無形的「新權貴集團」。在台灣營造出來的新封建的階梯上，這樣一階一階的往上拔登，幾乎把知識人自己的注意力完全從尖銳的國際政治現實移開，而去浸緬於殖民地的富貴榮祿上。這種誘陷延遲了知識人之遲遲不下政治上的抉擇，而寧願隨波而流。偶爾被壓抑在下意識的良心，間歇性地迸出小點的火花，也馬上再被壓下，或被悲觀主義說服，或被自私的個人主義買通。就這樣，兩萬多留美學生，以及數千的留日、留歐留學生無形中拱起了一圻夜的國度，一群群碩士行屍、博士行屍、教授行屍在黑暗中流竄，在闇冥中聳動，變動的鬼笑、縱樂。然而同時也不忘向現實的榮祿奔競。一切白晝的現狀都拋到後面，以自棄的瘋狂，大家攜手跳起骷髏之舞，似乎唯有等待末世的來臨便無其他了。

促成知識人這種下陷不想自拔的暗因，便是那道台灣新封建體系的符咒在作法，使每個留學生昏昏受蠱。這新封建體系應在學術界便成為新科舉的思想。這新科舉的思想，要之，便是不問實質、但問學位的社會風氣。在台灣的每個學生或市民的心頭中，幾乎一式兒的咬定萬般皆下品，唯有博士高。因此，每個留學生，什麼事都可以不管，也得想辦法撈個什麼狗屁博士再說。今天事實證明，成群結隊，多如海底炸彈魚的中國博士群除了替美國資本主義效勞之外，其他一無所成。

替美國資本主義效勞的最高方式，便是帶回美國文化去延續美國殖民台灣的侵略行為。湊成這項大錯的最大因由，在於中國留學生本身批評研判能力的低卑，不能鑑明國際政治暗流的來龍去脈，不能判定敵我。更糟的是，迷信學術能獨立，學問無國界，於是一廂情願的將美國的知識（尤其社會人文科學所用的方法論）搬入台灣。因而台灣島內，洋派思想、洋奴心理充塞而猶不自知，反而還自得的、跟著買辦政府，款款而論「經濟繁榮」、「小康局面」，夫這批被崇拜洋博士的社會價值體系衝昏了頭的學人們豈真阿木林哉！真阿木林哉？

總而言之，留學生們並非不知上面列舉的那些美、日在軍經方面有計劃的滲透台灣，化台灣為其殖民地。然而眼前，再跨一步便可得的殖民地的地位、榮祿、聲名似乎看來更實際，更順當，更不必從頭幹起，所以還沒經過內心實際的掙扎和良心的抉擇之前，大多的留學生便毅然選擇了「假洋鬼子」的平坦大道。今天，藉釣魚台運動，我們慢慢有了政治的覺醒，我們也慢慢看清所謂我們的政府並不在為我們做事，除了一味幹著他的買辦勾當，作美日在台總代理商的任務外，他置我們的行動於不顧，置我們的聲音於不聽。反而反過頭來，「槍口向內」，迫害、誣陷、分化我們，對外懦弱之餘，還橫蠻的打擊我們。這個政府難道就不想自己洗脫「外戰外行、內戰內行」之譏嗎？處於政府不想改變現狀，依舊勾結並非我們「友邦」的美、日政府，依舊興隆著他的買辦事業，延續著殖民地的現狀，只有兩條路，也只有兩條，擺在我們的眼前。

一條是看來是平坦的陽關大道，走起來平易順當，眼前的利祿名位彷彿伸手可得。這條路走向「永遠的和平」，資本主義侵略永遠的得逞，而自己的國土永遠的崩敗、滅絕。

一條是看來是險峻的獨木橋，走起來艱辛危難，沒有眼前的利祿名位。這條路走向反侵略、反殖民的道路，資本軍國主義走向毀滅，正義、獨立走向勝利。——一九七一年五月十五日

原載《戰報》第二期，美國：柏克萊保衛釣魚台行動委員會，筆名羅龍邁，頁四十—四八，一九七一年六月。
轉載於香港《生活》月刊七期，頁四—十九，一九七一年八月。
收入《春雷聲聲：保釣運動三十週年文獻選輯》，台北：人間出版社，頁二六九—二八九，二〇〇一年。

台獨極端主義與大國沙文主義

在魯迅的時代，中國的大國民曾經是一群體格茁壯，而精神格外麻木的愚眾，只配大家圍著看自己的同胞被日軍砍下頭顱來，而無神的呆立著，表示沒有意見。

時代慢慢的演變過來，不久以前——或更確鑿的說，半年以前——中國的大國民已是別具面目的一群：體格並不茁壯，不過頂在脖子上的卻是一顆顆碩士、博士的頭顱，腦殼裡裝的盡是「學有專長」的一堆貨物，然而，其精神之格外麻木卻仍是依然。這一群是從港台兩地溢出而滯留在海外，人數上萬的中國人。在西方社會裡——或更確鑿的說，在美國社會裡——大家圍著看西方人以高度發達的科技在圍堵亞洲，而自己卻呈現著一付早發性痴呆症的神采，表示自己也並沒有什麼特別的意見。

半年來的學生運動迫使時代的步伐邁大加速。這運動的意義，與其是在表面的遊行示威，不如說是在內在意識的猛醒。許多政治思想上，一向被視為禁忌的，都被這群行動中的中國人民一一衝破。以往「入世而不為世所困」的虛偽溫敦的生活被丟進垃圾桶裡。一連串持續不懈的行動正向「分裂的中國」告別，而向前捕捉嶄新的，屬於「亞洲的、中國的、台灣的」時代意義。向二十年來的「超現實」的種種生活告別。

告別——

以「個我」、「徬徨」、「焦慮」、「不安」等等、等等織成的洋派「時代失落症」。

告別——

向漂泊天涯海角的猶太人看齊，以自棄的心情，求安於海外，終老於海外的「邊際人的宿命論」。

告別——

以「世界公民」的超級名目自欺，不敢面對當前亞洲以及世界其他各地正在進行的殖民戰爭、奴役戰爭，而兀自培養著「邦無道乘槎浮於海」的浩然無垠的，以「詩的境界」為歸宿的「悲劇人生觀」。

中國人民正努力的在洗脫這些麻木痴呆的自欺面貌。一種抵死追求新時代的決心在歷史的子宮裡孕造，新的生命在黑暗裡開始胎動。

在這段新思潮正在胎長的時期，血脈骨架首先成形的是「中國統一論」。這「統一」的論調在釣魚台運動的第二次示威之後，已在美國各地散播，中共和美國的「乒乓外交」更像一陣春風，將這論調吹生促長起來。然而到目前為止，「中國統一論」，雖然陣容未成，不過流散的零星人馬，已陸續的從側面，受到已經有了二十多年歷史、以「倒蔣，台灣民族自決」為目標的「台獨運動」的猝擊。「台獨運動」與「中國統一論」的正面遭遇，或將來彼此可能產生的衝擊，對打破現今海外中國人的僵硬、閉塞的政治冷感的氛圍都將是有益無害的。甚至於，這兩種力量的鼓盪或將替我們這一代導出一條生機來也未可知。

然而，這兩種「政治導向」在尚未進入正面衝擊之前，各自都已經攤出了各自的弱點。這些弱點便是我想在這裡一一列舉，藉以表示一己的管見，並就教於各方有志之士。

1

「中國統一論」被「台獨」斥為大國沙文主義並不是沒有道理，癥結在於目前的「統一論」的立論基礎是形而上的、是空想的、是反歷史的。他們的著眼方向是以「超越前進」的態度往上層的社會結構用心，而忽略了迫在眉睫的台灣諸問題。「統一論」一天不腳落實地，當下承擔這些實際問題，而只想避重就輕的以空論促成中國統一，則一天只是蹈虛的政論，只能口言，不能實踐。依我看來，目前的「統一論」有以下種種的危機：

第一、「領土完整」的玄想——將台灣島上的一千四百萬人民，硬生生的劃歸大陸的七億人民，是「統一論」的工作目標。墊在這種企圖底下的基礎是傳統的、常識性的「台灣『本土』就是中國的」的論調。這完全是一廂情願的「情緒說」。把「本來」的事物搞得不再是「本來」了，這往往是進步的表現，也是革命的表現。一再遵照「本來」，則如今我們不曉得還在那個朝代呢。唱「完整」論調的最大危機在於，忽略台灣島上人民在這二十年來所身歷的痛苦。這痛苦已經不是「人性永恆」下所遭受的「普遍」痛苦，這痛苦早已炙上了歷史的烙印：它是在國民政府的凌壓下逼成的一串特殊的憂患與苦痛。尤其是，一千二百萬的台灣人民，經過二二八革命的挫折，這種憂患苦痛，已經部份扭結成為仇視大陸人的心理痼疾。倘若「完整」論者，但求分享大中國的榮耀，而忘卻了分擔台灣一千四百萬人民的痛苦，或甚至於無心想去解決這份歷史的痛苦，則這種「完整」論將步上反歷史的、反人民的道路。這裡，熱衷於群眾運動的行動者們會明白：化除「阿山仔」與「番薯仔」之間無端的仇視心理，以及適當處理這二十多年來台灣人民所遭遇的歷史性的苦難才是他們當下的工作。想在七〇年代解決「台灣問題」的勇士們必先要有承擔「台灣憂患」的決心。台灣雖小，然而它所載負的苦難卻是多層的、微妙複雜的，例如各階層的人民對當局的仇恨和他們各自面臨的問題是不同的，鄉村農民、軍隊老士官、城市商人、學生、知識份子，以及大城市裡在飢餓線上掙扎的退伍軍人，計程車從業者、養女、娼妓等等都有他們特殊的問題和苦痛，絕對不容大刀闊斧、粗心大意的處理。主張為了七億人民，可以忽略，或甚至於犧牲一千四百萬人民的憂患，這是無能者的誇張手法，主張以蠻橫的手段剷平台灣問題，這是法西斯的窮途末路，蔣政權二十年來不休止的捕、捉、殺、砍，還是抑制不了台灣的怒吼，便是殷鑑。

第二、機會主義的蠢動——海外的中國人民一向似乎罹了「恐共」的絕症，對於中國共產黨一向不敢研究，更缺乏同情的了解，然而四月掀起的「乒乓外交」卻很使部份的海外中國人暈起浪來，而在浪頭上乘興唱起「中國統一」的論調。這個危險在於，以為「乒乓外交」之後，中共與美國不久便要正式建交，於是向中國大陸一面倒去是勢所難免的了。這是白日夢幻。由這個幻覺引伸下去的種種玄想將可能導至不可收拾的惡果。生為中國人，面對中國大陸的了解，必賴美國先輸導於先，然後才敢尾隨於後去做，這已是我們中國人的奇恥大辱。如今，倘一味尾隨老美，以為好戲就在前頭，為了不甘寂寞，不理清現有局勢，便抬出「統一論」來助興，這難免不落「機會主義的蠢相」之譏。美國之汲汲於想和中國大陸拉關係，除了國際情勢所逼之外，主要的還是國內的經濟因素使然。給越戰慢慢拖垮下來的美國經濟（至今美國已花上千億美元在這「滅種戰爭」上）急於尋找它的新市場。美國本著「倘若中國七億人民，每個人都買我一把牙刷的話，那麼……」的樂觀計算，開始向中國大陸擺出「美國的售貨員」的特殊姿態來。如今美國自動的想改變它一向維護自己資本主義的傾銷，維護自己單方利益的「貿易方針」，進而要取消對中國大陸的「禁運政策」，乃是「救內急」多於「真友善」。放眼再看台灣地區的局勢，其緊張依然存在。美國與中共在華沙百次以上的會談，「和平談判解決兩國在台灣地區的爭端而不訴諸武力」，然而仍未談出任何結果。美國一向堅持它在台灣有它所謂「單獨或集體自衛的權利」。這可以說是「台灣問題」的大癥結之一。美國居然在台灣有其自衛的權利，這是把台灣看成它的什麼東西？無論「台獨」也好，「統一」也好，老美在台這問題不面對是不行的！老美不會讓你真的搞獨立，也不讓你弄統一，台灣是它太平洋防線的重鎮之一，它豈有輕易放手的理由？部份覺醒的「台獨人士」已看出這個敵人，「統一人士」，希望不要在「乒乓外交」的浪頭上一直暈浪不醒。

第三、遊說主義的迷惘——「以言論影響美國決策」，這似乎是目前在美的中國留學生引以為己職的工作。不幸的是，歷史上就沒有一個政府的決策是因外國學生的言論而促成的，或為之修正的實例。這個事實在目前的中國留學生未必昏瞶到無所知的地步！然而大家又何必去搞這「以言論去影響」的徒勞之舉呢？這就又要觸到留學生大家的心理啦！最根本的說，是大家的認識不深切，因之，決心也不夠的問題。果真要搞自己國家的事情，先放下浮躁虛誇的心情，篤定的從最基本的工作做起。只想去放放言論，那多少是風頭主義在作祟，對問題之嚴重性未必真切體認，既便真切的體認了，也未必真想去擔起來做，因此，終於便只好去放放言論，自己拉拉風，美其名曰「聊盡知識份子的職份」，這乃是很媽媽的事！反對美國以老大的身份企圖干涉中國內部問題，堅持中國人的事由中國人自己管的態度立場是正確的，但是如何做，如何去實踐這態度和立場，這是需要慎慮與決心。反對美國的「兩個中國」或「一中一台」的策略的人士希望不要再重蹈遊說主義的覆轍。國民黨花了多少金錢與人力去搞什麼「中國遊說集團」（China Lobby），專門拉攏美國有錢有勢的國會議員、商人、傳教士等之人物替它做外交掮客的勾當。沉迷於這種遊說謀略，而不真心去處理國內的矛盾，自己人民的問題，只一心借助外力引狼入室。如今，下場如何？「中國遊說集團」在那裡？國民黨所讚美的「中國之友」，麥加錫在那裡？諾蘭在那裡？美國這偉大的「友邦」正想背棄國民政府，向中華人民共和國拋媚眼的當今，既便國民黨擲出大把的美金來製造輿論，妄想影響美國決策也是不可能了。事情擺得很明顯，眼睛只望上看，而巴望別人對你如何如何都是自欺欺人的。國民黨已失敗在先，今天的留學生、知識份子難道還想跟上去，一齊丟入那慘敗之坑嗎？

第四、社會主義的空談——為了堵塞美國的「兩個中國」、「一中一台」的謬論，在美國的留學生到處有人主張「中國統一」、「台灣再劃歸中國」，或「先將台灣劃成自治區，實行社會主義再說」等等。總括的說，大家表現的氣概是：再沒有理由去仇視社會主義了！或甚至於，就要去迎接社會主義了！這種勇於開拓新思想的現象，無寧是值得慶幸，而應該加倍去喝彩的。然而新意識、新覺醒剛剛要起步時，由於不能較徹底乾淨的洗脫一些先前的思想方法和基本的生活態度，似乎便有種種的羈絆，仍舊纏住要飛奔的兩腳。

首先，空想的社會主義擁護者，既以為這個主義，是二十世紀的人，特別是二十世紀的中國人所不能避免的，而且，萬事往大邊靠攏，總是比較安全的，所以很想替這個主義鼓吹一下。然而自己於社會主義也無非只存些朦朧曖昧的影子。例如，以為社會主義一定講社會主義，而人民是先於一切的，是「民為貴，社稷次之」的主張，而最後一定是要共產的了。思想上積存著這些模糊的念頭，便以近代中國知識人特有的研究精神，往四書五經裡挖，找到一些類似的子曰詩云來，證明「夫社會主義也者，中國固有之」來，一方面以壯自己的膽，二方面也可以叫別人相信，自己實在不是離經叛道的，中國早就講社會主義的了。這種學術上的魔術法，從梁啟超、胡適，再到現今的新儒學派都樂之不疲，用之不懈。這學術研究的「中國固有主義」路線常常是誤導的，而且往往多是阿Q的心理在作祟。向歷史做枝枝節節的攀附並不是研究的急務，一八七五年柏林大學的講師歐・杜林博士（Eugen Karl Dühring, 1833-1921）的例子也可以作為我們的殷鑑。杜林博士一夜醒來，突然大嚷自己改宗社會主義，宣布自己是個社會主義的擁護者，便用他的「科學方法」搞出一套玄想的社會主義大體系，侵入學術界的各部份。

杜林的錯誤就在，捏了幾個抽象觀念，便閉門造車，搞出一大套大道理，頂著「科學」的大招牌，洋洋灑灑一路衝下去，無驚無險，大功便告成。

真正的社會主義，最好先把它放在市井街頭，讓它挑起現實的問題，在實踐裡建立它的體系。現在海外的中國人，要是擁護社會主義的，最好先從「台灣問題」先研究起。而且，真正社會主義是反資本主義的，敵我截然分明，不容絲毫含混的決心，恐怕不是目前為了顧全「中國統一」，而盲目擁護社會主義的人士一時可以下決定的。

空談的社會主義另外的一個危機，便是盲動主義，架空的思想逼出不能與現實配合的盲動行為。全美各地掀起的「中國問題討論會」已流行著這種空想的社會主義的論調了。

第五、議會主義的幻滅——五四時代，胡適主張「多談問題，少談主義」，結果在蔣政權下，後來搞得連「談問題」的自由也沒有了。只好再退一步主張「容忍比自由」更重要。後來他的《自由中國》的「我的朋友」雷震搞新政黨被捕，進了虎頭牢。胡適回台的前夕，在美國放空氣，說什麼「這次回國，一定先探獄，去看看『我的朋友』雷震先生。」結果，人剛在台北機場下機，國民黨便上去給他咬了一陣耳朵，「曉以大義」，胡適是懂世故的人，於是人一出機場，便把探獄的原意打消。這回，胡適似乎只好很「容忍」了一陣。一直到他在南港的中央研究院倒下去，胡適在台灣什麼事也搞不出。而「台灣問題」卻已堆得像拜拜的佛桌上的「紅麵龜」一般的多。然而，胡博士還是三緘其口，逕自「容忍」下去。終於大抵連「談問題」的興致也倒掉了。總之，他老人家最後只好在南港的榕樹下踱來踱去，然後倒下去。總結胡博士的一輩子，是往後退縮，一縮再縮，最後縮無可縮的，一部活生生的紀錄。這是當代自由主義的「敗北記」。根據另一位自由主義者，兩年前在國民黨的欺凌下倒下的殷海光的打分標準，五四前後的胡適得九十分，後來，成績越來越壞，留台的最後階段，則是不及格。胡適的失敗，其實早就種因於早年：五四時代，他主張的「多談問題、少談主義」的「改良主義」便是他一生失敗的主因。只一心想在已經銹爛的那部機器上修修補補，那是越修越銹、越補越爛的，註定是一樁賠本的買賣。

不窮本溯源，不談主義的人，如今還相信那套「漸進改革」、「點滴改良」、「和平轉移政權」。前一陣子，聽說有人想在海外組黨，現在提倡「中國統一」的人士有的在重彈「國共和談」的老調；這些基本上都走的是胡適的老路。大抵都是留學美國，思想方式、意識型態、事業抱負等等，與「前輩」胡博士操的路線總沒離太遠。這些留美學人總容易執迷於「自由」、「民主」的抽象理想裡，換一句話說，就是迷信議會體制。

在一個不講「民主」、「自由」，只講「強權」、「專制」的政體——而且這個政體下的人民還沒有政治覺醒以前，任何想以「議會體制」或「另組新黨」來抗辯、平衡這個強權的政體都注定的要潰敗。

「雷震案」的記憶猶新，對於組織新黨有熱心與信心的人士未必不是值得參考研究的失敗前例。再者，任何想與國民黨平起平坐的新政黨，其所面對的，急待立即解決的問題多多，例如，國庫問題。今天國民黨的財經是直接由國庫擔負。這只是目前台灣「黨國不分」、「黨國一體」的現象的實例之一。任何一個新黨之能不能站立，其實端賴這個新黨有沒有能力將目前這種「黨國不分」的變態現象迎刃而解。否則，這新黨既便成功地組成，也將是寄生國民黨殼裡的「空心黨」。

正如目前的議會，其為一條「空心蘿蔔」，是眾人皆知的。在立法、司法不能獨立的「民主」政權下，「議會」是點綴品，也是一道煙幕——以掩護實際上反民主的強權結構。目前，各級的民意機構，不乏有識（常識、見識、學識、膽識）之士，然而仍不能振民意於徒放空言之弊，其癥結何在，不指可知。總之，海外的知識人，以知識人純潔不阿的處世態度，抵死追求正義、真理的果決，透過「議會」、「新黨」的渠徑，想與國民黨「共赴國難」，那簡直是與虎謀皮，不能共存的事。

本質上，唱「國共和談」的老調的人士，其思想路數也不超過「議會主義」的窠臼。其實，最為議會主義者們所忽略的是社會工作、群眾運動等等最基層、最重要的工作，換一句話說，就是人民政治覺醒的工作。誠然當今的「政治衝突」，可以藉會桌上的談判暫時緩衝。然而，沒有一件「政治問題」是單靠談判解決的。只想在上層結構裡與當權者「議談」而不顧下層結構的根本問題，不啻是緣木求魚。加以，「國共和談」只能是一種「放出去看看」的言論，現在我們任何人、任何團體都是做不了這個「中人」的。而根本的問題是，即便兩邊去「和談」了，也不能解決問題。今天，我們的「台灣問題」的核心在於「次殖民地」的政治問題。中國人自己想不想根除這個問題，中國人想不想犧牲自己從這「次殖民地」的現狀搜刮得來的利潤，這些已是內部的大問題，另外，如何甩脫美、日在台的勢力更是不能空談解決的外在問題。

第六、異立特主義的架空——總括以上種種目前正流行的「中國統一論」所面臨的危機，都可以歸咎到一個最基本的出發點問題。這個出發點便是異立特主義（elitism）。大家總以為自己是社會的「優選份子」，是少數的「優民」，加以，在海外搞得「碩士」、「博士」之後，其思想越變越頑劣。總是眼高手低，不甘將自己拿來跟社會的下層結構認同，而急於望上冒出頭。於是一時人頭聳動，衝著雲端叫著自己的「政治主張」，而不太肯去下工夫，真把台灣實情弄個通透。

目前唱「統一」論的以「大陸人」占絕大多數。現在暫不談香港來的「大陸人」。光以台灣的「大陸人」來說，便大致可以分成兩類：一類是約有六十萬的，以「退伍軍人」、現役的老士官、以及基層軍官組成的「低層人民」，另一類是接受島內大學教育和海外留學的，致力望上爬登的，一心要跟「上面」認同的「上層人民」。這兩種「大陸人」朝對極化的相反方向發展：一個在生活線上掙扎、生活的挫折逼出使卡賓槍、丟「波蘿」、亮匕首的鋌而走險的「生死線上的生活」；一個是隨時衣錦榮歸，隨時想「學而優則仕」的「新權貴」，這一群是「荷葉包釘子個個想出頭」。然而，這一群多是羅亭式的人物，是「口的巨人，手的懦夫」，政治上的主張多半是架空的，靠這小群「新權貴」的候選人自然是解決不了另一群在生死線上掙扎的六十萬「弟兄」，更解決不了島上一千兩百萬「番薯仔」的問題，他們壓根兒不懂（也沒有去懂的意思）「番薯仔」的問題。

2

隨著二二八革命的失敗，每個「台灣」人民的口裡都含著一股歷史的苦澀。一夜之間，台灣一萬以上的優秀的人材，在國民黨瘋狂的機槍掃射下倒下，一夜之間，島上各地的台灣家庭被推入慘死、虐殺的不幸的陰影下。二二八革命後，每一天，每一分鐘，幾乎每個台灣家庭頓時喪失了喜悅的權利。幾乎每個家庭都經驗了自己父親的被殺，或兄弟、或親戚、或朋友的被殺，或被捕，每個夜晚，每一家台灣人在門的裡面，下意識的等待著國民黨特務的腳聲踏上門來，敲打死亡的門響。對抗外敵的捐軀是一種歡悅的意願，然而自己被「自己的政府」，在瞬息之間蠻橫地虐殺殲滅，那是怎麼也死不瞑目的。這一萬多死者的冤魂流泊到世界各地，不管白晝或黑夜，淒泣地呼叫著雪恥澄冤，這一股憤怒的、冤屈的、冥域的呼喊便化身為當世的「台獨運動」。

二十年來的「台獨運動」是曲折的。二十年的革命運動尚未達到目的這一事實便說明了它的曲折性。最近若干進步勢力的抬頭是令人欣慰的。然而「台獨」陣營裡的保守勢力仍是龐大的。這保守勢力便阻礙了革命的推進。現在僅就「革命理論」或「革命哲學」上的若干阻力分述於下：

第一、「必然性」的地方主義——「台獨」獲得極少的「阿山仔」的同情者，是整個運動的大病。可能不少的「台獨」份子不以為這是「病」，他們堅信「台灣人」自己可以，也應該獨立。這種信仰的背後有它歷史的和地理的理據。

在一千兩百萬「台灣人」的歷史感受裡，多少都自認是「亞細亞的棄兒」。在中國近代史上，台灣是唯一被割讓給別人，作別人的殖民地達五十年之久的省分。這五十年裡被異國日本奴役而無可伸冤。半個世紀的「無告之民」的折辱並不是其他「胞兄弟」，其他省分的人民所能體驗的。是的，正當台灣人民正在日本的強權下忍辱的同時，大陸的「胞兄弟」也遭受了日本八年的血的洗禮。由於這類似的經驗，大陸的弟兄多少可以體驗台灣人民彼此在五十年日本尖刀下的生活。然而這一點彼此同遭患難，所能建立起來的彼此「同情」，卻在一夜之間被陳儀的野蠻慘酷的武力摧毀乾淨。台灣人的「棄兒」感受，不但沒有因「光復」而消除，反而加深了。陳儀的惡行敗政不但沒有受到政府的懲治，反而升官了。「台灣人」想與「大陸人」劃清界線的意願以及視這種劃分是「台灣人」自救的必要條件，都是在這些受辱（裡裡外外）的史實上一一種下因緣。加以地理上，台灣隔台灣海峽而與大陸撕離，這更促成了台灣人民企圖脫離中國政治版圖，以求根除後患的決心。

台灣人民之被迫走上這條偏狹的地方主義的道路，從史的發展，是完全可以了解的，然而這偏狹的地方主義是否必要，以及是否能行，這是值得研究的。事實上，由於這種偏狹的地方主義，以下種種「台獨運動」所遭遇的危機便隨之一一出現。

第二、「獨立先於一切」的形上論——為了實踐它的地方主義，「台獨」塑造了種種的理論，來說服自己和別人，而這些理論都是奠基於情緒的、玄想的層面上。這種種的理論可以從消極和積極兩面來看：

「台獨」在消極打擊台北國民政府之腐敗時，經常指出：

a. 國民政府的上層組織或決策機構裡，很少有台灣省籍的人士。「台獨」或同情「台獨」者，更以台省人口在全台總人口的百分比，與這些重要政治機構裡台省人士所占的百分比，成強烈反比的事實，來攻擊國民黨。這是捨本逐末的宣傳戰略。倘若今天，國民黨照「台獨」意願，在各重要機構裡安插大量的反動台省人（「台獨」眼裡的「台奸」份子），那「台獨」是否就不再嚷叫？是否就不再搞下去？事實上，目前很多反動的台省財閥、商人、政客紛紛都粉墨登進廊廟，結果，那政體還是如此這般，絲毫沒有透出新氣象。

「台獨」在上層政治機構裡爭席位，其危機就等於「統一論」在唱議會主義一樣。一部銹爛的政治機器，再怎麼填補生力成分都是無改於他的往下銹爛，而新填補的生力份子，不久在那大機器裡，也染上銹爛，一齊往下敗壞。這裡是抉擇的關口。「台獨運動」在這裡必須作決定性的選擇：要搞「古迭打」（coup détat政變），還是搞革命。

b. 國民黨虐殺台省人，控制台省人的事實。今天，問題不僅在這虐殺的仇恨上。更恢廣深遠的意義在於，台灣這整套政治行為，社會生活的變態是否要徹底變革。只是要求血債的償還，並不能徹底解決「台灣問題」。根本的關鍵是，立即展開台灣內外的全面社會運動，促生全面的政治覺醒的問題。國民黨控制台灣的技倆是：離間「阿山仔」與「番薯仔」，將全體人民的社會生活與政治隔絕、徹底消除人民的政治生活。在這種離間隔絕分裂的情況下，國民黨便很輕易的把人民當愚民來控制。任何人想出來打爛這種分裂變態的現狀，想批評這種不合理、違拗人性的社會，立即在「甲級流氓」、「問題學生」、「文化太保」、「政治犯」等等罪名下被滅掉。

任何革命運動都必須是群眾運動的。不做基層的政治教育、促發全面的政治醒悟，而在政治機構裡，跟反動的當權者討價還價，要這個位子，要那個頭銜，這畢竟是搞政治的末路——又何況在一部已銹爛的機器裡討還呢！

「台獨」在積極的宣傳上常常拿以下的「論證」來替「台灣獨立」的構想辯護：

a. 與福利國家看齊論：拿目前若干社會福利國家之「獨立」或「中立」來替「台獨」辯護。新加坡、瑞士、南美的烏拉圭、北歐諸國等等都是經常被提及的範例，尤其新加坡更為「台灣」所樂道。這種理論之謬誤在於，完全忽視了台灣在當前國際戰略的極端重要性。今天，台灣處於國際政治勢力傾軋的關口，他是注定不能像那些福利國家那般悠閒地「中立」起來、「台獨」起來的！（那些國家真的「中立」了嗎？真的「獨立」了嗎？新加坡背後的「主子」雖然隨時輪換，但是沒有一時或缺的！）

台灣被挾在太平洋區三強（中共、美國、日本）之間，美、日覬覦台灣已久，那有容許台灣「中立」或「獨立」的可能！「台獨」拿台灣與那些福利國家相比，是自己作賤自己的行為，是完全忽略了當前日趨緊張的太平洋國際情勢，是漠視了資本主義侵略與反殖民戰爭的利害衝突下，台灣所擔當的戰略重要性。

b. 與聯合國三分之二會員國看齊論：以為台灣的獨立條件比三分之二的聯合國裡的會員國都好得多。唱「獨立」、要「獨立」是野心的資本主義大國所最歡迎的，「獨立」的小國是最容易被大國的殖民政策所滲透的。「台獨」再拿這些背後各有「老闆」的小會員國相比，是再一次作賤了自己。

c. 聯合國的監督裁判論：聯合國是名存實亡的大硬殼，裡面空洞無物，他根本不能按照憲章有效地發揮作用。這樣一個顢頇的機構，如何去依賴他主持國際道義，來解決「台灣問題」。求之於聯合國，實際就是求之於美國。而今天，美國之唱「兩個中國」或「一中一台」，忙著越俎代庖，首有它背後的殖民政策在推波助瀾。倘若「台獨」想依賴聯合國來倒蔣，可能可以成功，但「民族自決」一關則不是任何其他外力真幫得了忙的。在聯合國虛潰的今天，請他來監督，舉行台灣普選，開放民意，這是知識人的「李伯大夢」，簡直是非政治的政治論。

第三、二二八革命的誤解——在二二八武裝革命進行中的非常時期，「台灣人」若干情緒反應，迅急之間，塑造定型。甚至於到二十四年後的現在仍然控扼著「台灣人」的意識，左右著「台灣人」的思想，其中最嚴重的一關，是普遍仇恨「大陸人」的心理。的確，一九四七年的革命，革命的「台灣人」與非革命的「台灣人」之中，普遍存在著「趕出中國豬」的憤懣。事實上，這一股衝天的恨懣也是把革命推展到高潮的動力之一。而革命的倉促掀起與迅急的敗退，也多少可以從這一闗偏狹的、盲目的「仇豬」心理得到線索。

當時，台灣人民由光復的喜悅，急轉直下，變而為鬱憤仇愾，終而至於奮起革命，這一心理的急變，陳儀的凌壓背信的政府，以及國民政府之背後無理支持陳儀，要負決定性的責任。陳儀省政府在台灣仍舊沿襲國民黨在大陸表現的「偉大傳統」：捕殺、貪汙、壓榨、反人民。當時在台灣流行的四句：

台灣光復歡天喜地
貪官汙吏花天酒地
警察橫蠻無天無地
人民痛苦烏天暗地

正反映出陳儀政權的法西斯惡政。這不斷的欺凌壓榨「台灣人」，令「番薯仔」猛醒到這不是「台灣光復」，而是搞著「乞食趕廟公」的勾當。於是一再吞忍，終於到了無可再忍的地步，「番薯仔」毅然奮起，在趕走「日本狗」之後，決定趕走「中國豬」。

這種恨陳儀政府、恨國民黨，轉於恨普遍全體的「大陸人」的現象，萌芽於二二八前夕，牢固於革命的非常時期，而普遍深入於革命後的「台灣人心」。今天「台獨運動」尚未痛定思痛，嚴格檢討二二八革命的得失，尤其這「仇豬」心理沒有化解，還是「番薯仔」自己在畫圈圈，無端仇恨全部的「阿山仔」。心理上，存在著「一竿子打落一船人」的打算，硬不與「阿山仔」「合作」。老實說，這是作繭自縛。今天，厭惡這個政權的「阿山仔」並不比「番薯仔」少多少，而台灣人除了反蔣之外，還忙著反「豬仔」，這種無端樹敵，擴大打擊面的作為也無端替「台獨」招惹不少無謂的麻煩，阻礙運動的進行。

第六號的《台灣文化》，在「二二八革命的教訓」一文裡，寫道：「……二二八革命之所以失敗，是沒有馬列主義的革命理論與實踐來武裝台灣民族。」又說：「在二二八革命進行中，一般台灣人看到中國人就打，甚至於無辜的中國人也無例外，這是為什麼？這只是民族的敵愾心，這是我們祖先所傳來，抵抗外族侵略的台灣精神……」事情擺得很清楚，連「無辜的中國人」也打的這種「台灣精神」，其實是最反馬列的。「無辜的中國人」也是受壓迫的，馬列主義的「台獨」拯救都來不及，現在反而要打，而且一個也不放過，一個也「無例外」！「這是為什麼？」這是防止「促使新的二二八革命再發生，誰能保證半山靠山不會再暗躍、潛入革命陣營，進行背叛民族，出賣人民的勾當。」（同文）所以要趕盡殺絕！只為了防止「背叛」、「出賣」人民，只打「半山」、「靠山」、「純種阿山仔」是不夠的！君不見現今有一大堆「台奸」在朝嗎？根本的問題，不在「山」與「海」之間的矛盾，而在於目前「統治」與「被統治」之間有著不容妥協的利益衝突！馬列主義的「台獨」應該努力於鬥爭統治階級中的政閥、財閥、軍閥——不分「山」「海」統統打下來！——才更合乎於馬列！才更合乎於《台灣文化》所標榜的「人民路線」！對無辜的「阿山仔」作憤憤然狀，這實在未免不被指為偏狹的島國心理，或偏狹的地方主義。看看魏廷朝、謝聰敏和「阿山仔」李敖、孟祥柯混得多好！現在，一個進了牢，全面都牽進去了！（釋放魏廷朝！釋放謝聰敏！釋放李敖！釋放孟祥柯！釋放一切「政治犯」！）

今天，誰是敵人，誰是朋友，早應該一清二楚！高舉馬列的旗幟而反馬列，願《台灣文化》諸君慎步！

同理，標榜終極的「世界解放運動萬歲」的《獨立台灣》，宣稱「台灣革命的主體力量並不在海外，實是在於島內的台灣人民群眾裡頭。」（三十二期，十三頁）不錯！也但願如此！但千萬別忘了海外的群眾運動與政治教育也是世界解放運動的一環！單看海外各地的台灣同鄉會（先別去管那群「阿山仔」或「台奸」），專搞些什麼同樂晚會，跳舞、郊遊、吃「外省」餃子（台灣的「扁食」呢!?）等等閉著門混日子。這不但離「台灣民族革命萬歲」、「台灣社會革命萬歲」遠甚，離「世界解放運動萬歲」更是十萬八千里不止！不從事人民（從台灣同鄉會搞起！）的政治教育，卻大搞「山」「海」間的仇恨，這完全是反現實、反歷史、反人民的盲動行為！

二二八革命的非常時期所犯下的錯誤，該是徹底檢討的時候了！我們不要再只看到一些一味標榜英勇的二二八精神的修辭學！

第四、國際透視力的薄弱——「台獨」的革命理論之中，最最缺憾的一層便是，不能將國際情勢納入其革命哲學裡，使全盤的理論能在國際的基磐上機動化起來，尤其保守派的《台灣青年》給人濃厚的，在閉門造車的地方主義色彩。對美、日軍經的侵略台灣更是避重就輕、不忍觸及，似有隱痛、不好說出。

台灣目前是加入美國領導的軍事集團之一。美國之霸占台灣，從杜魯門時代到現代的尼克森時代，他的基本策略不曾變過，一直將台灣視為太平洋的防衛線的一個哨站。如今，尼克森更發從他的「以亞制亞」的政策，牽出日本的佐藤政權來替他當亞洲的警犬。美、日以取得特權為條件的所謂「援助」一再拋入台灣，使台灣層層受困，不能自拔自主。

保守派的「台獨」只片面照顧反蔣、倒蔣，而忽略了老蔣背後的美、日。先不管獨立是否能成功，倒蔣的工作之一，便是將美、日勢力趕出台灣。如何在運動之中慢慢擺脫美、日，這是鉅大的問題！可能「台獨」在目前這個階段不願提及這一層。然而完全避而不談，等於拒關心的第三者於門外，更談不上宣傳、吸收了。

「美軍一撤除，蔣政權數小時之內就崩潰！」」這不見得是神話！然而問題在於美軍是不想，也暫時不會撤除的。只倒蔣，而不反美，顯然並不是「獨立」，只是換個半殖民地的傀儡政權而已！如果保守派的「台獨」以為「倒蔣、暫不反美」是目前「勢所難免的『戰略』」，則一定要考慮到，在這「戰略」下所犧牲的全盤群眾運動。只喊出單純的反蔣口號，只渲染二二八的仇恨，只強調偏狹的地方主義，實在不能替將是壯大的革命的陣列奠下堅牢的基礎。因此，二十多年來，「台獨」總令人覺得「師出無名」，他的宣傳力量也就顯得薄弱，這便是為什麼「台獨」搞了二十幾年，各地的台灣同鄉會還沉緬在郊遊晚會的意識型態裡的主要原因之一！

群眾運動、群眾政治教育是殖民地、半殖民地國家，讓全體人民覺醒的唯一不二的途徑！這股一旦有了政治覺醒的人民力量，將勢所難免的站起來排除殖民政策下的惡勢力、惡宣傳、惡觀念。到那個時候，包在糖衣裡的騙局——例如什麼「經濟起飛」、「經濟繁榮」、「法治國家」、「自由民主」等等——都是騙不了人的。這種人民覺醒後結成的浩大力量才是革命的基礎！

總之，眼前的路子擺得很明顯：要就是面對現實，面對美日對台的殖民政策，自己痛定思痛，不再依賴美、日，而從起步的群眾運動著手，不趕走美、日和他們的走狗不罷休，要不然就是暫時不管美、日相互勾結的侵略行為，暫時還是仰仗他們來談談自家的問題，暫時還是把早已引入的狼留在自己的房子裡，替我們來「解決」自己的「家庭問題」。

大國沙文主義的「統一論」，到目前為止，走的是第二條路，「台獨」極端主義的保守派抄的也是第二條。那是仍舊迷戀美、日的「友情」，不顧國際現實的演變，而自己踏上的一條形而上的死路。奔赴在這條死路上的人在沙文主義的「統一論」與偏狹、保守的「台獨」之間，做抵死的非此即彼的兩者擇一的選擇。經選擇之後，這些人便堅持「寧為玉碎、不為瓦全」的僵硬，不能活變的立場，大國沙文主義為了七億人民，寧犧牲一千四百萬人民在台灣所遭受的迫害與苦楚，「台獨」極端主義為了「台灣人」的獨立，任何無辜的「中國人」都得打！這兩類對立的立場都是走在同一條死路上逼出來的僵硬東西。

今天，「台灣問題」必須納入第三世界的鬥爭之中，然後可以看得清楚！

二次大戰以後，美國一直是亞洲的敵人。美國有計劃的把太平洋西岸的南韓、日本、台灣，菲律賓、印度支那等國一齊聯鎖起來，作為他圍堵亞洲、屠殺亞洲人的第一陣線，同時，也是防護他超級大國利益的第一防衛線。美國在東亞、東南亞不曾間竭的樹立自己的勢力，苦心培植他的傀儡政權，替他在亞洲放哨，美國泰然以太平洋為其內湖，安坐在他太平洋區霸主的寶座上。

面對著這樣像章魚一般亂伸手腳，去勾牢太平洋區各國的美國「亞洲政策」，倘若亞洲人民要站起來，中國人民要站起來，台灣人民要站起來，這條大章魚便得首先被抓出、趕出太平洋西區！

五十年代開始高潮的第三世界運動，便是朝著這種反對殖民主義，爭取真正的獨立自主的目標前進。亞洲人民漸漸的都覺醒過來了，一九五六年五月，當時的印尼總統蘇卡諾在訪問美國的期間，對著美國政府咆哮起來：

> ——我們寧願以我們的雙手在我國的土地上和叢林中從事勞動，而不願意以我們自由的任何部份去換取任何援助！

永遠接受資本主義的「援助」、「貸款」，而自己不發展民族工業、民族文化，便是永遠寄人籬下，仰人鼻息。

在美、日的經濟、文化殖民政策襲擊下，台灣人民的日常生活變成一幅可笑的圖畫：抹「資生堂」化妝品，塗「丹頂髮蠟」，聽「愛你入骨」、「君在何處」、「君在橋邊」的東洋哭調，吞「武田」的「胖維他」、「合利他命」、「安賜百樂」，看一集一集的盲俠「喧嘩座頭市」、穿「帝王帝特龍」，這個龍那個龍的襯衫，兜「本田」機車，聽「聲寶牌」電晶體收音機，看「國際牌」電視機。喝「可口可樂」、跳「靈魂舞」、吞美製避孕丸，戴「密絲佛陀假睫毛」，吟愛咪麗、狄肯思，充海明威，硬要跟著「失落」、裝「虛無」。

美、日的經濟侵略已滲透到台灣的日常生活層面，任何想「共赴島難」的有志之士必先面對這資本主義的經濟、文化的全盤侵略。

以上對「統一論」與「台獨」所可能遭遇到的危機，指出最顯眼的一部份來，用意也在於強調這種美、日的侵略行為，希望不被大家忽視。台灣的根本問題在於：台灣目前處於半殖民地的處境。其實，台灣獨立也好，中國統一也好，都得先解決這個半殖民的處境（尤其半殖民的意識型態已浸入台灣民心，如何去改變它是一項艱鉅的急務！）更確切的說，台灣獨立論也好，中國統一論也好，都是次要的。保守派的「台獨」不處理這個問題，漫天喊叫

「獨立」，如何獨立起？這是拾起沙來往自己眼裡擲。「統一論」者一心想用自己的輿論來和美國商量中國統一問題，這是與虎謀皮的危險勾當。埃及的納塞在一九五六年曾說：

——我們決不允許任何國家或國家集團來計劃我們的政策，或者把我們當作一個勢力範圍來考慮！

這種覺醒與決心是每個台灣人民必須具備的！

當前海外中國人民政治意識高漲，各種主張都在胎動成形的階段，我提出以上一己的管見，衷心希望這些話對於將來成熟的、反殖民、求獨立的政治論在他實踐的過程中，或多少能減短他生產的陣痛。

——一九七一年五月二十七日

原載《戰報》第二期，美國：柏克萊保衛釣魚台行動委員會，筆名簡達，頁五二—五九，一九七一年六月。

轉載於香港《生活》月刊第七期，一九七一年八月，頁二五—三八。

收入《春雷聲聲：保釣運動三十週年文獻選輯》，台北：人間出版社，頁二〇六—二二三，二〇〇一年。

在美台獨運動的批評

——一九七一年十月一日至三日在柏克萊加大舉行的〈中國問題研習會〉上的報告

今天早上，我在台上強調了一個事實，就是目前在美國存在著三種中國人——台灣人，香港人以及從台灣出來的「外省人」。這三種人到目前為止，還沒有達到水乳交融、合作無間的地步。這個強調引起了一陣強烈的討論和爭辯。然而，這場論辯全來自香港人和「外省人」兩方面，而台灣人，仍然是三緘其口、一言不發。台灣人場上不言、場外埋怨的現象是屢見不鮮的。這種現象不但助長了台灣人的自我關閉主義，而且也延續了另兩種人——尤其是香港人——對台灣實況的矇蔽不解；特別是，台灣鄉村基層的實況，這是連台灣出來的「外省人」也不甚瞭然的。

我的報告，是三天「研習會」的最後一個報告，也是第一次台灣人的發言。衷心希望這次報告完結以後，有台灣人出來加入討論。不怕有不同的意見，只怕意見祕而不宣，加強分裂的鴻溝。

今天我不想把在美的台獨運動（以下簡稱台獨或台獨運動）當作一個孤立而遙遠的運

動來批評檢討。我想把這個運動放在更大的範圍，更直接的框架裡來評論。了解今天台獨的處境需要以同情的態度，而反對台獨的主張更要以嚴正的政治了解來處理。我所謂的更大的範圍是指，包括了主要以台灣人、香港人以及台灣出來的「外省人」所組成的海外中國人集團；更直接的框架是指，在心理意識上，這三組背景稍有不同的中國人都應該共同直下承擔今天台灣人民所背負的政治苦痛。

在這更大的範圍、更直接的框架裡，我不但要檢討台獨運動本身，同時也要批評另外兩組中國人——香港人以及台灣的「外省人」——目前的意識型態。不容我們迴避的一個事實是，這三組中國人在海外各走各的路，甚至已到了河水不犯井水的地步，不容我們迴避的一個急務是，這三組人在海外所造成的分離現象必須儘早收拾，以便儘早揮發反蔣統一陣線的銳力，提早摧毀這個在總崩潰中的惡政權。

參加台獨的台灣人，今天之所以甘冒生命的危險，而走上這條艱苦的獨立運動的道路，自然有它的歷史因緣，我們決不能率爾輕視，一筆抹殺。然而，台獨的盟員雖然燃燒著一股反蔣的熊火，但是他們政治主張之草率，不符實際，不但不能點燃圈外人（包括非台獨盟員的台灣人）的同情和參與的信心，而且，也讓他們內部本身二十幾年來一直陷於躊躇不前、不能行動的窘境。

台獨之不能令人信服，在我看來，可以從兩方面的障礙來說明。一方面是思想的障礙，另一方面是情感的障礙，這兩種障礙先天地決定了台獨不是一支革命部隊。

台獨在思想上的障礙，最根本的是他們所主張的所謂「自決」，也是彭明敏在美國人面前一再說項的Self-determination。「自決」這個觀念是二次大戰以後，歐美幾個大國所最津津樂道，也是最鼓勵亞非拉各民族採取的一種政治解決途徑。鼓勵別人「自決」最熱心的是美國。表面上，美國是標榜每個小民族、小國家都有享受自由、民主的權利，實質上，它是希望亞洲、非洲、拉丁美洲各小民族各自分化出來，以便順利進行美國式的新型殖民政策。這種「自決」背後的離間他人、坐大自己的陰謀可以由一個事實來點破：美國從來不鼓勵自己國內少數民族——特別是黑人——的自決。美國的情況現在暫時按下不談，我們先看看台獨如何在吸收這個所謂「自決」的觀念。

為了推行「自決」作為解決台灣前途的唯一途徑，台獨首先一頭栽入國際法的漩渦。不問所謂國際法是誰搞出來的，也不管這國際法背後代表著誰的利益，卻一心一意的跟隨著白人制訂的國際法，企圖從這些「法」的觀點去主張「台灣地位未定」。台獨認為：

一、一九四三年的「開羅宣言」和一九四五年的「波茨坦宣言」都是二次大戰期間，四個同盟國藉以片面的表示自己主觀的願望。因此，這兩個宣言所宣稱的台澎歸還中國也是片面的主張，在國際法的觀點上沒有什麼約束力。

二、一九五一年的「金山和約」和一九五二年的所謂「中日和約」只明言日本放棄台澎一切權益，但放棄之後，這些權益歸屬哪一個，則這兩條條約均無明文指出。因此，台獨便利用這兩條約來強調台灣地位迄今仍舊是懸而未決。

一九四五年，日本宣告無條件投降以後，當時太平洋區盟軍統帥麥克阿瑟派蔣介石負責台澎地區受降事宜。而目前蔣介石之統治台灣，在台獨看來，只是延長替盟軍管轄之責而已，並不表示蔣政權合法擁有台澎地區的主權。

從理論上說來，台獨既肯定台灣地位未決，第二步便是主張，由聯合國出面主持公堂，而台灣人民自行抉擇，以解決台灣問題。「台灣地位未定↓聯合國仲裁↓台灣人民自決」的方案聽來是很合乎「自由民主」的原則，然而，準之以國際現勢，則馬上變成了一套架空的、夢幻的東西！

首先，聯合國是怎樣的一個組織？聯合國能有效行使它的憲章所規定的任務嗎？這問題，台獨彷彿不想勞神去追問，彷彿既然憲章裡規定了聯合國有義務出面解決國際爭端，那麼聯合國「理所當然」的會替台獨解決台灣問題似的。事實上，聯合國到目前為止，一直是被美國在背後操縱，並不能有效行使它的功能。一個有效建立起來，代表著八億中國人民的政府一直被美國從中作梗，擋在聯合國之外，而一個流亡在台灣島上的腐爛政權卻被美國扶植、撐腰，把它供在聯合國去「代表」全中國人民。這可笑的事實說明了聯合國目前的虛有其表。台獨或也知道要依賴的不是聯合國而是美國。台獨在心理上或策略上的依賴美國是一件不辯的事實。無論依賴聯合國也好，依賴美國也好，最令人不解的是，台獨總不在國際情勢的演變下制定自己的策略方針，卻只去抱著聯合國憲章的死條文和美國的國際道義等的死念頭去漫無邊際的做「政治展望」。

其次，我們談談台灣人民的自決。二十六年以來，台灣島上的人民被國民黨強制洗腦，思想、言論、出版、結社都沒有自由。所得到的「知識」是一堆錯誤的、黑白顛倒的東西。對於中國大陸，我們不能據實去了解，反而被迫要相信大陸的人民是在啃樹皮，想念蔣介石。從小就被政府注射了恐共細菌的台灣人民目前仍嚴重地罹有恐共症。另一方面，對於島內的國際情勢，也是經過一層加工、改料之後才傳給島內的人民，結果是：中國是匪區，蘇聯是魔窟，而美國是天堂。無形中，一般人民養成了崇美媚洋的變態心理，尤其是知識份子糊裡糊塗的崇尚著一堆抽象的美式「自由民主」的觀念，而終於變成了幾乎是快要無藥可救的「自由派」。在這種有計畫被洗腦的台灣人民，心理上、知識上都患了恐共愛美的病症的時候，你叫大家怎麼去自決？台獨之高唱「自決」無非就想利用目前台灣人民反蔣、恐共、崇美的心理。如果按照台獨的辦法，台灣的總統馬上改由民選的話，那麼那個新政府也不離現今這個依賴美日的小朝廷的規模。

在我看來，台獨一方面請求聯合國（或美國）出面主持公堂，而不考慮到底聯合國有沒有這種能力，或國際均勢的改變容許不容許美國去一意孤行；另一方面，要台灣人民自決來處理台灣問題，而不考慮目前台灣人民還沒有機會接受正確的政治教育，因此一時期根本無法做正確的政治選擇的問題。這種疏忽草率的政治主張和政治認識，除了說明台獨的閉門造車之外，更嚴重地指出，台獨的思想基礎的落伍和殘缺。

簡單地說，這思想基礎是建築在自由主義式加上世外桃源式的政治理想上。這套架空蹈虛的政治幻想，常常使台獨犯了以下三點大錯：

一、將台灣問題孤立起來考慮，忽略台灣在亞太地區所處的極端複雜的戰略地位。

二、低估，或根本否認，目前美國、日本對台灣軍、政、經各方面的積極侵略性。

三、漠視二次大戰以後，世界局勢的演變是沿著兩種世界觀、兩種主義、兩種政體之間鬥爭的消長而進行。

最能表現台獨的政治幻想性的是：常常聽到台獨人士私下狂言：「管他什麼資本主義社會主義，我們要創造一條最好的路來！」連台灣最基層的各種矛盾都還沒有整理清楚，也不想根據各種矛盾仔細創制自己的政綱，卻只想一步登天。最能表現台獨的眼高手低，不能從眼前就下定決心，而把希望寄託在遙遠的將來的是：常常聽到台獨人士私下搪塞：「獨立了再說！」

台獨運動的另一個障礙——情感的障礙，是比思想的障礙更難理喻，更難化解的。這層情感的障礙就是——台灣人的敵視外省人。

台獨所遭遇的思想障礙是連眾多的海外台灣人也看得出來的，現在北美各地的台灣人所出的刊物多少是不滿台獨的立場作風，而重新想建立新思想新行動的嘗試：康奈基卡特的「星火」、波士頓的「清水溪」、印地安那波里的「燎原」、普林士頓的「喊吶」、喀勒拉多的「望春風」、洛杉磯的「台研」以及加拿大的「建台」，這只是一些抽樣代表。

但是這些團體，雖然在理論上都看出「台獨」的自由主義的不良的傾向而加以檢討批判，但在感情上，他們幾乎一致的站在一條線上——不信任外省人（「燎原」除外），他們認為台灣人與外省人是截然不同的兩個集團，那麼在解決台灣的問題上，應該河水不犯井水，台灣既然百分之八十五的居民是台灣人，那麼台灣的前途應該由台灣人來決定，這是對的，在解決台灣問題上，台灣人的利益與台灣人心中的想法都是必先考慮的。

但這情感上的問題並不這樣容易解決，在口頭上表示關懷台灣人，重視台灣人的處境，另一方面，台灣人表示願意在改造台灣、建設台灣的過程中與外省人攜手合作。但今天事實擺得很明顯，這些都是口頭上的承諾，在行動上，台灣人與外省人還是相互排斥、少有往來的兩個集團，各幹各的，彼此敵視，相互不信任。這種敵對的局勢最近常常在美國各地的討論會上具體表現出來。台灣人（不一定是「台獨」）以為談台灣而不談台灣人，那是不對的，外省人罵「台獨」賣國、漢奸，兩邊堅持不下，這種僵持，對大家的工作進行不但沒有好處，反而實際上已經起了破壞的作用，那麼這種時候，誰最高興呢？國民黨最高興——得漁人之利，為國民黨打小報告的，內裡暗中雀躍，這是我們的失敗！無端樹立假想敵人是不對的，我們必須及時改正，我們不但想與國民黨中的開明份子作朋友，我們更想讓台灣人與外省人做朋友，共同邁向一個目標，掃蕩清除國民黨內封建腐爛的殘餘勢力，努力走向建設台灣美好的新世界。這種目標首先的工作便是我們要面對一個挑戰——如何解決台灣人的仇恨外省人，如何解決外省人的漠視台灣人。這個仇視的事實已經不容我們再迴避，這個仇恨是蔣介石造成的過錯（二二八），感情的障礙造成了分析事實的「白內障」。

在如何調解「台灣人——外省人」之間的矛盾這個問題上，我首先要依據我個人的看法，來批評一下另外兩個團體的人，一個是從台灣來的外省人，另一個是香港來的中國人。

在台灣的外省人都是跟隨蔣介石逃亡到台灣的，除了一部份下層的公教人員以及六十萬被迫來台的士兵之外，其他的外省人，不客氣地說，多是蔣介石的跟從，他們的利益與蔣集團的利益息息相關，也就是說，蔣政權完蛋的一天，也是他們完蛋的一天，所以他們是想盡辦法去支持蔣介石，蔣介石打擊台灣人、濫殺台灣人，這些外省人也打擊台灣人，也幫著濫殺台灣人——或是以沉默來默許這種殺人的政權的存在，這一撮外省人是什麼呢？他們是被大陸趕出去的殘餘的封建買辦勢力，另一方面也是台灣人討伐的敵人，這股殘餘勢力雖然兩邊受挫，但是自從一九四九年他們被中共趕出大陸之後，到現在一共二十二年之間，他們靠蔣介石的軍隊，以及美國背後的撐腰，有效的還霸住在台灣，也有效的分裂了外省人與台灣人的感情，這是我們前一輩的人所留下來的政治錯誤。

好，現在我們再來看看在美國的外省人——也就是我們這一輩的外省人，來美國留學的不一定都來自國民黨的統治階級的家庭，但這種人卻有不少，在美國的留學生之中，這些人或積極的替國民黨做事，或是變得對一切漠不關心，另一部份的中國人從釣魚台運動開始以來，慢慢地進步，慢慢地瞭解了中國局勢、國際局勢的來龍去脈，也慢慢地能了解什麼是社會主義，這是很好的發展。但是當這個運動進入第二階段以後，也就是開始正式觸及到比釣魚台問題本身更大的中國、台灣問題以來，部份進步份子即患了一個嚴重的錯誤——便是對台灣問題討論時，手法太粗糙，態度太蠻橫，有時直罵「台獨」是「賣國」、是「奴才」、是「漢奸」，這是極端盲動的傾向。

這種傾向，我想，由香港來的中國同學也有，自己改變了，自己瞭解了社會主義的意義是好的，但不能馬上指著別人就罵，自己思想改變的過程一定是曲折的，一定是緩慢的，一定有一段痛苦或掙扎的經歷，要希望別人一下子改變是過份苛求的。以盛氣凌人的口氣或態度來指責非同路人是患了左派盲動，左派幼稚病！對於這些左派，我想我應該在這裡提出毛澤東在一九五七年發表的一篇文章〈關於正確處理人民內部矛盾的問題〉，在這篇文章裡，毛澤東提出了當時存在於中國的各種人民內部的矛盾，以及如何解決這些矛盾的作法，其中有一種矛盾是存在於漢族以及邊疆各少數民族之間的矛盾，對於這種民族之間的矛盾，毛澤東特別提出兩點應該糾正的態度與作風：一個是「大漢族主義」，另一個是「地方民族主義」。

台灣的居民像大陸一樣絕大多數是漢族，但是二十幾年來台灣在封閉的狀態下，自己走著一套與大陸截然不同（趨向兩極的）的政治制度與思想方式。所以相對的說來，台灣在政治思想上，是處於類似少數民族的地位，所以在處理政治上的少數與多數之間的矛盾，大漢族主義是將避免的，這大漢族主義也就是台獨常常批評外省人的「大國沙文主義」（雖然「台獨」走極端，把一切不贊成「獨立」的觀念立場都一律的叫著「大國沙文主義」，這也是值得批評的！）

總之，在左派的人士之中，要想處理、討論台灣問題時，一定得避免這自我中心的傲慢，以為台灣區區一塊海島，區區一千四百萬人，根本是不算數的。以這種作風是談不上真左派，也不是真正的社會主義者，其實，我提毛只是一個方便的實例，「社會沙文主義」或各類各型的沙文主義，或各式各型的盲動派都是社會主義陣營內的內敵，一部社會主義的鬥爭史中，我們可以看到這些沙文主義者、盲動派的被鬥爭、被批倒，這是我想特別提出來供信仰社會主義的朋友們參考的。

就我個人來說，處於國民黨反動勢力還存在的今天，處於知識份子之中自由主義還興盛的今天，能夠毅然與這兩種反動勢力脫離的左派，我實在是不想太批評，不忍批評，不過不向大家拿出來批評也是不夠的，正如台獨，我是台灣人，在感情上我是與台灣人站在一起的，但是當台獨的立場我發現了差誤時，我便提出來批評，我不想起內訌，我只希望大家走的是一條康莊大道。

此外，我對左派朋友還有一句話，就是目前的左派，基本的態度上是即認清了大陸是好的以後，他便一心只想回歸大陸，慢慢的把運動方向導向大陸，替大家想辦法回去，而把台灣暫時又放下來了，這是不健康的方向，我們應該還是把運動的方向導向台灣、香港，因為台灣的問題、香港的問題都還未解決，也正有待我們的努力。我們的關心不應該只限在了解大陸，或考慮到底以後大陸要不要我這種人，或到底我應該如何去學習適應大陸的生活，或如何適應將來才能在大陸找到工作，我不否認這些都是重要的問題，但更重要的問題，更待我們去解決的是台灣與香港，還被封建、買辦的腐爛的勢力所把持，這才是我們真正的目標，因為我們眼前有這些艱鉅的工作，艱鉅的挑戰，所以我才強調，社會沙文主義的錯誤，盲動派的錯誤，而希望大家一起以謙虛、謹慎、容忍的態度代替一向的傲慢、粗魯、急躁的態度，對於台灣的問題，台獨的問題更應該這樣。這種處理問題的基本態度能改正過來，才是我們真正工作的開始。

今天我的報告是這兩天中國問題研習會的最後一個報告，我個人希望，我們的工作不限於這類的國是討論會，不限於研究、討論，我希望討論會的結束，才是真正工作的開始，我們不想把會當作是大家的情緒發洩場，「統一論者」來發洩一頓統一論調，「台獨」來發洩一陣「獨立」論調，發洩完了，各自回家。結果，中國還是沒有統一，台灣的問題也還是沒有解決。所以我們討論完了之後，彼此應該以謙虛、同情、求教的態度接近對方，香港同學、外省人走向台灣人，保釣的朋友走向開明的國民黨員。

表示立場是容易的，但實際工作是艱難的，今天我就「台獨」的問題來借題發揮，討論我們做事的態度問題，我藉這二天會議的最後報告裡，提出一個我個人認為較為健康的工作方向，我相信舉辦這個會議的四個單位，經過長期共分工作經驗，我相信我的意見是與他們的意見相接近的。

——一九七一年十月；手稿。

三種中國人，一種前途！

一九七一年這一年，對港台的中國人來說，是具有特殊歷史意義的一年。對一般國際政治觀察家來說，一九七一年是國際政治均勢開始起著根本變化的一年；目前在世局中最令人注目的事情是：跟第三世界認同的中華人民共和國在國際團體中的登場與代表資本主義世界的美國在政治經濟上開始漸漸的衰敗。然而，對港台的中國人而言，另有一件極富歷史意義的事實，目前正在潛移默化。這便是港台兩島裡外的中國人，隨著近半年來國際局勢的演變，在意識型態上已經開始起著根本的變化。這群變化中的中國人，或將構成一股力量，去衝擊目前港台的政治社會基礎，而帶來一個新的局面，尤其更可能促成最近台灣政治的徹底變向。

這一群一千八百多萬的中國人（台灣一千四百萬，香港四百零九萬），最近的政治甦醒，可以說是二十六年來破天荒的大事！最有意義的是：在美的兩萬留學生，結合了四十萬在美華僑中的進步勢力，跟港台島內人民逐漸取得了連繫，正在合力要衝破這二十六年港台政治的僵局而邁向新社會的建設。

二十六年，這一群中國人的最大特徵便是，長期自動地在深泥裡做著政治的冬眠，外界任何風吹草動都不能驚醒他們的政治意識。然而，一九七一的今年，情勢改變了！從中美的乒乓外交；到七月十五日尼克森的宣布訪問北京；再到十月二十六日聯合國通過阿爾巴尼亞提案，恢復了中華人民共和國在聯合國一切權益而隨即驅逐中華民國代表。這些國際大事，像一陣一陣的春雷，催醒著這群中國人久蟄的政治意識，地面上的泥土開始鬆動了！從今年年初，海內外全面發動而逐漸壯大的保衛釣魚台運動，更配合上這整體開始甦醒的政治意識，港台中國人民新的全面政治運動便呼之欲出了！

在這些接踵而來的國際大演變的催醒作用下，無論在港台島內或島外，這群中國人大抵初步形成了三重不同類型、三種不同的傾向：

第一類是獨立派。這一派除了早已存在的一小群組織鬆懈的「台灣獨立聯盟」之外，現在又加上了一群台灣島內國民黨的當權派，可謂「新台獨」。最近台灣國民黨自己唱出「改良主義」，實在是為「易幟獨立」做著鋪路的工作。在島外，國民黨更經常透過他的海外報紙，放出為了「獨立」不惜與任何外國勢力勾結的言論，最近屢出的「聯蘇阻共」的口號便是一例。另外，在海外有一批親國民黨的人士，在公開場合或私下談論，每每透露「台灣獨立」的構想。一向指罵「台獨」為「叛國」的國民黨居然表示願意跟「台獨」走同一路線，而一向要反蔣倒蔣的「台獨」，已由在日本的代表許世楷、黃有仁等表示，只要蔣政權宣布台灣為獨立國，便可以彼此合作，而不再「反蔣」。這很明顯的表示，這兩方面人都是沒有什麼政治理想的。雙方計較的原來都是權位問題：二十幾年來「台獨」除了直嚷著蔣政權中沒有台灣省籍的人任高位之外，並不見有什麼政治見解出現，其置台灣低層人民被剝削的慘況於不顧，一如國民黨。

其實，這批幻想「獨立」的政治野心家並不如表面充裝的那麼有信心。高玉樹、林挺生、余紀忠等這起台灣高等政治撈客已經紛紛把自己撈來的大把黃金美鈔往海外送了，或存入海外銀行、或在外購置房地產等。獨立派的人士，他們最後的歸宿，是在海外孑然獨立。原有的「台獨」本就是一批在海外定居下來的人在空喊而已，而國民黨的「新台獨」則是他們從台灣向海外作「最後的大逃亡」之前，一陣神經質的幻日夢而已，這是任何中國人都能視破的。

第二類是自由派。台灣島內的進步份子，由於時機未到，暫時都以自由派的立場出現，以作為掩護。這些進步份子以社會各階層的少壯派組成，目前尤以大專學生表現最明朗。他們正醞釀著「言論自由運動」、「反美運動」，要求國民政府開放言禁，並且要求在台灣開放有關馬克思主義、社會主義、中國共產黨的言論與書籍，並且要求當局務必正確客觀報導島外國際動向——尤其不得歪曲海外中國學生的運動。這些以自由派立場為掩護的進步份子更要求國民黨准許青年學生參與國是討論。

相較之下，海外的自由派份子顯得比較徬徨、被動而無為。這些海外自由派，在意識型態上最大的阻礙便是：他們抽象地信仰所謂的「議會民主」、「兩黨政治」，因此美國的「民主制」、「自由制」馬上成為他們崇拜嚮往的對象。而從來不仔細考慮美國這個社會所以形成的背後原因。

瞭解美國這個社會的實情，不妨從資源、人口、軍事三關著手：

首先，美國僅僅兩億的人口分布在龐大的三百六十七萬方英哩的土地上，其本身就減少了許多人事的紛擾，這是有八億人口的中國大陸，或一萬三千多方英哩就擠滿一千四百七十五萬多人的台灣所不能比擬的。地廣人稀的美國，其許多措施都不是其他國家所該模仿追隨的。

其次，只不過占世界總人口百分之六的美國人，卻在各方面的資源上，耗費著將近一半的世界總量，例如，美國消費著世界鎳產量的百分之四十；消費著世界鉻礦石產量的百分之三十六；消費著世界鐵礬土的百分之三十三，其他鉬、鎂、銅、石油等戰略物質，僅占百分之六的美國人耗費著世界總產量的大部份。美國的「富裕」便是在剝削全世界人民的罪行下得來的。美國之被指為帝國，這種霸占大部份世界資源而不放，是主要的原因之一。

再次，美國境內資源的儲量不能供應自己的揮霍，只好從國外輸入。而保證國外資源能源源不斷而來的最有效的辦法是武力的控制。因此美軍分布全世界，截至去年的二月，美軍有五十六萬四千留駐歐洲；兩萬四千駐拉丁美洲；一萬駐加拿大與冰島；而有七十萬駐紮亞洲；四十萬駐西太平洋地區。其實美國是篤信唯武器主義的國家。自由派人士常常喜歡談論美國的「自由」、「民主」、「富裕」，而不去看他內部的實情。老實說，任何擁護目前美國政治制度的，其實就是擁護美國的黷武主義，擁護美國的韓戰、越戰。自由派是可以改變的！由於他們有開明的思想、寬容的態度，一旦他們掌握了具體的材料，他們的思想一定就導向正確的途徑。在國際局勢鉅變的今天，一切以往不為我們關心的事實逐漸為我們瞭解，自由派的改變是指日可待的。

第三類是進步份子。他們在心理上已接受了社會主義的新中國，在台灣島內，這些人是暫時潛入地下的。經常我們聽到他們的宣言或傳單大量的出現在大街鬧市、火車站、戲院等地方；最近台灣各地的爆炸事件多有他們的成績。

香港以及海外，進步的中國人則多半已公然站出來了！這些人多半加入了各地的保釣運動，他們思想的改進，對事務的判斷力以及鬥爭的歷練都將在運動中求進。另一些尚不在運動內的進步份子早已展開了他們的工作，在台灣島內地下祕密的學習小組，以及海外的私下的週末討論會等已比比皆是。

這三個類型的中國人都不是定了型的，他們將不斷的隨著世居的變化而改變，而進步。獨立派的改變以及自由派的轉化，是我們所企待而歡迎的。這群一千八百多萬的港台島內外中國人求自救、要新生的強烈意志是任何外在的阻力所阻撓不了的。我們從一九七一的今年開步奮起！不久我們將趕上跑在我們前頭的八億同胞！

——一九七一年十二月二日

原載《柏克萊快訊》第一期，美國，筆名龍貫海，首頁，一九七一年十二月。

保釣運動的省思：討論綱要

一、自覺運動的興起

A 內在因素

1 對台灣不滿

2 認識新中國

3 留學生尋找認同

B 外在因素

1 美國民權、學生運動的衝激

2 美國對華政策的轉變

3 對美社會政治制度幻滅

4 保釣運動激發愛國心

二、對柏克萊一年來自覺運動的檢討

A

孤立苦撐場面

左傾幼稚、缺乏調查研究、脫離群眾

1 柏克萊保釣負責人低估自覺運動內在必然性，過份強調個人對釣運的影響

2 領導人不能服眾

3 打頭陣在初期有一定意義（勇敢）

4 保釣對美、日、台、中政府及台獨均有影響及試金石作用

B

1 比紅、比左、濫用口號、嚇走許多同學

2 無耐心教育群眾

3 反美、日、倒蔣、反台獨一齊來，未能區別主要、次要矛盾

C

1 大多數人願以溫和方式從小事著手，保釣會則願以火熱搞「大運動」

2 忽視客觀形勢的複雜性

D 部份主持人做事無組織、耍武斷、個人英雄主義

三、對今後自覺運動的認識與實踐

這個討論會，不是一個政治團體，它不鼓吹，也不從事集體的政治行動，它只是我們大家以自由討論，共同研討的方式來學習。

A 具體行動的幾個先決條件

1 不妨礙各人專業

2 適合群眾需要，符合客觀條件

3 要踏實具體，每一單元要速戰速決

B 具體行動程序

1 個人提案

2 小組調查研究

3 可行則成立行動小組、分工合作

4 事後檢討

C 試擬

1 小串連

2 討論會

3 公開討論會

D 無保留協助其他團體有意義的愛國活動。

E 無行動決議時，不設組織之架空。

——一九七一年底至一九七二年初；草擬。

保釣運動是學生運動

1

保釣運動是學生運動，而到目前為止，也僅僅是學生運動！並不是任何別樣的運動。還有，這個運動有它別於其他學生運動的特別局限性：（1）產生於海外，沒有機會聯合社會的其他階級，尤其是台灣的農民和工人。（2）不但產生於海外，而且產生於世界最高度發展的資本主義國家美國，在留美的中國學生從傳統的中產階級轉化，並向無產階級認同的過程中這個客觀條件起了一定的阻力。

一年來，這運動已經把一部份學生的力量從帝國主義的後備部隊變為無產階級革命的後備部隊，更確切地說，一部份學生藉運動的教育，在思想上已經從嚮往美國式的「民主」、「自由」的框框跳出，而作一百八十度的轉變，認清了美國實際上實行的是與亞洲人民為敵的帝國主義。雖然如此，這個運動的特別局限性所產生的阻力依舊沒有被大家所克服。

2

保釣運動是學生運動，並不是任何別樣的運動。在運動的過程中，少許的人企望革命早日來臨，還有少許的人想像不久的將來，在海外的留學生能夠成為解放台灣的一股主力。這是過激的想法。

事情的演變是有階段性的，不能細察這階段性，不能依循這階段性而工作，很自然便成了盲動。

因為是在海外，國民黨鞭長莫及，所以盲動自盲動，一時沒有盲動的教訓好記取，也沒有盲動的祭品好警惕，一九二七年國民黨突然翻臉大屠殺的歷史對保釣運動不應該那麼遙遠。

3

保釣運動是學生運動。是的，是自發的愛國學生運動！但我們不主張一味自發下去，一路即興到底。自發之後，應該建立組織性的紀律，應該追尋正確的政治路線，應該墊築鞏固的思想基礎。換言之，示威遊行不是運動的最後目的，而是運動的開始。示威遊行之後的內部鞏固工作，對外宣傳工作，彼此學習研究的工作等等才是運動的實質。我們反對示威遊行之後，大家又回到學校（學校是可以回的），把示威遊行當作昨天已經交待了的工作，在自發即興的主張背後隱藏了機會主義。

4

倘若要尋找一年來保釣運動的具體成績，那麼，我們與其從釣魚台這個國際事件的本身去著手，不如針對海外中國人的處境去探求他們一年來的思想轉變了。雖然目前釣魚台這國際事件尚未得到合理的解決，然而，在另一方面，曾經是沉默的海外中國留學生，衝破了二十多年來，自己建立起來的「無聲的中國」，而追向革命時代的浪頭，這是保釣運動一年來的具體表現；這群中國學生懷著脫隊之後，猛然奮起的追趕心情，推動著運動前進，一年來，學習一天緊過一天，而工作，也一天多過一天。在學習與工作的過程中，海外中國人的思想便一步一步地轉化過來，這種海外中國人的思想轉化便是保釣運動的具體成績。

而這三種新態度、新氣象、新胸襟、新見識點畫了中國留學生這一思想轉化的全貌，就是：心懷祖國、放眼世界、注目台港。

*編者註：手寫初稿，一九七二年年初寫在大小不同的五頁散張筆記本紙上。整理後收錄在此的文字不包括原稿中重複抄寫和重述釣魚台事件的段落；題目為編者加。

邁向新階段

自從台北的國民政府退出聯合國以後，一般的國際局勢以及台灣島內本身都起了很大的變化。由於這兩方面的變化都可能拖延目前台灣的現狀，尤其是日本與國民黨內的親日派有意趁這段時間將台灣造成一個獨立的局面。

為了喚醒我們海外的留學生對台灣目前的政治變化作密切的留意，並且能夠把握時機，表示我們對台灣的政治立場。洛杉磯的同學和我們便在去年的十一月十九號發起了一個促進中國統一的運動。我們並在此地成立了一個臨時的「中國統一運動籌備會」。

現在先讓我講一講，自從去年十月聯合國起了新變化以及台灣島內和島外一共起了些什麼變化：

首先，台北的國民政府為了適應新局面，便在海外有系統地做著一些部署。在美國我們可以看到的是，利用學者學人，先散佈「台灣獨立」的風聲，例如沈君山在Michigan的國是大會上公開發表台灣獨立，請蔣經國作台灣獨立國的國父等等言論，主要的目的是替島內的蔣經國在海外先投石問路，看海外留學生的反應。

那麼，台灣島內正在怎樣部署呢？首先，自從聯合國的事情決定以及日本的岸信介連續的派代表——日本軍界的代表和商界的代表——以及日本極右派的份子先後汙名，與國民黨內親日派的主要人士——例如張群、何應欽、谷正綱等密談，回到日本以後，岸信介這幫人便發表台灣應該「獨立」的言論。

同時——幾乎在同一個時間，台北的國民政府更拉攏他們一向視為敵人的「台獨份子」，表示今後，大家可以合作，去年十月便有廖明耀、簡文介、施清香等三位台灣同胞——他們都是在日本活動的「台獨運動」的主要負責人士——這三位台灣同胞回台灣參加了十月十號的慶祝之後，又安然地走出台灣，回到日本。現在國民黨居然改了它一向敵視「台獨運動」的政策，反而與他們暗相溝通，互通款曲，這表明了國民黨本身已經有了跟本來的「台獨」合流搞台灣獨立的計畫，台北國民政府的駐日大使彭孟緝近三個月來更經常在日本的中國同學會的各項活動中出現，透露台灣成立獨立國的風聲。所謂的「台灣大華國」的獨立國號已經在日本散佈開來。

目前在台灣島內國民黨正積極部署的是所謂「中央民意代表改選」的問題。即使台灣已經退出聯合國，那麼台北這個政府就再也沒有號稱代表八億中國人民的理由了！事實上，國民政府——從各種角度來看——早就沒有代表全中國八億人民的實力，也沒有任何正當的理據。只是當時聯合國的席位還是由它來充當，所以它號稱代表全中國的虛名，一時讓它保住了。現在整個的情勢已經大大的改變了，已經徹底的改變了。國民政府自己也知道再不能維持號稱代表全中國的這個空虛的框架了。基於這一點，國民黨只好先求適應新環境、新局勢。這種為了適應而作的改革，首先便輪到三個中央民意機構——國民代表大會、立法院、監察院，現在國民黨的中央黨部已經決議通過改選這三個機構的代表。

同時，在海外——尤其是日本與美國——國民黨正忙著在留學生當中作它的統戰工作。最近在美國西部、中西部以及東部，他們召開所謂的「反共愛國會議」，國民黨出飛機票，供餐宿，發津貼，用金錢來儘量的拉攏留學生。還從台灣派出黎東方、胡秋原等人來美國替國民黨向留學生遊說。

以上我們所提到的這些事情，都是聯合國的情勢起了根本的變化之後，台灣的國民政府為了應付新情勢所下的一項補救工程。這些「補救」工程，彼此之間有沒有關係呢？它們是不是只是一些個別的、單獨的、孤立的個案呢？不是的！它們並不是一些個別的、單獨的、孤立的個案！它們是一連串國民黨有系統的部署，從去年十月間，日本岸信介與國民黨之間的密切來往，加上國民黨與台獨運動之間的陳倉暗渡，另外彭孟緝在日本的中國同學會之中，暗示「台灣大華國」的可能成立，在美國則前有沈君山，後有胡秋原、黎東方在留學生中替國民黨投石問路；再次，台灣島內的「中央民意代表改選」運動以及美國的所謂「反共愛國會議」，這一連串的事情，接二連三的部署過來，這表示什麼？這表示國民黨自己有意搞「台獨」，要把台灣搞成一個所謂的「獨立國」。

我們認為目前台灣成為真正的一個獨立國的機會是沒有的，何況台灣又是中國未來的一部份，現在硬要把台灣從大陸劃開，弄成一個獨立國，唯一的辦法就是依賴外國勢力，依賴美國跟日本。

問題的癥結就在這裡，有人認為美國，日本都是友邦，都是可以幫助台灣人民達到台灣獨立的，我們認為不然！日本與美國目前對台灣都是野心勃勃的，他們都想利用台灣作為他們的基地來對抗中國，圍堵中國，和日本、美國溝通的都很可能成為日本與美國的傀儡，現代的亞洲史很清楚，明白的替我們解釋了這一點。

其次的癥結便是：中國大陸真的那麼壞嗎？它已經壞到要我們去勾結外國勢力來抵抗自己的同胞嗎？我們都是香港或台灣來的，而香港台灣則分別是英國的殖民地與美國的新殖民地（經濟、軍事的），從殖民地來的我們自然從小就接受了一套殖民教育，要我們無條件的去反共，去恨共。然而，我們一旦來到了外國，有機會接觸到有關中國大陸的種種真相，我們慢慢地發現，中國大陸可能不是那麼壞的，而且，可能是真正能抵抗外國勢力，而真正為自己人民服務的。我們慢慢地有了改變。

所以一年來，海外的留學生大家都努力的在做政治的認識，正在調整一些以往的政治認識上的錯誤，正在接受政治上的教育，免得再受人的洗腦，受別人一套錯誤的政治灌輸，訓練自己能做獨立的判斷。看看到底是哪個好，哪個壞！這樣，美國各地的中國學生便蓬勃地發展了運動。

自去年年底開始，美國各地的中國同學又展開了新階段的工作。自從洛杉磯與柏克萊的同學發起了促進中國統一運動之後，美國各地相繼呼應，紛紛成立了促進中國統一行動委員會，例如Kansas，Missouri，Oklahoma，Iowa，Princeton，Wisconsin，New York等地都是。

而各地，例如中西部的西北大學於去年十二月十七日，普渡大學於十二月十九日，東部布法羅（Buffalo）的紐約州立大學於十二月二十二日，美東地區各保釣分會於十二月二十五、二十六兩日都召開了「中國統一討論會」；美東的會議並決議通過在尼克森訪華之前，將在華盛頓白宮之前示威要求尼克森停止干涉中國內政，並要求尼克森廢除與台灣訂的「協防條約」，要求美軍撤出台灣與台灣海峽地區等。

這些都是海外中國學生邁向一個運動新階段之前的準備，今天柏克萊促進中國統一籌備會在這裡召開這個大會，主要的意思，除了歡迎剛由新中國訪問回來的五位同學，並聽取他們寶貴的訪問觀感之外，我們想利用這個機會向各位報告以上海外中國學生的運動方向與目前的工作。

我們認為中國的問題到目前還是沒有解決，台灣沒有解決，香港也沒有解決，然而這兩個地方的人民都紛紛覺醒過來了。台灣島內的學生，藉國民黨發起的中央民意代表大會改選的機會，也做了他們的政治主張，要求改選中央民意代表時，不要採取填補選，而採取全面改選，並由普選的方式來進行。在香港的同學最近繼保釣運動之後，又掀起了另外一個運動——九龍育人工廠工潮，這兩個島內的學生表現都是政治覺醒的表現。

今天我們在這裡召開這個會議，除了表示不甘落在台灣、香港島內學生的政治覺醒運動之後，表示願意相互配合，除了與海外各地中國學生新階段的活動，也表示積極的響應之外，我們這個籌備會的初衷、看法，報告給各位。

至於柏克萊是否需要一個正式的促進中國統一的活動組織——像其他各地已經成立的——則希望由各位來決定，由各位共同來工作。

——一九七二年一月；手稿。本篇標題為編者所加。

跟魔鬼握手

——揭穿國民黨所謂「聯俄阻共」的陰謀

——一九七二年二月十八日加州理工學院中國同學舉辦「台灣的前途」討論會上的報告

一、大分化、大動盪、大團結的新世局

亞洲的前途應該操在亞洲人民的手裡，台灣的前途也應該操在台灣人民的手裡。這是每一個覺醒的亞洲人、求自主覺醒的亞洲人，求自主要自由的根本意願。一百年來亞洲忍受西方的奴役實在太長久，覺醒的亞洲人民已經決定不再拖延這種卑屈的容忍。

今晚，在尼克森訪華的途中，我們相聚在這兒，互相探討「台灣的前途」這個大問題，我覺得最需要我們強調的是，今天亞洲人民要當家做主的這個集體意願，而最需要我們警覺的是，面臨這一次世局的大變遷，我們亞洲陣營內少許叛徒集團，可能再一次暗中佈署著他們出賣亞洲人民的計謀，以拖延整體亞洲自主自由的實現。

我們要密切注視台灣島內國民黨，在被美國拋棄的前夕，為了它自己的利益計算，將再做出怎樣違背台灣人民利益的行為。

目前，大的國際局勢正過渡到新階段的時期，國民黨的新算計、新動向可能陷未來的台灣於更黑暗、更痛苦的境地。我們有充分的理由為這件事情擔憂。因為：

第一，現前的台灣依然被外來帝國主義者所把持而不能自主。這個外來的第三者，在解決台灣的問題上，一向從中作梗，極力製造台灣與中國大陸分離的局面。因此，本是內政問題的台灣問題，卻不能不從外交的途徑入手，先處理在台占據的外侵的帝國主義者即美國，然後再處理自己內部的矛盾問題，即國民黨在台的法西斯統治。

第二，中共堅守和平共處的五項外交原則，希望儘量避免流血，而以政治解決的方式來處理國民黨在台問題。

第三，既然中共暫不武裝處理國民黨、解放台灣，國民黨似乎便有恃無恐，乘隙加緊跟外國的擴張勢力、帝國主義勢力勾結以延續它在島內的法西斯統治。國民黨已經揚言暗示，倘若美國要撤離台灣，它可以馬上勾結蘇聯，把蘇聯迎入台灣的大門。

第四，國民黨作為一個政黨而言，已經失盡中國人民的民心。自從一九二七年蔣介石從上海搞「苦迭打」、濫殺中國人、勾結美國以來，國民黨已經成了亞洲人民的叛徒、中國人民的叛徒。今天，它更是台灣島內一千四百萬台灣人民的敵人。國民黨有它一貫的叛徒邏輯。根據它那套邏輯，亞洲的前途不必操在亞洲人民的手裡，台灣的前途不必操在台灣人民的手裡，所以，亞洲可以由美國或蘇聯來統治，台灣也可以由美國或蘇聯來統治。

問題的核心在於：在外，帝國主義者對台灣的野心未逝；在內，國民黨甘心將台灣出賣給帝國主義者，而島內台灣人民又還沒有起來向蔣政權進行全面鬥爭，阻止國民黨在島內跟外來帝國主義者做外呼裡應的勾結。在這種情勢下，國際大局的驟變很可能在台灣造成短暫的真空。這是千鈞一髮的時刻！倘若國民黨利用美國從台灣撤出之後的真空，再跟別的外來勢力暗渡陳倉，則台灣將再度陷入無盡的黑夜。倘若在這段過渡時期，國民黨向外勾結的陰謀及時被阻止，則台灣重見天亮的日子便將不遠。

目前台灣又面臨了一次新的存亡關頭，這是台灣將陷入更漆黑的黑夜的時刻，也是台灣即將見到光明的時刻。

這一次尼克森訪華的任務之一，顯然是要和中國商討美國從台灣撤離的步驟。美國在台灣留下來的真空，其他外來的擴張勢力如日本，或帝國主義的勢力如蘇修，會怎樣趁虛而入，而搶奪填補呢？目前日本佐藤政權和蘇聯布列茲涅夫政權各別在亞洲的滲透又如何？國民黨在情勢遽變下，會不會轉身投靠蘇修，跟魔鬼握手？我以為這些問題都將影響到台灣最近的變化。現在就讓我就這些問題作初步的報告，藉此，以反映「台灣的前途」這個問題。

目前，我們的亞洲又面臨到一次新的大分化、大動盪、大團結的局面。

換一句話說，由客觀情勢的改變，先前的敵人已經慢慢鬆弛軟弱下來，而且要求豎旗談和，因此可以不必像以往那樣，跟它步步針鋒相對；而曾經是友邦的，如今由於它政策的修正，可能變成敵人。這種情勢的改變，往往是不可避免的國際發展。然而，這並不是說，一個國家——特別是小國家——便得隨著國際情勢的變化，隨時變更它的國策，毫無原則地見風轉舵，全然接受實際外交的擺佈操縱，或在權力政治的大海上載浮載沉，毫無自我主宰的能力。不是的！只有阿斗政權或傀儡集團才是這樣的。作為被壓迫的亞洲人民的我們，這一點實在需要加倍提高警惕、徹底體認才是。我們是被壓迫者，我們反抗西方的帝國主義，我們要把入侵亞洲的外來勢力從亞洲境內趕出去。這才是我們不變的大原則，不移的大戰略。當我們被壓迫的亞洲人民，堅持反帝鬥爭的大原則、大戰略，而進行全面解放的時刻，我們看到了，充當了二十年世界警察的美國衰敗下去，而曾經是名符其實的社會主義國家的蘇聯已經墮落，而走上帝國主義的道路。

在這種國際勢力的消長之下，新的大分化、大動盪、大團結的情勢便由此誕生。曾經是敵人的，經分化而團結，曾經是夥伴的，由團結而分化。這是可能的，也是可行的。只要反帝鬥爭的原則能堅持，只要反帝鬥爭的目標得以實現，現實國際政治由分而合、由合再分的曲折反覆，是沒有理由不面對處理的。其實，現實政治的曲折反覆能夠從容應對之後，理想政治才得以實踐貫徹。更確切地說，我們反帝鬥爭的理想政治，便是在分化、動盪、團結的現實政治鬥爭中播種壯大的。

我是基於以上這種政治認識去把握目前國際局勢的遽變的。歸結起來說，這種認識包涵了兩個要點：

第一，肯定我們被壓迫的亞洲人民，今天站起來驅除外來帝國主義者的鬥爭是正義的鬥爭，參與這個鬥爭是今天亞洲人民最基本的做人條件。這個求自主要自由的鬥爭是任何再惡劣的環境都阻擋不了的。

第二，承認阻擋我們亞洲人民反帝正義鬥爭的反動力仍舊很大，這種反動勢力包括外來的帝國主義者本身以及亞洲陣營內甘心受外人豢養、甘心作民族叛徒的傀儡集團。跟這類反動勢力鬥爭的形式是多樣的，而鬥爭的策略，則在不能直線取勝之前，迂迴的曲線戰鬥是可行的。這是一場長久的戰鬥，我們並不期在一朝一夕便可完成。

以這兩點認識作基礎，我希望以下關於國際局勢的報告，便不致於淪入西方自由派所謂的「不存立場，完全中立，沒有價值判斷」的那種無謂的時事分析。

二、七十年代的美、日、蘇

1 美國怎樣從亞洲逐步撤退

尼克森這一次訪問中國，可以說是今後亞洲局勢起根本變化的一個起點。

美國放棄了二十年來圍堵中國、孤立中國的傳統反華政策，而做了一百八十度的轉變，由在職的總統親自僕僕風塵遠道拜訪中國。就美國而言，這根本的易策自有它迫於客觀情勢的窘境。諸如，美國每年要花費二十億美元的越戰鬥喪了它的國庫；而僅從一九六〇年到一九七〇年的十年間，根據不完全統計，越南南方軍民殲滅了美軍和僕從軍達八十多萬名，這個統計數字足使美國國內人民引起厭戰、反戰、反政府的情緒。其次國際金融界，美元之一再貶值，再加上美國國內經濟不景氣，全國性的通貨膨脹無法消弭，這些原因加在一起，迫使美國無法在亞洲繼續維持它的霸權。美國必得從亞洲逐步地撤出它的軍事以及經濟的干涉。

但是，美國甘願一清二白地從亞洲全部撤出嗎？美國是不甘願的！

美國前後曾派出百萬軍隊橫渡六千餘哩的太平洋，去干涉亞洲各民族、各國家的內政，主要的是要獲取殖民地的種種利益。以帝國主義的行徑而撈得的重利厚潤，美國是不輕易放棄的。美國對亞洲仍萌存有未盡的殘夢。今天，從日本到泰國的遠東地區，美國仍舊控制著一百一十九個軍事基地，屯駐著三十萬軍隊，並且跟十一個國家訂簽所謂的「協防條約」。名義上，是替這些遠東的締約國或集團協防中國的「侵略」，實際上是以武力為後盾，進行它壟斷亞洲的政、經、軍各部門。

美國聲稱要從亞洲逐漸撤退。但是它將退出的亞洲據點，又不願由任何一個擴張主義的國家單獨去填補。美國認為，倘若它不能在亞洲成為獨一無二的政治、經濟、軍事的霸主的話，它也不希望看到任何一個國家能獨一無二地壟斷亞洲政治、經濟、軍事的命脈。因此，美國從亞洲做局部退出以前，它有計劃地展開了多面外交。

美國同時跟蘇聯、日本和中國談判。以美國來說，他希望三國在亞洲境內造成相互競爭、相互敵對的處境。這樣，美國便可以越過太平洋來牽制它設計的這個三國對立的局面，以便繼續坐收它的殖民主義、軍國主義掩護下的非法利益。這是美國的如意算盤，其實也是它技窮之餘所能構想出來的最後辦法而已。

基於以上的理由，美國願意打破五十年代冷戰、六十年代反共的外交傳統，而跟中國正面談判。美國的居心是不難推測的。而中國呢？

首先，中國堅持一九五五年萬隆會議的和平共處的外交政策決議案，而不曾介入越戰。這使得美國政府的「美國出兵越南是為了保衛南越不受中國侵略」的那則謊言不攻自破。其次，美國尼克森政府仍舊是帝國主義者，這是不辯的事實。但是，這個帝國主義是個開始衰老的帝國主義，而且，現在已經要逐步從亞洲隱退。在這種條件下，中國願意坐下來跟它談判。再次，目前亞洲出現了兩個可能比美帝更兇悍的敵人，基於團結大部份、孤立一小撮的辦法，中國可以不必像先前那麼跟美國針鋒相對。其實，自從一九五五年中國便表示願意坐下來跟美國談判。只是美國在此以前太自以為有恃無恐，太蠻橫無理，使得中美的接觸遲至現在才開始實質化。

而目前亞洲出現的兩個中國的敵人是誰呢？一個是以布列茲涅夫領導的蘇修，另一個是以佐藤政府為代表的日本。我們先談佐藤的日本。

2 日本的再武裝

日本從二次大戰的戰敗國，經二十二年的經營，已經一躍而成為資本主義國家裡的強國。目前，日本的生產總值更超過西德，成為世界第二強大的資本主義國家。

然而，日本最大的問題是國內的資源不足。為了保持、增進目前的工業生產水平，日本非由國外運進大量原料不可。從海外運進日本的原料，航線便成為日本外交上以及今後軍事上必先克服的難題。

以石油為例。日本的石油百分之九十以上有賴於中東。由中東運到日本的石油航線是這樣的：

中東↓阿拉伯↓印度洋↓馬六甲海峽↓西太平洋↓日本，在這長途航線中，對日本最關重要的當然是馬六甲海峽，這個海域被日本稱為「日本海上和工業的生命線」。一方面，佐藤不斷提出「全球觀點」和「符合全球觀點的部署」，另一方面，有形地組織所謂「馬六甲海峽協進會」、「馬六甲海峽航路推進本部」，其目的是雙重的：第一，企圖將馬六甲海峽國際化；第二，以馬六甲海峽為中心經濟擴張和政治滲透雙管齊下的策略，企圖控制印尼和馬來亞以及整個東南亞。

此外，日本認為包括在日本生命線的尚有南韓以及台灣等地區。一九六九年佐藤結束訪美後，美日兩個政府於十一月二十日發表聯合公報，其中第四條這樣說：

「大韓民國（指朴正熙的南韓）的安全對日本本身的安全是必要的。……維持台灣地區的和平與安全而言也是極重要的因素。」

最近佐藤又在國會老調重彈，說什麼「台灣的安全是日本安全的重要因素。」

為什麼日本要把馬六甲海峽、台灣、南韓等地區圈入它自己的生命線呢？這是為了日本自己的經濟利益而打算的。保障日本目前經濟現狀最有效的辦法，對佐藤政府來說，是重整軍備。

日本自衛隊隊長西村在去年（七一）十月間透露了七十年代日本加速擴軍計劃：從今年（七二）開始的第四個五年擴軍計劃中，單單向美國購買軍備的費用就將增加一倍，由第三個擴軍計劃的五億美元增至十億元；而總費則由第三期的六十五億美元增至一百七十八億美元，增加二・七四倍。西村更野心勃勃地表示，日本的非武裝軍人應該可以派到亞洲各地擔當救護的工作。

日本以經濟為首，軍事為後盾，系統地展開它控制亞洲的野心。這一次日本採取的「經濟先於軍事」的策略，跟第二次大戰所採取的「軍事先於經濟」的策略是迥然不同的。

二次大戰日本之必敗早決定於它的經濟。當時日本由農業經濟跨向初期的工業經濟，以幼嫩的經濟基礎向當時的美國挑戰，有如螳臂擋車，於事無濟。在珍珠港事件發動以前，日本一些有識之士，包括軍人如山本五十六等，卻以日本經濟實力之脆弱，預言日本必敗的後果。今天的日本工業漸入顛峰狀態，直接威脅著資本主義第一大國的美國。為了保證海外工業原料得以獲取，為了保持目前工業生產於不墜，日本要把軍隊屯備在它經濟的背後，以應付萬一，保護它的工業經濟。這種「經濟在先軍事在後」的路線比起二次大戰的「軍事在先經濟在後」的路線，對亞洲人民以及其他地區的人民所構成的威脅，要嚴重得多。

今天，日本軍國主義的復活已經被各方所知，這是一不駁的事實。然而當我們說日本軍國主義又復活了。這並不是指說現在的日本又像二次大戰那樣到處去搶人家、占人家、殺人家。而指的，其實是日本為了保障它目前經濟畸形發展所建立起來的軍備而言。

日本經濟發展之畸形在於，以國內客觀資源條件之貧瘠，而發展目前這樣高度發展的工業經濟國家。這種不平衡的工業挺進，直接影響了日本國民心理極端的不安感。為了維持現狀，或再往前發展，日本唯有依賴國外資源。為了保證國外資源能夠源源不斷輸入，軍事上的擴張主義變成不可避免的道路。這是經濟不能自給自足所造成的騎虎難下的結果。由不安而向外擴張的政治心理更被目前日本經濟的放任政策所刺激、慫恿，而終於將被它所控制。一旦日本目前的經濟政策受到阻撓或挑戰，也就是說，維持日本工業命脈的國外原料不能從外國如期輸入時，日本便將屯備在經濟背後的軍備派遣出來。以軍隊保障自己現在這種畸形發展的工業經濟，這條軍國主義的道路對佐藤的日本是必然的。倘若將來日本的軍事再度構成世界災害的話，那必然是日本的放任經濟所促成的走火入魔的後果。

3 蘇聯在亞洲的圍堵政策

蘇聯的擴軍——尤其是海軍的擴充——近兩年來已經對世界構成威脅。這威脅是來自斯大林死後，蘇聯政治路線的根本改變。布列茲涅夫繼承了赫魯曉夫的修正主義，而且發揚光大，目前已經明目張膽地重抄資本主義的擴張主義的老路。

七十年代蘇修的擴張主義的目標是亞洲，這是它近來一再提出要建立「亞洲集體安全體系」的原因。

蘇修所謂的「亞洲集體安全體系」其背後的目的是，當美國從亞洲撤退之際，由蘇聯取代美國的位置，企圖由它繼續控制亞洲。它的方法還是重抄美國的老路，以軍經「援助」和簽訂所謂「協防條約」等等為餌，而達到一一控制亞洲國家的最後目的。替蘇修推進它的擴張主義最有力的，目前是它的海軍。

現在蘇聯海軍正加速興建之中。實力雖僅次於美國，而占世界第二位，但是以它發展速度之快，裝備之新，已迫使美國不得不花三百億美元建造飛彈艦隊，發展海底長程飛彈系統，補充美國現有的「北極星」及「海神」飛彈潛艇艦隊，以對抗蘇修稱霸世界海洋的企圖。

迄今蘇聯還沒有攻擊母艦。但據美國情報揭露，蘇聯正在黑海的尼可拉也夫港的船塢建造攻擊母艦。倘若這項情報屬實，則蘇聯將改變它傳統的海軍策略，由過去十年來的防衛性策略改為攻擊性策略。

蘇聯採取攻擊性的海軍策略，目前最直接的效果是在心理戰和外交戰上。二次大戰以後，被一般軍事戰略家們輕視的海軍，在核時代的今天，到底能發揮多大軍事上的戰略效果，這是眾所懷疑的。尤其是航空母艦，被戰略家們嗤為「漂浮的棺材板」。雖然如此，蘇修在核時代的此刻還傾力建造母艦，是有它自己的一套邏輯的。那就是，倘若母艦以及一般海軍艦隊，在核時代的今天，不能發揮高度的武裝戰鬥能力，那麼，在談判的今天，它卻能發揮意料之外的外交作用，最近的印巴戰爭便是一個實例。

蘇修企圖控制亞洲的方法之一是將它的海軍引進亞洲。就西半球來說，蘇修希望它的海軍能夠由黑海、地中海，經蘇伊士運河，渡紅海、入印度洋而進駐南亞。為了達成這個目的，蘇修在去年（七一）八月間和印度簽訂了所謂的「蘇印和平友好合作條約」。實質上，這是一個軍事條約，因為條約的第九條明文規定：

在任何一方遇到攻擊或受到攻擊威脅時，締約雙方立刻共同協商，以便消除這種威脅，並且採取適當的有效措施，來保證兩國的和平與安全。

有了這一則許諾，印度才肆無忌憚地進軍巴基斯坦，而搞出孟加拉國來。一九七一年十一月二十一日爆發的印巴戰爭，是蘇聯企圖控制亞洲的第一個訊號。這場戰爭，不應該著眼在局部的地理戰爭，也不應該看作印度的勝利，更不應該看作孟加拉人民的勝利，而應該看成戰爭背後的主謀蘇修在亞洲的暫時得逞。

另一方面，在東半球的太平洋西區，蘇聯海軍也早已開始佈署，去（七一）年九月，蘇聯艦隊開到夏威夷群島海面上做實彈演習，向太平洋區國家示威。這是蘇修從東半球向大西洋挺進的第一個訊號。上（一）月二十七日，蘇聯外長葛羅米柯結束訪日後，與日本外相福田赳夫發表聯合公報，表示兩國將在今（七二）年內簽訂一項和平合作條約，這個條約的作用將等於蘇印的那個條約。

蘇聯這種外交戰略的佈署，很明顯地，是要圍堵中國。

蘇聯的計劃是，以海軍為後盾，以外交為前鋒，雙管齊下；從中國的左右兩翼做軍事的和外交的佈署，以便兩面包抄中國。

從中國的右翼，蘇聯的海軍由印度洋，通過馬六甲海峽，直指西太平洋；外交上，勾結印度、錫蘭，經援緬甸，協助開發印尼，援助新加坡、馬來西亞，拉攏北越。

從中國的左翼，蘇聯的海軍以海參威為基地，經日本海，直伸太平洋；外交上，示意歸還齒舞、色丹兩島，以對日本表示友善，進而與日本簽約，確保它在西太平洋的勢力範圍，蘇聯更南望垂涎台灣。尤以目前，美國有意從台灣撤退之際，蘇聯更急於在台灣取美國之地位而代之。

在軍事和外交上雙管齊下，在中國左右雙翼作兩面包抄，這樣蘇修迅急地築起一道牆來圍堵中國。它的企圖便是二十年來美國亞洲政策的翻版。今天美國已自認這種亞洲政策的失敗，蘇聯不顧前車之鑑，抄沿美國路線，重演封鎖中國、滲透其他亞洲國家的杜勒斯式的政治醜劇。

三、台北國民黨的所謂「聯俄阻共」

讓我們重新回到亞洲來。目前的亞洲情勢可以歸結成以下三點：

一、美、蘇帝國主義者企圖控制亞洲。美國迫於客觀情勢，不得不從亞洲逐步地撤退，美國局部退出後所遺留下來的真空，蘇、日企圖乘虛而入。

二、亞洲人民已經覺醒了！已經決定不再拖延那種受控制被奴役的卑屈命運。亞洲人民反帝鬥爭的聯合陣線越來越擴大，愈來愈雄壯。

三、然而亞洲陣營內一小撮民族叛徒，為了自己的利益，甘願勾結外來的帝國主義，甘心作帝國主義的奴才，狠心作亞洲人民的公敵，公然與全體亞洲人民為敵。

這三個要點可以勾勒當前亞洲面臨的大情勢。這三個要點也是亞洲人民反帝鬥爭的理論與實際所必須面臨處理的問題。換一句話說，外來的帝國主義者、亞洲境內甘願勾結帝國主義的內奸叛徒，以及反帝反奸反叛徒的亞洲人民，後者與前兩者之間的矛盾造成了整體亞洲的反帝鬥爭；而後者能夠有效打敗前兩者之後，亞洲的反帝鬥爭才告勝利，亞洲問題才告解決。

台灣問題也應該放在這個亞洲反帝鬥爭的框架裡來處理。就台灣而言，外來的帝國主義目前是美國，繼美國之後，可能是蘇聯；甘願勾結帝國主義的內奸叛徒是蔣介石的國民黨，反帝反奸反叛徒的是一千四百萬台灣人民。蔣介石勾結美國來壓榨台灣人民，這是台灣問題的主要矛盾。今天這個主要矛盾仍舊存在，台灣的人民仍舊反蔣仇美。蔣介石的國民黨仍舊實行它的叛徒邏輯，根據那套邏輯，亞洲的前途不必操在亞洲人民的手裡，台灣的前途也不必操在台灣人民的手裡，所以在國民黨看來，只要不損它自己的利益，亞洲可以任由美國或蘇聯來統治，台灣也可以任由美國或蘇聯來統治。所以台灣問題的主要矛盾仍舊存在。唯一可能有改變的僅僅是在台灣的帝國主義者由蘇修接代美國而已。

只要美國不拋棄國民黨，國民黨便可以將台灣供給美國當軍事基地，作為圍堵中國的一大哨站，同時也可以供給美國作越戰空軍的補給、修護站，好讓美國去打越南人民，這個徹底反中國人民、反越南人民、反亞洲人民的政權如今將被美國拋棄了，國民黨怎麼辦呢？國民黨早做了準備：一旦美國撤出台灣，廢除雙方所謂的「協防條約」，則它隨時可以再賣一次身，投靠蘇聯去。漢奸、叛徒的意識型態早決定了這個黨的末路。

早在去（七一）年四月間，國民黨便利用它在美國西岸的機關報《少年中國晨報》，散佈「聯俄阻共」的論調，《少年中國晨報》透露說：

在形勢嚴重的時刻，運用台灣在太平洋上戰略地位之重要性，基於平等互惠之原則，權衡地與蘇俄直接訂新約，開放某些指定港口，以便利蘇聯船艦補給，加油添水，一如對待目前之友邦，作驚人之均勢措施，為對所謂盟邦棄我不顧之強力牽制。

這是哪門子的話？賣國還作振振有詞狀，不愧是國民黨的看家本領。明知蘇修從西半球和東半球要兩面包抄中國，現在只差一個台灣的缺口還沒封上，國民黨便忙著將自己賣出去，要開放港口給蘇聯，徹底要反中國人民。這種「驚人之措施」也只有根據國民黨那套叛徒邏輯才想得出來呢！

我們看清楚了蔣政權的醜惡嘴臉，在目前這個轉變時期，讓我們大家密切注視國民黨所謂「聯俄阻共」的陰謀，及時阻止這種賣國政策的實現。同時我們正告國民黨，你們這種反台灣人民、反全體中國人民的賣國勾當，是台灣人民以及全體中國人民所不允許的，一千四百萬的台灣人民將首先起來反抗你們。

在亞洲這個大分化、大動盪、大團結的年代，「台灣問題」的大前提擺得很明顯。那就是，台灣的人民不容任何外來的帝國主義或任何擴張主義國家染指台灣或控制台灣，也不容台灣繼續被勾結外來帝國主義的、反動買辦的蔣政權所統治。台灣的問題，歸根結底是台灣人民求解放要自由的反帝鬥爭問題。

原載《盤古》第四十六期，香港：盤古雜誌社，頁十——十五，一九七二年四月；根據《柏青月報》鋼版手抄本修訂，頁十——十五，美國柏克萊，一九七二年三月。

台灣的前途

諸位同學：

今天晚上我想和各位談談台灣的問題和台灣的未來。

首先我要強調的是：我們談台灣問題一定要站在為台灣人民謀福利求發展的立場上來談。這裡所說的台灣人民是概括所有居住在台灣的人，說得更明白一點：我們討論台灣問題時一定要想到台灣的農民、工人、漁民等，而絕不是為了台灣的統治階級以及他們的幫閒份子們而來談問題。

我們現在就來看看台灣農民的生活，農民約占台灣人口之一半，根據一九六七年中興大學農學院所做的調查顯示，當年國民所得平均每人每年收入約合二一二美元，而農民的平均數僅達一一四美元（百分之五十四），而且他們收入之中副業就占了百分之三十八，也就是說農民辛勞地在田裡工作無法維持生計，而必須全家動員從事副業來彌補家用。情況還不止於此，我們還記得青果合作社剝削蕉農案吧，最近又有蘆筍農民被敲詐案。這幾年來，隨著國民所得之增加，農民生活是否也相對的改善呢？今年六月五位監察委員赴中南部考察農民生活，結論是：「發現他們的生活已不如前」。為什麼會如此呢？台灣不是早就實行耕者有其田的政策了嗎？原來台灣農民有了一個最大的地主，就是統治階級，平均將稻米的三分之一徵收進了糧食局，而且更實行了肥料換穀制度，以一公斤的硫酸銨換一．〇三公斤的米，再加以軍糧徵購法以達到所謂平抑糧價。是的！糧價確實很平穩，農民以十磅米只能賣得八分美元。這種剝削不僅在道德上是有所虧欠的，甚至也違反了資本主義制度下的自由經濟原則，可以說是一種強買強賣，是最可恥的剝削。

也許有人以為為了發展工業，積聚資本，不得已乃出此下策。好，我們就來看看台灣的工業。台灣工業最大的特色就是大量引入外資，特別是美日的資本。由於台灣的政府給予外資最優惠的待遇，使得這些外資工廠榨取了台灣的資源勞力，壟斷了內外銷的市場，打擊了民族工業，不但掠奪了驚人的暴利，更控制了台灣的經濟命脈。關於外資獲取暴利一事，我們可以由下面兩個例子來看：美國資本日本「技術」的聯合耐隆公司，資金一二五萬美元，三年之內就獲利二二〇萬美元。又美資占百分之七十的慕華化學公司在七年之內就獲利達投資額的二十一倍。這些暴利是從哪裡來的？是從掠奪台灣資源，壟斷台灣市場，剝削台灣廉價勞力而來的！例如台灣男工平均工資僅及日本男工工資的三分之一，女工工資僅及其五分之一至四分之一。日本資本家公開地說日本對海外的經濟擴張政策是「將工作帶給工人」，即在海外設廠利用當地之資源勞力開拓當地的市場，否則若像西歐一樣「將工人帶來工作」的話，就須付給他們同等工資，給予同等的勞工福利。日本的資本家說這是不合算的。於是，舉例而言，台灣電子業界的女工就在照明不合標準的廠房內工作，不數年不是眼力急切衰退就是頭髮變得灰白了。近來工業汙染問題嚴重，日本更將危害環境衛生而被迫停業的工廠搬來台灣繼續生產。這是什麼？這是帝國主義者將其國內因為實行資本主義所產生之弊端如資源問題、勞力問題、市場問題、勞資對立之社會問題，甚至目前才轉趨嚴重之汙染問題轉嫁到台灣了，這就叫做「剝削的轉嫁」，是普遍存在於今天國際社會中的問題。世界上沒有比這更險惡的剝削壓榨與侵略了。這一切一切到底是怎麼回事呢？

概括來說，這就是今天在台灣的統治集團代表著少數封建官僚買辦資本家勾結著美日帝國主義加在台灣人民頭上的雙重枷鎖！買辦資本主義與資本主義之極致。帝國主義，在形式上、結構上，以至於意識型態上是相輔相成的。什麼叫做買辦？買辦在中國歷史上可以上溯到鴉片戰爭以前。那些為洋人買賣商品辦理交涉替遠來之帝國主義者扮演侵略急先鋒的一班漢奸洋奴。今天買辦們扮演的角色更大了，他們不但做政治、經濟、社會、文化上的買辦，甚至也做意識型態上的買辦。後者我們可以在留學生群中找到。帝國主義要侵略，他們就在一旁搖旗吶喊，轉彎抹角地說著「強權就是公理」、「侵略有理」論、「人種優劣」論，卻又自命為「高等華人」，作阿Q型的自我精神安慰，並做為剝削自己同胞的理論根據。台灣目前崇洋媚外的洋奴思想、爬行主義就是這樣造成的。我們看清了這個本質也就明瞭為何台灣有著一個貪汙腐化，在內靠特務在外靠帝國主義實行高壓統治的政權，有著一個剝削工農、貧富懸殊、奢侈淫靡、妓院林立、風氣敗壞、道德淪喪的社會，也許有人還要說台灣如何如何的繁榮，當然繁榮啦，外國資本家，買辦資本家達官貴人以及某些「學人」，剝削之餘自然也要消費玩樂一下，再加上美國指定台灣是東南亞美軍度假區，君不見台中已成不夜城了嗎？這種繁榮是「朱門酒肉臭，普唱後庭花」式的繁榮。

其實在我看來，以上種種比之我下面要說的倒成了小問題。我先要強調的是帝國主義官僚買辦雖然凶惡，但是人民，只有人民，才是創造歷史的原動力。一百多年來，中國人民包括台灣人民受盡了封建、官僚、帝國主義殘酷無比的剝削與摧殘。但是現在這三座壓在中國人民頭上的大山已經在中國大陸被人民以無比堅毅的決心，愚公移山的精神徹底地推翻了，使其永不復返了。在台灣也將不會例外的。我所謂的大問題起源於二二八事件，一九四七年二月廿八日爆發了台灣人民反抗暴政的革命行動，在那段時期內統治集團憑藉著特務軍警殘酷地殺害了台灣人民，而直接犯下罪行的戰犯彭孟緝卻不加以懲處。非但如此，其後更變本加厲地布置特務網，嚴密監視著被壓迫的人民。更有甚者以分化的手法在台籍同胞與大陸同胞之間劃出鴻溝，造成隔膜，又採取愚民政策，將七億大陸同胞在建設社會主義的新中國描寫成人間地獄。這種製造並惡化本國人民內部矛盾（即造成台省籍人與外省籍人之對立與不信任），進一步配合帝國主義將之提升到敵我矛盾（即配合美日製造二個中國）的行為，嚴重地傷害了中華民族的根本，使得不少人走上了虛無主義與懷疑論的道路。

面臨了這些有關台灣人民的切身問題，我們該如何去正視它，分析它，並解決它呢？很明顯地，台灣問題的解決不僅需要政治革命，更需要社會革命。換幾個海外學人回去做官就可以解決問題了嗎？我認為唯有實行社會主義才能徹底地解決這些問題。社會主義是反對帝國主義侵略壓迫的民族主義，是由廣大的工人農人當家做主人的民權主義，是反剝削反壟斷以全體人民福利為依歸的民生主義。社會主義更是過渡到各盡所能、各取所需大同世界的國際主義。社會主義的理論是基於以合作取代競爭，以社會服務取代利潤追求，而以公平的方式分配利潤及機會。今天大陸同胞已經在飽受封建、官僚、帝國主義毒害後，覺醒了，站起來了，打碎了加在他們身上的鎖鏈，而且建立了一個社會主義新中國。初步的繁榮，初步的工業化已經達到了，農業問題也基本上解決了，而且已經在朝著農業機械化、電氣化、化肥化及水利化的方向進行。經濟建設在以社會為通盤考慮之下，先解決了全民基本民生問題，再解決全民醫療衛生問題。由於重工業的基礎已經奠定，今後在民生工業方面必將有全面的、深度的、廣度的發展，但絕不是朝著貧富懸殊的方面。

經濟上的平等已經帶來了真正的民主，絕不是有錢的人做主，無錢者做選民的資本主義式的民主。最重要的是他們瞭解了以前他們為什麼會受那麼多的苦難。於是他們強調為人民服務，強調天下為公，強調人人要提高政治認識。在這種基礎上建立的政府當然也難免犯錯誤，然而像侵略剝削之類的罪行是絕不會犯的，中國人民即使窮，也窮得有志氣有骨氣。那種為富不仁的資本主義帝國主義強盜行徑在中國歷史上是從此絕跡了。瞭解了社會主義的理論，瞭解了中國人民的經歷，也就明白了中國政府一再聲明絕不做超級大國，而支持第三世界人民的正義鬥爭的理由了。台灣問題之解決既然在於實行社會主義，那麼台灣同胞與大陸同胞在社會主義的道路上攜手前進也就成為最自然的方向了。

所以概括地說，台灣的前途在於走中國統一實行社會主義的道路。但是由於台灣歷史背景的特殊，多年以來受著日本帝國主義以及國民黨特務型的統治，使得台灣在政治、經濟及社會各方面，在目前與大陸有相當程度的差異，因此不宜立刻成為中國的一個普通行省，而應該在以台灣人民當家做主人的原則上成為一個自治區。我認為下列原則應是台灣自治的主要方針：

一、一切外國勢力必須撤離台灣；
二、以台灣工農為主體成立自治政府，處理台灣地方自治事務；
三、台灣農業向農業合作化及農業機械化方面前進；
四、徹底驅逐外資，在自力更生的基礎上，台灣工業經由公私合營逐步轉變為集體所有制；
五、重建台灣教育制度，以培養為人民服務而非為一己私利服務的知識份子隊伍為目的；
六、在實行社會主義的道路上，參考大陸各行省各自治區之經驗，配合台灣地方情況從事和平的、階段的、持續的改革；
七、清除台灣同胞與大陸同胞間之隔閡，互通有無，互相幫助，在平等的基礎上，為建設中華民族社會主義大家庭而共同奮鬥。

最後再強調一次：在過去的一個世紀裡面，中國大陸人民與台灣人民遭遇了一個共同悲慘的命運；在未來的歲月裡面，中國大陸人民與台灣人民一定將要共同地掌握，並開創自己的命運。台灣同胞奮鬥了五十餘年，在擺脫了日本帝國主義的統治，在熱烈歡呼重返祖國懷抱之後，竟遭受到二二八事件及其後的一連串不幸的迫害與剝削，心理的創傷是難以形容的。但是台灣人民是偉大的，台灣人民的祖先，渡大海入荒鄹，篳路藍縷，以啟山林，開拓了這個美麗之島，這種先驅者的精神是永遠存在的。台灣人民的偉大以及所遭受的苦難，祇有那些與台灣同胞血肉相連心靈相通的大陸同胞才能瞭解的。中國大陸人民已經站起來了，已經打碎了枷鎖，但是他們並沒有忘記還在苦難中的台灣同胞。在今天解決台灣問題的道路上，台灣人民要拿出信心決心與度量，與大陸同胞攜手並肩地合作。我們要正視台灣問題，正確地分析台灣問題，分清敵友，明辨是非，拿出良心來站在為台灣人民謀福利的立場上勇敢地去解決台灣問題。台灣的前途是光明的！謝謝諸位。

——一九七一年十二月三日講詞

原載《東風》第一期，美國：東風雜誌社，筆名心台，頁二八、二九，一九七二年四月。

保釣運動是政治性的，也是民族性的，而歸根結底是民族性的

——在波士頓釣委會於哈佛大學召開的「七七紀念會」上的演講辭

一、保釣運動的兩個階段

我們來到了保釣運動第二階段的門檻上！

一開始，我們就認清了釣魚台這個事件絕不是一件孤立的個案。它是一種併發症！是台灣政治癌症開始發作時，首先被診斷出來的併發症！從現在開始，台灣形形色色、各種不同的併發症將陸續發作；從現在開始，我們將面臨更多的問題、將挑起更重的擔子。

台北這個封建買辦軍事的反動政權，讓它繼續苟延，還是徹底乾淨地掃蕩它；台灣這個被美日軍經勢力所控制的半殖民地社會，讓它繼續存在，還是徹底乾淨地消除它，這是我們的運動一開始，便擺在我國面前，必待抉擇的兩條路線。

一開始，我們認清了釣魚台這個問題，是政治性的，也是民族性的，而歸根結底是民族性的！

然而，在保釣運動的第一階段，我們強調釣魚台問題是政治性重於民族性的。這主要的意思，是要集中我們的力量，爭取時間，全力爭回我們的釣魚台列嶼，全力向牽涉在這個事件裡面的三個政府抗議：我們抗議日本佐藤政府軍國主義的海盜行為；我們抗議美國尼克森政府的偏袒佐藤；我們抗議台北政府勾結美日，只顧油田不顧主權的賣國醜行。當時，我們針對這三個政權，就釣魚台論釣魚台爭釣魚台。爭回釣魚台列嶼是我們首要的目標，所以，當時我們強調釣魚台事件是政治性重於民族性的。

就在這個時候，國民黨以及它的保皇黨們卻斷斷續續地支吾著什麼「民族性重於政治性」的論調，企圖瞀亂整個運動的方向和路線。更毒害的是，他們所謂的「民族性」是企圖利用八年抗日戰爭的經歷，無端渲染目前中日兩國人民之間莫須有的「敵對」情緒，無中生有地製造兩國人民之間的「仇恨」，目的是想混淆我們的注意焦點，轉移我們的運動目標；想要我們忘掉佐藤和蔣政權之間的勾結，而去向清白無辜的日本人民挑釁算帳。他們唯恐我們腳步不亂、思想不混。我們這個自發自動的愛國運動，他們既然沒有能力阻撓，只好退而求其次，希望把它弄得烏煙瘴氣，沒有正確的思想作領導，亂七八糟而終。

然而事實證明，正義與真理站在我們這一邊。任何愛國保土的運動是反動賣國的小政權出賣不了的！保釣運動的第一階段，國民黨這種再一次玩弄它愚民政策的陰謀，以及它一味想混水摸魚，貪婪地大搞油田的勾當，一一被人民窺破。面對這種陷民賣國的歷史事實，我們的運動很謹慎的選擇了它的路線——不但不盲目誓作台北政府的後盾，反而要加倍地唾棄它的賣國政策。

隨著運動的發展，我們一步一步地發現台北政府與外國勢力——尤其是與美國、日本

——勾結之牢固。這個政權的政策是：寧可犧牲人民的幸福利益，決不犧牲他們自己一小撮把權者的幸福利益。面臨釣魚台這個國際事件，表面上，它勉強敷衍應付，暗地裡，卻與佐藤政權加緊來往，互通款曲，大搞賣國勾當。我們覺察到，台北政府，在軍事經濟上，不能獨立自主而必須依賴美日扶植的程度，已經到了病入膏肓，無藥可救的地步。因此，要解決釣魚台這個事件，必先解決台北的政權。也就是說，解決併發症的最好辦法，還是從主症下手。這個覺醒而定下的大決心，許下的大心願，自然地使我們的運動走進新的階段，同時也延長了我們的運動的生命。這是說，我們運動的目標由釣魚台本身的事件擴大到整個台灣的問題；同時，我們認識到，台北這個反動政權存在一天，台灣這半殖民地的現況存在一天，我們的運動就要存在一天，我們的鬥爭就要不斷的發揚光大。

二、保釣運動第二階段所面臨的問題——民族性的問題

六月十七日，美日兩個政府簽訂「琉球歸還條約」，把釣魚台列嶼併入琉球，將於明（一九七二）年歸劃日本。先前嚷叫著「釣魚台為我領土，寸土片石必據理力爭」的台北政府，面對著這美日的簽約，不再嚷叫了，也不再作冠冕堂皇狀了。面對著美日的簽約，它卻沉默了下來，十足充分流露著「沒有辦法」的顢頇無能的窘態。

這是怎麼回事？二十多年來，以非常時期為名，用戒嚴法控制台灣島內人民，而以「反攻大陸」的「國策」自許的政府，在自己的領土釣魚台將被人掠奪而去的「非常時期」，居然沒有能力出面與美日交涉理論，反而指責保釣運動的同學是「匪特」、「毛蟲」、是「共

匪學生」，徹底槍口向內。四十年代被廣大的中國人民喻為「內戰內行，外戰外行」的國民政府，再一次赤裸裸地表現了它的本行。

島內存在著不能抵禦外侮，只會荼毒自己人民的腐敗政權，加上國際間美日兩個政府蠻橫恣意掠奪我領土的海盜行為，這種內外情勢的危難迫使我們的運動提前進入第二階段！

我們知道，全盤考查台灣問題的時候到了！

釣魚台被台北政府這般輕易地斷送，而且斷送得不聲不響，這迫使我們要徹底考查一下，到底台北這個政府是一個名符其實的獨立自主的政府，還是一個美日擴張主義者在背後撐腰的封建買辦軍事的傀儡政府？

二十多年來，台北政府的政策由初期的「軍事第一」，慢慢的演變為「三分軍事、七分政治」，再慢慢的又變成今天的「經濟至上主義」。台北政府由軍事，而政治，而經濟的政策改變，實際上，就是一步一步修正，以便名正言順地符合台灣一步一步被殖民化的實況。簡捷地說，台北政府的政治早已自己宣告破產！

二十多年來，台北政府不但不能抵禦外國勢力的入侵，反而自己大開門戶，把外國軍經勢力迎進台灣。讓別人在台灣當家做老闆，自己但求分得一杯羹。二十多年來，自己的民族工業在哪裡？從台北的近郊，沿著縱貫公鐵路南下，大家可以看到一家一家的工廠，工廠屋頂上的煙囪也一根一根地冒著煙，表面上是興隆著工業呢！但是仔細地再一看，這家是「武田」，那家是「田邁」；這裡是「中日合作」，那裡是「中美合作」，都是美日做老闆，自己呢？自己只能在自己的國土家園裡，跟外國人「共存共榮」。把自己的國土和原料拿去充當別人的「生命線」，拿自己人民的時間精力去充當別人的廉價勞力，替別人弄弄零件加工的玩意兒，便美其名曰「工業起飛」、「經濟繁榮」。然而，一旦工廠的機件發生故障了，只有苦哈哈、眼巴巴地等著日本技師，帶著新的日本機件前來修理，否則自己一點辦法也沒有。道理很明顯，工廠的重要部門，例如機器、機師、資本等等，是外國人的，自己不想迎頭趕上，發展民族工業，製造機器，研究技術，卻自滿自足於「與人共存，作人傭工」的寄人籬下的局面，這是哪一門子的「工業起飛」？這是哪一門子的「經濟繁榮」？

然而卻有一批人——包括島內外的特權階級和一部份知識份子——很愛惜台灣這種寄人籬下的現狀，巴望著「台灣目前的小康局面」繼續維持下去。問題就出在這裡！在殖民地裡，與外國帝國主義者勾結的政治傀儡集團、經濟上的資產家，以及一心想攀附特權階級的知識份子都奉行一種崇洋媚外的哲學。這種哲學，再透過一套系統的教育制度，散播在殖民地境內的各處，以麻醉人民。這一套崇洋媚外的哲學基礎是建立在「滅自己威風，長他人志氣」一點上。總以為外國的都好，自己的都不行。於是他們覺得，自己不能發展工業，外國的勢力進駐，是自明的常識，不駁的真理。不止是政治、經濟、工業這些部門，這套媚外哲學是全面滲透的，其他在社會、思想、文藝各方面，都有他們各自為殖民地的現狀辯護、替媚外崇洋心理圓說的一套理論。事實上，台灣社會上的「出國留學」、「崇拜學位」、「各人利祿名位」；社會思想上，一味想追隨西洋的所謂「現代化」、「自由經濟」；在哲學思想上迷戀頽放的存在主義，崇尚個人自由主義，嚮往空洞不能落實的所謂「開放社會」、「沒有顏色的思想」、「純數理邏輯」；在文藝上，沉緬於現代主義的現代詩、現代小說、現代畫；種種等等，這些都是密切地跟「工業起飛」、「經濟繁榮」等論調，採取相互默許，一致向前的步伐，一窩蜂地正在替台灣的半殖民地現狀辯護，並全力在替媚外崇洋的心態作自圓其說的工作。

由於他們奉行這種滅己揚人的哲學，所以，他們畢其一生的最大願望，便是做個買辦政客、買辦資產家，買辦學人、買辦工程師、買辦科學家、買辦詩人、買辦哲學家，等等等等。於是他們一面要呼籲維持目前台灣的「小康局面」，一面要以冷嘲熱諷的態度去奚落任何揭發台灣半殖民地真相的事實。這些假小康主義者們，不是台灣半殖民地現狀的始作俑者，便是它頑固的擁護者！

再以財經來說，更有一小撮人，動不動就拿GNP（全國生產總值）來唬老百姓。以為GNP提高，便是經濟起飛，社會進步；卻從不去問這GNP的背後，到底是誰在當家，誰做主人。這類只看前不顧後，只要店舖體面，不問誰來經營的世界觀是錯誤的！這種唯表面主義的世界觀，正是殖民地境內的傀儡政權和外來的帝國主義者，強制當地人民接受做順民的世界觀！更簡單地說，就是甘心容受愚民政策的世界觀！老實不客氣地說，國民黨以及它部份的爪牙們，糊裡糊塗，動不動就高喊GNP，西叫GNP，根本是狗P不通的！

事實上，台灣的「工業起飛」、「經濟繁榮」、「小康局面」，另外還建築在向外貸款上。例如，除了眾所皆知的向美國貸款外，一九六五年向日本貸款兩億五千萬美元，一九六八年再借一億五千萬，現在又要再借了！

在工商建設上依賴外國的資金和技術，在金融財政上又在外纍纍負債。這樣的一個政權如何而可以獨立自主？如何而可以自由？牽連在釣魚台事件的日本和美國，都是台北的財務債主、政治主子！釣魚台被台北政府一聲不響地送出去，這道理已彰彰明甚，不喻可知。這更說明了，剛才提到的台北政府採取了「經濟至上」政策，便是自己宣告政治破產的道理。

今天的亞洲繼續進行著反奴役反殖民的戰爭。台灣的政權，正如南越的政權，南韓的政權，是出賣亞洲人民的利益，而甘願充當帝國主義傀儡的政權！它們所謂的「自由」、「繁榮」，實在掩飾不了它們的政治醜態。

台北實行的政經分離政策，從整體亞洲的觀點來看，是亞洲人民革命聯合戰線上的叛徒；就台灣本島而言，更是直接鑿破所謂「反攻大陸國策」之欺詐台灣人民的一項明證！

台北政府，在政治上，跟所有與中華人民共和國建交的國家一一絕交，但在經濟上，卻與它們熱絡來往——例如法國、義大利、加拿大等等。這表示什麼？這表示在國際政治戰線上、所謂的「反攻大陸」的「國策」，實際上早已蕩然無存。然而，在被層層封鎖的台灣島內，這則騙人的「國策」卻還高懸存在。其目的是，便利國民黨用所謂「總動員法」、「戒嚴法」等等名目扣在島內人民的頭上，好讓那反動的小朝廷內的權貴們，暫時安心搞他們剝削人民、魚肉人民的勾當。

在保釣運動開始進入第二階段的現在，我們的矛頭已經刺破了台灣所謂「工業起飛」、「經濟繁榮」的假面目，而直指台北政府的政治總破產。

在保釣運動的第二階段，我們負起了更大的挑戰；我們的視域從釣魚台擴展到整個的台灣局面，再擴展到整個亞洲局勢。最後我們放眼世界，而拿起反奴役、反殖民、反帝國主義的鬥爭武器！

而目前，我們的矛頭已經直旬旬地指向台灣——中國一塊尚未解決的土地。這塊有待解決的中國土地，這個有待解決的政治問題，總的說，是民族性的問題。也就是說，這個問題包括了反帝反殖民的鬥爭課題。

我們從釣魚台考查到台北政權，從政治併發症檢驗到政治癌症本身。針對台灣這半殖民地的現狀，扣緊實際的各種問題而著手去求解決之道，這才是根本的辦法，這才是我們真正能解決釣魚台問題的正確道路！否則，皮之不存，毛將焉附，昨天釣魚台，今天南沙群島，明天將有更多的島嶼將被帝國主義者侵占，被國民黨出賣。

三、民族性的問題即是全面清算殖民地現狀的問題

我們說，保釣運動是政治性的，也是民族性的，而歸根結底是民族性的。我們又說，保釣運動的第二階段，我們面臨的問題是民族性的問題。這個民族性的問題便是要面對台灣的半殖民地的實況，做一番全面清算的工作。

釣運一開始，國民黨的爪牙散佈了他們所謂的「民族性重於政治性」的論調。當時，我們馬上提出，並糾正了他們那種偏狹、歪曲、錯誤、落伍的「民族」定義。真正的民族性的問題絕不是亂指中日兩國人民之間根本不存在的「仇恨」。真正的民族性的問題，其實就是反帝的綱領、反帝的課題、反帝的鬥爭。什麼地方有帝國主義的侵略、什麼地方有殖民地的傀儡政策，什麼地方就面臨民族性的問題、什麼地方就要進行民族性的反帝鬥爭！

就台灣而言，真正要解決的民族性的問題，目前有具體的三項工作：

（一）將外國軍經勢力提出台灣島外。尤其是，美軍一定要在短期間內撤出台灣，並廢除與美國訂的所謂「協防條約」。

（二）不容許島內任何與外國勢力勾結、出賣人民利益的買辦政權之存在。

（三）台灣問題是中國內政問題，當由中國人民，包括台灣人民，自行解決，不容外國勢力橫加干涉。

這是目前解決台灣民族性問題的三項原則。不但是台灣問題的解決必須沿循這三項原則，就是亞洲其他尚在帝國主義控制下的國家，尚未解放的民族，也都要依照這些原則，然後國家可以獨立，民族得以解放。

正如釣魚台事件不是一項孤立的個案，台灣問題也不是一件孤立的問題。台灣的問題不但是中國內政的問題，它更是整個亞洲問題的關鍵之一。二十世紀的亞洲是亞洲人民要擺脫白種人的殖民控制，爭取獨立解放的世紀。昨天亞洲人在歐美帝國主義者的皮鞭下忍辱偷生，今天，亞洲人民已經站起來了！亞洲人民要革命求解放的決心是今天兩個超級大國的帝國主義所抑制不了的！也是亞洲境內各地勾結帝國主義的傀儡政權所抑制不了的！這是亞洲人民的總覺醒！這就是為什麼我們反對南越阮文紹的傀儡政權，而支持越南人民的解放戰爭；這就是為什麼我們反對南韓朴正熙的傀儡政權，而支持朝鮮學生的統一運動；這就是為什麼我們反對菲律賓馬可仕的唯美國是聽的附庸政權，而支持菲律賓各階層發動的民族戰爭；而這也正是為什麼我們反對日本佐藤政權，而支持日本進步人民的反美運動。

正確把握了民族性的問題，便明瞭，在亞洲人民要革命的大前提下，人民與人民之間，不但沒有什麼「仇恨」存在，反而都是站在同一戰線上的伙伴。而亞洲人民的公敵，除了超級大國的帝國主義者之外，便是亞洲境內那些少許殘餘的傀儡政權。

因此，站在正確的民族性的立場上，台灣問題的解決包括了雙重的工作：第一，台灣是中國的內政問題，更確切的說，台灣必須解放。台灣人民必須學習向社會主義過渡。第二，台灣是亞洲各國家人民求解放要獨立的第三世界革命戰線上一個重要的據點。處在這種國際戰略的要點上，台灣必須在政治、經濟、社會、文化、教育、思想各個崗位上徹底清除崇洋買辦的反革命因素，正確建立反帝反殖民的革命思想。

目前保釣運動正進入第二階段的時候，各地已經開始舉辦「國是討論會」，廣泛地討論「中國統一」、「台灣社會主義化」、「台灣自治」等等問題。這些討論都是從最基本的民族性問題出發的。由於這民族性的觀點是正確的、健康的，我們的運動將會不斷的壯大，不斷的深入，而終於將擴大成為政治的、社會的、文化的全面革命運動。

保釣運動在不能擺脫學生運動的本質之前，在不能徹底帶進台灣島內，與島內各階層人民結合之前，我們應該認清我們的局限，全面發揮我們的功能。我們的局限是，我們目前進行的還是非武裝鬥爭，因此工作的重心自然要落在文化思想的鬥爭上；而我們的功能正是，我們自信有能力將這文化思想的鬥爭貫徹到底。在不久的將來，我們的運動深入了基層的社會，結合了被壓迫階級的人民，進入了不同的階段，我們將拿起不同的武器。現在，讓我們拿起文化思想鬥爭的武器前進！

原載《東風》第一期，美國：東風雜誌社，筆名簡達，頁四—六，一九七二年四月。

「五一五」前對保釣運動的批評總結

在一九七〇年的年底，由留美的中國學生首先發起，隨後，世界其他各地的海外中國同胞，以及台、港島內的同胞相繼響應的保釣運動，經過一年半轟轟烈烈的鬥爭邁進，現在又來到了一個新的危急關頭！

五月十五日，美、日兩國政府，藐視十八個月以來全體中國人民不斷表示的憤怒和抗議，企圖在宣布所謂「沖繩歸還條約」生效的同時，將我神聖領土釣魚台列嶼規劃給日本。

這表示什麼？這表示美、日兩國政府在台下交易，企圖出賣中國領土所構成的危機迫使中國人民再一次向外來的擴張主義、帝國主義作徹底的對抗，誓死保衛國家領土主權。

這一次針對釣魚台問題所掀起的中國人民反擴張主義、反帝國主義的鬥爭是由兩條路線同時進行的：一條路線是，外在的國際談判。在國際的談判會議桌上，中國政府將就歷史根據，地理實況，再依國際法理，一步一步依實據理，堅持中國的和平共處的原則，爭回釣魚台。另一條路線是，內在的人民團結，在反帝鬥爭的大目標下，中國人民——尤其是台、港以及海外的中國同胞仍然有待教育和團結。

現在，僅就釣魚台問題引發的在美的保釣運動，一年半以來的工作綱領和工作實績做一個批評性的總結，作為檢討內在的人民團結這一條鬥爭路線的實例之一。

面臨五一五這個新的危急關頭以及展望今後如何應對內外的新挑戰，如何準備新的工作綱領，如何部署新的時間與人力，對過去的經驗做一次自我批判性的總結是必要的。

在美國的保釣運動（以下簡稱保釣運動或釣運）從開始到現在，在實際工作上經歷了四個不同的時期，在意識型態上通過了兩個大階段的演進。而總地說，這個運動在實質上還沒有跨出學生運動的範圍。

在實際工作上所經歷的四個時期是：一、示威抗議時期，二、國是討論時期，三、統一運動時期，四、聯合陣線時期。在意識型態上通過的兩個大階段是，由初期泛愛國主義的政治性運動階段過渡到成熟時期反帝、反殖民的民族主義運動階段。

一、示威抗議時期

這個時期從一九七〇年年底，首先由普林斯頓大學的中國同學蒐集，研究有關釣魚台問題的資料，再由美東發起行動的號召，經過次年（一九七一）美西的「一・二九」（舊金山、洛杉磯）和美東、美中的「一・三〇」（紐約、芝加哥）的第一次大規模示威，到第二次美西的「四・九」（舊金山、洛杉磯）和美東的「四・一〇」（華盛頓）的高潮性示威為止，一共經歷了五個月左右的時間。

在這五個月之間，政治性的號召高於一切，為了迫在眉睫的釣魚台問題，中國同學一齊向牽涉在這個事端之內的美、日和台灣三個政府抗議示威。政治性氣焰雖然很高，但整個運動還沒有明確的政治方向，而運動的政治綱領也極為單純。在泛愛國主義和泛民族主義的基礎上制訂口號和抗議書，二千人以上分散美國各地的中國同胞也在這種泛愛國主義和泛民族主義的號召下站起來，同時，美國之外各地的海外中國人以及台、港的學生都即時響應這個運動。就這樣，在世界的各個角落，什麼地方有中國人，什麼地方便豎起了反抗的旗幟，反對美、日的干涉和侵略的行為，同時也譴責在台灣的國民政府對這一事件表現的懦弱和處理的不當。

經過五個月的鬥爭，在美參與運動的積極份子連續遭受到國民黨有計畫的分化、恐嚇、汙蔑、毆打等等的迫害，再加上運動向台北政府所遞送的請願和要求都被國民黨置之不理。國民黨這種對外卑躬屈膝、勾結美日，對內蠻橫無理、槍口向內的行為迫使運動的政治認識加速成熟。

在泛愛國主義和泛民族主義的號召下，一個基本的口號是，只要是中國人就應該站起來反對日本政府的侵略行為和美國政府的偏袒日本。然而，經過國民黨有計畫的分化和迫害的洗禮之後，整個運動脫出了它的舊胎，克服了以為沒有政治立場也可能發表政治意見的老幻想，開始向前尋索一個明確的政治方向。這樣，超脫了泛愛國主義和泛民族主義的空架後，一個基本的口號誕生了，只要是中國人就應該站起來譴責台北政府的無能。換一句話說，釣魚台問題的主要矛盾，經過五個月的鬥爭經驗，終於被整個運動發現而且掌握住了。而這個矛盾就是台北政府之勾結美、日和自甘處於美、日經濟的殖民地的地位。更確切地說，當時國民黨之放任釣魚台問題，主要的目的是企圖「以島換票」，拉攏日本，以便保持它的聯大席位。

在這緊要關頭，對台北政府的幻滅和絕望，引導我們去正視二十多年來在心理上不被我們接受的另一個政府——北京人民政府。

回想這一個時期，運動朝向社會主義的方向邁進，實在也不能不感謝國民黨之賜。不正是它的無能加上迫害，催生了我們每一個人內心的社會主義的幼苗嗎？

這樣說起來，「反共」、「恐共」的心理枷鎖是國民黨給我們扣上的，今天，也正由國民黨自己替我們解開的！

二、國是討論時期

六月十一日，麥地生（Madison）舉行了一連三天的「野營討論會」。這是全美性大型「國是會議」的開端，也是釣運進入新時期的開端。從這開始到十月一至三日，在柏克萊召開的「中國問題研習大會」為止約有四個月時間，是保釣運動經歷的第二時期。

這個時期的最大事件是，留學生發現了中國新大陸。倘若拿整個運動往後發展的方向和性質來看，留學生在這段時期發現新中國的意義更像一四九二年哥倫布之發現美洲大陸。因為這是運動的轉捩點。在這個時期，運動的主要工作是，大家暫時冷靜下來，開始研究二十年來新中國的建設，開始挖掘在台的國民黨統治下的各層各角落的黑暗面。同時在政治立場上，開始與一向彼此河井不相犯的「台獨」起衝突。這個時期參與運動的人員已經基本上能接受社會主義中國的措施和理想，關於這點，最具體的聲明是，保釣運動認為釣魚台所隸屬的台灣是中國領土不可分割的一部份，而台灣的問題不是國際政治問題，而是中國內政問題，所以台灣問題應該由中國人民（包括台灣人民）自行解決，任何外國勢力不得干涉。

三、統一運動時期

由於在政治思想上的逐步改變，對國民黨統治由絕望起而反抗，對中國北京政府由懷疑、恐懼而接受、認同，這種運動內部心理上、思想上的演進，加上外在七月十五日尼克森宣布訪華，十月二十六日聯合國表決通過恢復中國席位，驅逐蔣介石政權以來的國際局勢的新變化。主觀力量的演化和客觀形勢的驟變，終於促成了一九七一年十一月十九日的新發展。這一天，加州柏克萊與洛杉磯兩地的「全美保衛釣魚台行動委員會」的分會連署發起全面中國統一的運動，將原有的保釣運動，在政治層面拉高，而推進到新的時期。

「統運」時期的政治主張是，解放台灣，統一中國。這明確地表明回歸社會主義中國，唾棄資本主義尾巴的蔣政權的意願。然而由於這明確的政治立場，使得大部份家屬在台的同胞，因防國民黨對其家屬的迫害而未能積極贊助或參加這個新時期的運動，而且，由於統一中國的主張和部份台灣省籍同胞所主張的台灣獨立基本上就起衝突，所以原來就不太參加保釣運動的台省同胞這回卻由冷視而變成敵視。這兩種客觀因素促使「統運」無法順利推展。

四、各地的統一運動

近半年以來，由於「統運」中多項工作的流產，促使整個運動冷靜下來，作一番較為徹底的自我檢討。「統運」最大的失策是，各地的統一運動對客觀形勢沒有徹底的調查，以及參與運動的人員對自身所屬的知識份子之妥協性和投機性的相互教育改變的耐性不夠。

對客觀情勢沒有調查，對絕大部份台灣省同胞的心理與心願，沒有作歷史的了解和調查，也就是說，沒有從歷史上台灣同胞受不同種族、不同政權壓迫，目前尤其受蔣政權迫害的事實去了解台灣同胞的心理與心願，對部份台灣同胞所主張的台獨運動，從不加以同情的了解，也不加以彼此不同思想的積極交換疏通，更談不上由疏通而團結，反而動輒以「漢奸」、「美日走狗」、「美日傀儡」等等不堪的字眼亂蓋在台灣同胞頭上，這一點是保釣運動一開始發展到「統運」的第三時期一直患下來的大錯。

另一個由缺乏調查所構成的錯誤是，忽略了美國國內經濟不景氣，全國性通貨膨脹不能消除的情況下，造成凍結外國公民申請在美永遠居留的名額。這使得新近由台灣來美進修的中國同學在學成之後必得馬上回台灣，因此，在留美期間，你能叫他們公開參加「統運」的種種活動嗎？絕大多數參與運動的人士是來自香港，因此他們不必過慮蔣政權的迫害，以及來自台灣而又在美國取得了永遠居留權的同胞，因此他們自身也不會馬上遭受蔣政權的迫害，這兩種人構成了運動中主要的組成部份。

這個運動自始至終沒有安全的顧慮的措施，除了與純學生運動的本質與目的有關之外，主要的原因之一，便是主要的成員早已做出了回香港或居留美國或回中國大陸的打算。這種自有後路的客觀形勢，一來造成了保釣運動在打擊蔣政權的工作上遲遲下不了大決心，在逼使蔣政權癱瘓的革命工作上，不能起積極的作用的主要原因；二來造成了保釣運動不能深思熟慮，痛下決心把運動帶回台灣。因此，保釣也不曾仔細發展地下的工作，研究如何配合島內情況，積極發展倒蔣的革命事業。僅只於文字上或口頭上批評蔣政權而不能實際去推翻它，這是封建時代知識份子的陋習，而批評蔣政權又僅只於在海外批評，更是難免成為機會主義者。正因為這個運動，對台灣的未來前途沒有長遠的、切身的計畫，所以不曾考慮到如何團結大部份人，如何讓新從台灣來的留學生也能參加這個運動，如何讓將回台灣的同學能有計畫的將運動帶回去，更遑論考慮如何去爭取台獨人士了。在美國從這裡闖到那裡，只一味堅持強硬的政治路線，心繫祖國，口喊倒蔣，這是新的流寇思想，也是政治的自淫。

這些大的弊病是誰發現了？發現的不是別人，正是運動內部經過一番冷靜的檢討和自我批評之後，由運動內的工作人員自己發現的！為了改進這些嚴重的缺陷，這個運動毅然採取了新的工作態度，決定樹立新的作用。目前這個運動正以謙和的態度，持久的決心跨進了新的時期，也就是第四個時期。

五、聯合陣線時期

保釣運動的第四個時期才剛剛開始，這是「聯合陣線」時期。為了反對五月十五日，美、日兩國政府在私相授受的交易下將我國神聖領土割讓日本的這項國際帝國主義陰謀，保釣運動也全面出動了。在美國東、西兩岸（華盛頓、洛杉磯）的示威，便是這個「聯合陣線」時期的開始，這次的示威是在爭取更大團結，爭取更大勝利的大原則之下，進行儘量團結來自不同立場、不同思想的中國同胞的艱鉅的群眾工作。這次豎立新作用，堅持新原則下的勝利才能指引我們到達最後的勝利。

從思想和意識型態的觀點來說，保釣運動經歷了兩個不同的大階段，第一個階段是以泛愛國主義、泛民族主義為基礎的政治鬥爭活動，這個階段的主要鬥爭目標是日本佐藤政府所代表的日本擴張主義和軍國主義的復活，以及美國尼克森政府所代表的美國帝國主義。

但是到第二個階段，真正的民族主義抬頭了，受了釣魚台問題的刺激，美國的中國同胞漸漸的了解到真正的問題不埋藏在釣魚台列嶼本身。真正的問題是埋藏在釣魚台所屬的台灣的問題裡，有了這個了解，保釣運動才真正第一次接觸到在台灣統治的蔣政權本身，這個運動馬上發現台灣的蔣政權是個美國帝國主義的傀儡政權，是替美國的資本主義效勞服務的，而不是替一千四百萬在台灣的中國人民服務的。

這個認識引發了真正民族性的問題，目前真正的民族主義不是盲目的反日或反美，而是反對擴張主義或帝國主義侵占或干涉台灣，在這個大前提下，蔣政權成為保釣運動的主要敵人。

而這個敵人目前尚未被推翻，保釣運動的第二階段也尚未完成。而終於歸結到最後一個最重要的問題，那就是保釣在倒蔣的實際革命工作上要不要盡它一份應盡的職責，這個問題是和保釣運動到底要不要走出純學生運動的範圍的問題有關。

要不要走出學生運動的範圍呢？我們覺得，保釣運動應該在今後慢慢走出學生運動的範圍，而與台灣島內結合，尤其慢慢與台灣的基層同胞結合，然後進行實際倒蔣的革命工作，這樣這個運動的前途將是遠大的、光明的，而海外的中國同胞（尤其是知識份子）也將得救，大家的前途也才是光明的。

保釣運動在倒蔣鬥爭中「陷於束手無策」的危險是從哪裡來的？

1 知識份子的蛻變

這個運動最大的缺陷是，走不出學生運動的框架，拋不掉知識份子的舊包袱。直到現在，這個運動在某種程度上成了知識份子安頓「良心」問題的場所。為了不寧願坐視台灣島內國民黨政權反人性的野蠻統治，知識份子起來作言論的撻伐，以盡知識份子的職責，這不但無可厚非，而且還是件好事。然而就行動觀點看來，這不免仍停留在傳統知識份子的知識遊戲的窠臼裡面。

因為從課堂、研究室衝出去之後，下一步的工作是什麼？又回到課堂研究室嗎？這樣的反蔣只是放一陣煙火而已！蔣家班在台北只是更加猙獰發笑而已！再沒有比目前的知識份子更具備了自嘲的本能了！大家爭相嘲笑自己的無能，然而這也是一種保護色，常常大家這樣的作自我的寬恕：「知識份子本來就是這樣嘛！」

問題是，知識份子可以不這樣的！這是改造的問題。把傳統、老式的知識份子型態徹底改除，而創造新型的知識份子，目前的知識份子之所以還停留在「反蔣之心有餘，倒蔣之志未立」的地步，主要的原因是還沒有掙脫傳統、老式的觀念。

傳統的知識份子和創新的知識份子的最根本區別在於：傳統的知識份子把知識當作消極、被動的工具。因此，知識只用來攝取現象，解釋世界；新型的知識份子把知識當作積極、主動的工具，因此，知識用來掌握現象，改造世界。

知識份子自己決心改變知識的功能，改變其社會職責的觀點，才可能開始改造自己。一年半的保釣運動，由於舊的觀念仍深植在我們每一個的心底，所以表現了種種的缺陷。

在行動上，我們只造成了街頭的前線，而沒有注意經營後方。也就是說，街頭示威遊行應該是鬥爭過程中的初步工作，我們卻反而把它當作是鬥爭的目的地，因此，大家意氣昂奮地出去搖旗吶喊，到街頭示威遊行，把所有的精力和意志幾乎全部耗盪在街頭上。結果，從街頭回來以後，精疲力竭，加以沒有周密計劃後方的工作綱領，所以便常常不了了之，大家紛紛再回到教室、研究室去。

2 西方資產階級知識份子所策動的錯誤的學生運動路線

在這裡，有些人會懷疑：不回到教室、研究室，到底到哪裡去？學生運動不就是這樣嗎？

我們的回答是：是的，資本主義的社會裡，所謂學生運動也者，正是這樣！大家蜂集街頭，集合演講表示立場，暴力破壞表示抗議，然後呢？然後作鳥獸散，各自回家。一九六八年法國學生發動的「五月暴動」就是最好的實例，一陣激烈的摧毀破壞之後，瞬間便歸於癱瘓寂滅，「五月暴動」的學生領袖之一，柯恩邦迪（Daniel Cohn Bendit, 1945-）曾說：「我們運動的力量端賴一股『無可控制』的自發性，它給予衝力而不導向正流，也不利用它發動的行動去獲取利益，這個運動的唯一生機就是不講求秩序，這樣可以讓大家自由地講話，結果就形成一種自組織。」（一九六八年沙特採訪柯恩邦迪記錄）這表示了什麼？難道還有什麼比這類的行動更鮮明地表示了布爾喬亞知識份子的嗜好自贖嗎？

騷亂、無根、動搖、半途而廢，這種無政府狀態的資產階級的學生運動難道是我們要學習的嗎？法國學生的「五月暴動」赤裸裸的暴露了一個鐵的事實，這個鐵的事實在不同的環境、不同的條件下，誰也沒有把握不演變成血的教訓！這個事實就是：迷戀學生運動的「純潔」、「沒有政治目的」而標榜追求自動自發的學生運動，其結局是什麼？是自滅。自動—自發—自滅，再「純潔」也沒有的知識遊戲呀！法國的「五月暴動」的目標是推翻法國第五共和，然而，「暴動」的囂聲早經寂落，而第五共和卻還矗立在那裡！真心實意介入「五月暴動」的學生和知識份子們，有誰忍心看到這種冷峻冰涼的悲敗呢？

蔣政權在台灣的血腥統治，殺害愛國志士，迫害有良心的知識份子，壓榨農民、漁民、鹽民和工人，用地下的酷刑來維持它地上的買辦政權，這種特務恐怖政權，今天法國的第五共和怎能和它同日而語？對付這種猙獰萬惡的政權，用自動自發而後自滅的「純潔」的學生運動是動不了它一塊磚頭的。不但動不了，而且還是以卵擊石，敵存我亡呢！保釣在倒蔣鬥爭中，「陷於束手無策」的危險，是源自對「學生運動」的錯誤觀念來的。

3 保釣運動的新挑戰：從反蔣到倒蔣

那麼，倘若我們迴避了西歐資產階級知識份子所策動的那種錯誤的學生運動路線，那麼我們正確的路線在哪裡？這個問題，我們留到後面再談及。

現在，五一三示威之後，保釣運動帶我們走到了一個急待抉擇的新關口。那就是：我們的運動，就讓它由釣魚台問題始而至沖繩「歸還」終呢？還是將它進一步發展成為一個政治性堅強的運動，作為倒蔣鬥爭的基礎？就從這個運動中走出來的人們來說，問題是：我們只要求自己像蜻蜓點水一般，做一個政治的點水者，對蔣政權的腐爛，做到點到為止呢？還是徹底改造自己先前的苟存主義，藉保釣所帶給我們的一段政治鬥爭經驗，再接再厲，把自己鍛鍊成新型的知識份子，在倒蔣的鬥爭中擔當一名尖兵？

接受保釣運動衝擊下的大情勢是這樣的：台灣島內外目前的人民正確認識了釣魚台的問題不是一件孤立的問題。台灣島內外的人民確認了，也見證了一個歷史的醜陋事實，那便是二次大戰以後蔣政權依附美、日，自甘接受他們擺佈，將自己的國土降為他們軍事、經濟、文化的次殖民地，而販賣自己的政權去充當他們的傀儡，徹頭徹尾做了一個洋奴買辦政權。

釣魚台事件便是美、日、蔣這三個分別是帝國主義國家、擴張主義國家和它們的從屬政權之間不乾不淨的關係所惹出來的必然結果。本來是自己的領土，而如今卻變成「國際」紛爭，這正表示了美、日的侵略野心和蔣政權的昏庸無能。結論是：台灣島內外的人民已經省悟到解決釣魚台問題，必先解決蔣政權。因此，島內大專院校的知識份子年來發動了政治改良運動，迫使國民黨改革求新，而海外的人民則更進一步，已經基本上不承認國民黨這個政權，接下去的工作只是如何有效加速摧毀這個腐爛的小朝廷而已。

是的，問題只剩下如何有效加速摧毀國民黨這個小朝廷，然而，這是一個重大的關頭，就保釣運動的人員來說，問題在於：如何將這個運動帶出純學生運動的範圍，加強政治認識，鞏固革命決心，以便客觀革命條件在台灣成熟的時候能夠從容加入倒蔣革命的最後鬥爭。由於面前擺著倒蔣革命的大挑戰，所以要檢討創造革命的主觀的預備條件。

六、保釣運動忽略了什麼？

知識份子是政治的文盲！這個事實有兩種人是不會去相信的，一種是知識份子本身，另一種是文盲。文盲以為讀書人應該樣樣都會，事事都懂，「秀才不出門，能知天下事」，還有什麼人比知識份子更明事理的，這是文盲的意見，而知識份子自己也確鑿這麼地以為。問題就出在這裡。

在中國近代史上，有哪一次的學生運動，有哪一次以知識份子領導的政治改良運動能夠以自身的力量堅持到底，獲得龐大的勝利？絕沒有過一次的！這是為什麼？這最根本的理由是，知識份子缺乏政治的常識、學識、見識和膽識，換一句話說，知識份子少有政治鬥爭經驗，也少有應用政治策略的歷練，這就造成了知識份子是政治文盲的最大原因。

參加保釣運動的學生、教授，以及其他的知識份子是否也是政治文盲呢？這個問題的答案是肯定的。是的，不但運動開始的時候，我們是政治的文盲，即便運動發展到相當的程度，我們都還沒有受到多少政治的啟蒙，以致忽略了若干要點，犯了若干錯誤。

在意識上，我們沒有掙脫資本主義社會加諸於我們學生、教授的名份，我們既是學生或教授，我們的本職便是在學院裡面做研究工作，越出學院圍牆外的任何活動都是份外的，這是資本主義國家以及它的追隨附庸國，為了維持它們的現狀，所製造出來的一套旨在維護統治的資產階級利益的道德律，從台灣、香港出來的知識份子都是被這套道德律浸蝕控制的。因此，參加政治活動這個念頭已經是份外之想了，哪裡還能企望他們有何政治作為！這個「道德」預先決定了知識份子的政治活動，必然歸於玩票的宿命，所以資本主義國家和它的附庸國裡的知識份子，一旦發願參與政治活動，他們總忙著在鼓動輿論、上書、請願、示威等等，在窟窿裡跳來跳去，而跳不出這些門道，一似孫悟空之跳不出如來佛手中的指縫。

在意識上，既沒有跳出這套扣在知識份子頭上的資本主義社會的道德律，在行動上，從事於保釣運動的知識份子便經常表現了他們的動搖性、半途性、短見性和排他性。為什麼？因為，搞輿論、上書、請願、示威等等都是無根的政治活動，那常常是靠一陣精神的亢奮就可以做出來的，其動搖性、半途性是預料中的事情，而由於我們缺乏深遠的打算，只求一時把個人立場表明清楚，一年以來的運動在意識上、方法上、策略上有這些基本的缺陷，犯了不少的錯誤。

——一九七二年，手稿。

把運動的矛頭指向台灣

——一九七二年四月八日於明尼蘇達大學「保釣委員會」舉辦「台灣、中國問題討論會」上的報告

一、保釣運動在意識型態上面臨的二次危機

現在離開五月十五日「沖繩歸還條約」的簽訂只有一個月的時間了！隨著這個日子的到來，我們的保釣運動將踏上更艱鉅的道路，而我們的工作也隨之轉入更長期的鬥爭。

現在，當我們還沒有踏上新的道路，還沒有進入運動的新階段以前，讓我們先回顧一下這個運動已經走過來的道路，檢討一下運動的過程和目前運動所持的方針，總結一下我們的經驗，以便在未來的鬥爭之中，我們有更充分的準備，而且更能從容掌握繼續向我們撲過來的問題。

在這裡，我們把檢討的焦點定位到這個運動在意識型態的發展上，而暫時不涉及運動的

其他範圍。

這裡，我們也不準備列舉這個運動一些積極的、正面的果實，因為這些成績已經成為客觀事實，大家有目共睹。事實是我們最有力的見證，不必在此贅述。

在這裡，我們要扣緊關鍵，而加以追問、批評的是，這個運動在意識型態的發展過程中所曾經遇到的頓挫以及所曾犯下的錯誤。同時，也要考察一下，這一年半以來我們克服這些頓挫以及糾正這些錯誤的程度如何。

保釣運動在意識型態的發展，實際上包括的問題就是，參與這個運動的群眾當初腦子裡面到底想的是什麼，而大家腦子裡所想的如何在這個運動的初期塑造了運動的輪廓，影響了運動的總方向，而發展中的運動又怎樣反轉過來暴露了我們原先思想上的弱點，改變了我們思想上的偏執，經過一番思想的整頓之後，我們如何又將運動帶上新的階段而更深刻地烙了這個運動的形象，等等種種這類運動與我們之間相互激盪，反覆影響的問題。

換一句話說，我們要掌握的、要檢討的是，透過運動與我們之間辯證的、有機的、階段性的發展過程所姙育出來的保釣運動，而不是一些局外的第三者所說的那種冰冷的、死滯的，孤立的、單面發展的「保釣運動」。

此外，我將以參與保釣運動的一份子，而不是以一個超然在外的旁觀者，來進行今天的批評總結工作。因為只有介入運動內部、置身其中才可能正確把握到運動反覆在進行的辯證發展；這就是為什麼一般站在遠遠觀望的人士——特別是研究室、實驗室裡頭的學者們——一開口談及保釣運動時，便常常令人感到他們的論點總是不能鞭辟入裡，毫不能打中問題的要害。

「不入虎穴焉得虎子」這句話，實際上正替我們說明了主體的「參與」、「介入」對正確了解——即是辯證地了解——客體發展的重要性和必要性。

以下檢討保釣運動在意識型態的發展，便是基於強調主體的「參與」以及「運動與我們之間」相互激盪所構成的辯證歷程而進行的。

一年半以來，保釣運動在意識型態的發展上曾經面臨了兩次危機。第一次危機大致已經克服，而整個運動也已經安全渡過了這個難關；然而，第二次危機，到目前為止，依舊威脅著我們，威脅著整個的運動。

二、第一次危機來自我們知識份子思想上的偏差

第一次的危機來自我們知識份子思想上的偏差。經過一段實際的工作、學習和鬥爭之後，這錯誤的思想很快地被我們掌握而克服了。

這個思想上的偏差來自知識份子幻想拖延時間而迴避採取政治立場的惰性。運動的初期，大家還相當沉緬在政治中立的夢幻裡，還耽溺在「沒有顏色的思想」的空想裡，而且，還常常挾「自由主義」之名以自重。

隱藏在這種政治惰性的背後，是海外中國知識份子一套曲折複雜的構想，譬如：

1 幻想有政治的第三條路線，可以繞彎以迴避北京或台北的約束。

2 以自尊自大的態度漠視世界政治潮流的發展，不肯細心考察不同政體之間在政策和措

施上的各種差異，卻隨時大而化之，以為政治都是一般的骯髒。北京與台北，半斤與八兩，都是沒有「自由」的政權，所以該各打五十大板，以示公平，以明中立，同時也表示知識份子超然的優越感。

3 而另一方面，卻又過份的自卑自賤，極端看輕自己的實際能力，一再嘮叨知識份子的政治無能，而把自己認定只能做到上書請願、從旁鼓勵輿論等等的表面工作。

4 把實際政治當作一灘流沙，知識份子不該「陷身」其中，而應該隨時站到旁邊，以超然的旁觀者來批評這批評那。

5 認定知識份子的職責是超越時空的，所以弄成抽象考慮問題的習慣，奢談原則性、絕對性、概念性、理想性的大問題，而輕視在歷史發展的軌道上相對地、辯證地考慮問題的準效性。

6 肯定台灣與香港社會所贈與的「海外學人」的令譽，自得地替美國效勞，大家在美國的各種實驗室、研究室裡培養自我膨脹的工夫。

7 眷戀游離，不向中國歷史歸隊，只認同歐美，不認同第三世界；只關心美國，不理自己的故鄉。

在保釣運動掀起的前後，這類所謂「自由派」的心態正浸漫著在美國的中國知識份子。因此，以上這些「自由派」的種種構想很自然地對初期的運動，在實質上起了一定的影響。

讓我們回想一下。運動一開始，我們的政治心智是相當薄弱的。我們的運動基礎僅僅建立在泛愛國主義、泛民族主義一點上。我們在一個廣泛不實的意義下，對外反整個的大和民族日本，對內愛一個抽象不能落實的「中國」。而基本上還不能掌握釣魚台糾紛的根本癥結，即佐藤為代表的日本政府、尼克森為代表的美國政府以及台北蔣政權三者之間的陰謀勾結。也就是說，當時我們還沒有掌握到把日本人民與佐藤政府分開、把美國人民與尼克森分開、把我們自己與蔣政權分開這種一分為二的認知的重要武器。

因此，整個的運動在政治立場上大體是踏空蹈虛的。這種泛愛國主義、泛民族主義的基調從一九七〇年的年底一直持續到一九七一年的四月即四月大示威的前夕。

然而，在什麼情況下我們改進了自己的思想而同時把運動向前推展了呢？

首先，生活方式的改變對思想的改進起了加速催化的作用。這個運動打破了二十多年來，在美的中國知識份子各自為政的孤立局面。第一次大群的中國人在美國越州串連，第一次蔚成集體參與行動的新生活方式，加速催促彼此的思想改進。一方面，經過集體的磋商研究，我們慢慢地掌握了釣魚台問題的癥結，另一方面，透過相互的激盪打醒，逐漸破除了以往那種隔洋望中國的旁觀態度。

其次，蔣政權的特務對運動的鎮壓助長了運動的向前發展壯大。

在一九七一年一月底全美性的大示威中，除了美西柏克萊把矛頭指向蔣政權之外，其他各地的示威大體上採取一致向外的方式，只限於對日本和美國兩個政府抗議。因此，當時國民黨採取了單挑打擊柏克萊，懷柔其他各地的策略。然而全美各地中國同胞陸續的政治覺醒，使國民黨變得很恐慌，遂起壓制之意。因此由最初的懷柔策略改變為在美中（芝加哥、麥迪遜）、美東（紐約）等地以恐嚇方式進行重點分化，然後再擴展到後來全面鎮壓的措施。

這樣，在內外情勢交關之下，我們的思想長進了，我們驅散了泛愛國主義和泛民族主義的疑霧，初步了解怎樣去掌握一分為二的認知方法。國民黨有計劃地全面鎮壓這個愛國的民族主義運動，恰恰在我們眼前暴露了蔣政權的傀儡本質。我們也毅然斬斷對這個政權的種種幻想，而反轉過來與之形成針鋒相對的局面。

到第二次全美大示威即四月示威以後，整個運動在政治立場上已粗具雛型，唾棄蔣政權，看清台灣的半殖民地本質，認同亞洲目前正在進行的反帝國主義的社會主義鬥爭。而原先在我們心裡的那個抽象的「中國」也慢慢地有了血脈，長了筋骨，慢慢地實質化起來。在反蔣反帝的民族主義真義的胎育之下，將要從我們內心誕生出來的這個中國很自然地是社會主義的。

保釣運動注定將要充當催生我們內心這個社會主義中國的助產士。

沒有保釣運動，我們心裡那個抽象的「中國」將遲遲不能落實，沒有保釣運動，我們對社會主義的把握也不會那麼真實。

既然運動的意識型態發展到這個地步，我們的眼光自然移到二十多年來一直不敢認同、在地理上實際存在的那個社會主義的新中國。

整個運動，由內部產生出來一股要求向社會主義中國過渡的無形力量，一波推著一波地推著運動邁進。

就在這個時候，在運動內外有一些人喊出「運動變質了」、「有陰謀份子在背後操縱」等等的叫聲。這是完全不了解運動到四月示威之後的整個辯證發展的過程。由懷抱一個抽象的「中國」概念發展到認同實際的中國，由泛民族主義發展到反帝、反殖民的真正民族主義，這種發展雖然是自然的發展，然而得來卻不容易。走過來的是一條充滿自我鬥爭、敵我鬥爭的曲折道路。沒有藉集體行動在政治思想上相互激盪刺激，沒有國民黨由外的鎮壓迫害，沒有集體分工研判釣魚台、台灣以及亞洲的客觀情勢，其中任缺一個條件，都不可能把保釣運動發展成這個樣子的。是的，運動隨時都在演變，而沒有一刻停過。想把運動保存在泛愛國主義和泛民族主義的嬰兒時期而反對運動往前發展，或者還幻想著撐出一個抽象概念的「中國」就可以替海外或台、港的中國人鋪一條生路，懷有這類想法的還都是跳不出那些「自由派」思想的窠臼。

一九七一年四月示威之後，釣運在意識型態發展上所面臨的第一次危機，即自由主義那種企圖迴避採取政治立場的危機，經過一番自我鬥爭和敵我鬥爭之後，大致是被克服了。

三、第二次危機來自我們知識份子心理上的依附傾向

保釣運動在意識型態發展方面的第二次危機，來自我們知識份子心理上的依附傾向。自一九七一年四月示威以來，這個運動在政治上逐步地認同北京，在思想上漸次地認同社會主義。然而，很不幸地，整個運動不但沒有正面受社會主義真義的啟發而增強鬥爭意志，卻反而連原先那股反蔣反帝的鬥爭銳氣都為之削減。保釣運動，像水之趨下，從此直線往下掉落。

最近運動在內部和外圍具體表現出來的意識型態是些什麼呢？是一套鬥爭熄滅論的論調，剝奪了運動初期的積極鬥爭的意志，而代之以消極等待的心理，譬如：

1 靜候天亮，消極等待北京解放台灣。間接散佈海外中國人不必參與解放鬥爭，只需到時回台坐享解放果實的無為論調。

2 把中國當作自己最後的退路，作著一旦美國呆不下就回大陸的打算。

3 心向祖國，眼看北京，而把台灣蔣政權法西斯統治下的一千四百萬人民一股腦兒拋到腦後。

4 處處採取北京的正式聲明的政治立場為自己運動的立場。

5 破口大罵「台獨」為漢奸，為走狗，培養與之不共戴天的氣概。

很不幸地，這些非社會主義或反社會主義的種種思想和作法，卻假社會主義之名正大行其道。

為什麼說這些想法和作法都不是真正社會主義的呢？

主要的關鍵還是在於，我們沒有真正拿起認知與實踐兩者所共有的一個重要武器——辯證法。也就是說，我們還沒有把自己訓練成能夠辯證地把握事物的發展，同時也沒有把自己訓練成能夠階段性地推展運動的工作。

我們所犯的最大錯誤是，以北京的正式立場作為我們運動的立場。我們忽略了保釣運動已經超過「就釣魚台論釣魚台爭釣魚台」的階段。而透過「不解決台灣，不能真正解決釣魚台；不解決蔣政權，不能真正解決台灣」的正確認識，我們早已經把運動推展到新的階段，而把鬥爭延長為長期性的。

而長期性的鬥爭最忌人力不足，後繼無力。這人力的問題其實就是我們經常談到的群眾問題。進入新階段的運動其主要的工作在於：如何在海外的廣大中國人群裡多方建築溝通思想和感情的橋樑。這份別致的政治工作跟北京所做的正式外交聲明等等的工作，其性質是截然不同的。北京經常要以精簡、準確的語言發表政策性或原則性的聲音、主張，處處要顧慮到嚴正、周全，以免在外交上造成漏洞，為野心國家或集團所乘而危害到國家的主權利益或人民的性命福利。這份工作與群眾工作是斷然不同的！

而保釣運動——特別是進入統一運動之後——竟忽略了自己的本職，而處處要跟隨著北京發表政治立場或聲明。就台灣問題來說，北京的聲明是：中國只有一個，台灣是中國領土不可分割的一部份，痛斥美、日陰謀搞「台獨」的干涉行為。這個聲明的主要對象不是台灣人民，而是對國際上的各個國家——尤其是向那些對台灣有染指野心的國家——而說的。對待人民的方法是截然不同的另一種作法。然而保釣運動忽略了個中道理，竟然以北京的外交立場作為自己推進運動的立場，一時忙於發表中國領土統一問題的立場聲明，而完全不顧人民自己之間在思想和感情上的統一問題。

這種只顧領土統一而忽略人民統一的作法造成了怎樣的後果呢？

第一，與「台獨」積極份子採取敵對姿態，而同情「台獨」或鄉情濃厚的一般台籍同胞憤然不與保釣者謀。

第二，鷸蚌相爭，漁人得利。「保釣」與「台獨」針鋒相對，敵視互罵的結果是，雙方的共同敵人蔣政權在台灣得以高枕無憂，隔洋觀「保釣」與「台獨」之鬥。

所以造成這種令人哭笑不得的局面，實在都是因為「台獨」與「保釣」雙方都還帶有傳統知識份子的頭巾氣，沒有洗脫秀才們愚直、迂腐的政治觀。換一句話說，大家還沒有拿起辯證法的武器！

就保釣這方面來說，在沒有正確認識辯證法以前，思想的運動是單程直往的，不知變通的，不分析客觀情勢的，不分辨各種不同層次的矛盾的，想不通可以聯合次要矛盾來打擊主要矛盾的，所以壓根兒沒想到與「台獨」可以構成聯合陣線來打擊蔣政權這條可行的路線，而反過來卻只顧把自己的聲明講得純粹，把自己立場標得徹底。所以大家的想法常常有一種傾向，就是，倘若要在海外辦報，就得辦成海外的《人民日報》；辦雜誌，就得辦成海外的《紅旗》，要談台灣問題，就得全盤搬引北京的正式外交聲明。

這到底是怎麼一回事？這就是還沒有以辯證法武裝自己的「社會主義者」的一般通病！那是唯恐自己被人懷疑不夠左，唯恐自己被人懷疑思想還沒有改造過來，所以處處要求表現徹底。這是一條腸通到底的愚直想法，以為乾淨徹底地把自己的腸子接通北京，吸收北京的養分就可以壯大自己的社會主義思想。

沒有了解海外客觀情勢的特殊性，沒有掌握海外中國人當前意識型態的實況，沒有弄通思想的改造有它一定的步驟和階段，而企圖一蹴即成，要把解放之後還經歷了二十多年的鬥爭方才建立起來的中國社會主義立場生硬地搬引過來，填鴨式地往海外中國人的肚子裡灌塞，這是強制的！也是武斷的！這就難怪海外中國人對若干保釣份子慢慢採取敬而遠之的態度了。

「欲速則不達」這句話正點破了不能辯證地把握問題，不能階段性地推展運動，必遭癱瘓失敗的個中道理。

進入新階段的保釣運動，即以這樣反社會主義的策略來推展運動，癱瘓失敗是自然的後果。而積極推動即暫時不得成功，許多人就由這個極端游移到另一個極端，由積極發動變成消極頹唐。甚至於打算放棄釣魚台問題，放棄台灣問題，放棄鬥爭，而準備留在海外靜候北京解放台灣，然後再回去坐享解放的果實，或準備一了百了，一走了之，乾脆就回去祖國，在已具規模的社會主義的新社會裡生活。

老實說，這都是很「老百姓的」打算！是一種放棄鬥爭，要求「解甲歸鄉」的心理狀態！我們不禁要問：到底社會主義武裝了我們沒有？

從一九七一年夏天開辦的一連串全美性的大型「國是討論會」，最初有它鮮明的意義和具體的目的。

我們要了解二十多年來被我們漠視的新中國，以一種追悔、認真、跟上的積極態度向新中國的每一個角落挖掘。我們的用意是，在意識型態上、在政治立場上、在民族情感上，三路向新中國歸隊，然後再向台灣進軍。這是海外中國人從事自我改造的第一步，也是正確的第一步。

然而，就在這個時候，保釣運動的矛盾在無形之中被移開了——從蔣政權統治下的半殖民地的台灣這個大目標被移開。甚至於到後來，運動的矛盾還漸漸的萎頓下去。

仔細檢驗一下在「國是討論」時期的運動發展，我們可以發現，運動的矛頭逐漸萎頓或從台灣這個大目標移開的原因，是大家對新發現的中國過份興奮而產生流連忘返所致。這是違反了我們運動發起國是討論的初衷！

讓我們回想一下，運動正在克服第一次意識型態的危機之際，參與運動的我們正從抽象的自由主義的心理狀態中醒悟過來，而我們緊接著學習社會主義、了解新中國，正是要充實脫離自由主義後遺留在我們意識裡的真空。充實而後何為？充實之後我們就可以比較從容地掌握當時我們看來的波譎雲詭的國是問題。更確鑿地說，就是掌握環繞於釣魚台糾紛的一切問題——其中最吃緊的問題就是蔣政權控制台灣的問題。

當時的想法是，經過一番思想的整頓之後，再把運動推上解決釣魚台問題、解決台灣問題的新階段，基本上我們是要求繼續鬥爭的。也就是在這種不斷更新思想，繼續要求鬥爭的條件下，我們當時才安然過渡了意識型態上的第一次危機。

然而我們的注意力卻停留在中國大陸而流連忘返，以致於把釣魚台和台灣問題淡忘了。對中國社會主義的研究認識造成這種一去不回的原因，歸根到底還是在於我們社會主義的武裝不夠徹底，而具體表現出來一些非社會主義或反社會主義的行為。其中最嚴重的一個問題就是，目前我們口頭上談的是社會主義，而行動上又是一套反社會主義的唯我獨左的作風，在心理上更是在消極的等待或依附北京之間游蕩。

四、把運動的矛頭重新指向台灣

表面上看起來，從一九七一年的四月示威開始，整個運動在意識型態上似乎正向社會主義過渡。然而仔細地觀測一下，我們不難發現，運動實際上已經誤踏了一條可能與社會主義越離越遠的岔路。

這是保釣運動在意識型態發展上所面臨的第二次危機。倘若我們不及時打住神遊新中國的意識旅行，而把運動的矛頭調回，重新對準台灣，則這個運動將無以為繼而中途夭折。果是這樣，那麼，運動便是我們自己一手掀起的，同時也是我們一手扼死的！

這裡有兩個觀念必須澄清：

第一，研究社會主義新中國不但不該打斷，甚至於應該加倍進行。問題在於，我們應該持怎樣的態度來研究它。倘若我們對社會主義新中國的建設有信心，那麼我們應該以它為藍本，開始從事解放台灣的準備，這才是我們運動發起研究國是的初衷。

第二，保釣運動並不是一些人所想像的已經快結束了，它只是可能暫時退潮而已。就像革命一樣，運動有它漲潮和退潮的時候。接受過保釣運動洗禮的我們一個個都活生生地存在著，隨時等待著時機的再到來。以目前國際情勢——尤其亞洲情勢——變化之迅速，在不久的將來再度點燃高潮是太可能的了。

要長期——不管是在高潮或低潮——有效帶動我們的運動於不死，其關鍵在於我們是否建立了一個正確的觀念！那就是，對於一個在海外或台灣生長的真正社會主義者，他的首要工作，與其是回中國去長期生活在社會主義的體制下，以求一己的安頓，不如說是應該留在非社會主義的地區從事社會主義的鬥爭，以求台港之早日解放。

因為，作為一個社會主義者的最大特徵就是他的革命性。在意識型態上，還沒有種下向殖民主義的黑勢力挑戰的革命種子，而只在抽象純理上了解社會主義，並不表示真正能夠向社會主義過渡。

實際上，從馬克思主義，經過列寧主義，到毛澤東思想，國際社會主義的發展經過了不同的階段，面臨到不同的危機，然而貫串整個社會主義命脈的一個要點就是，如何點燃、如何培育、如何延續被壓迫人民的革命性。

馬克思說：「工人階級從事革命的第一步驟就是把無產階級提高到統治階級的地位，並且在為民主而奮鬥的戰場上取得勝利。」

而列寧緊接著解釋道：「僅僅了解階級鬥爭還不能算是馬克思主義者。……能夠把階級鬥爭的了解擴展到無產階級專政的體驗的才算是馬克思主義者。這一點是馬克思主義者與一般小（以及大）資產階級之間最大的區別，這一點也是考驗到底有沒有真正了解、把握馬克思主義的一塊試金石。」（列寧，《國家與革命》）

我們也常常聽說，社會主義的新中國強調，真正的社會主義者，真正的中國共產黨員，是什麼地方有困難，什麼地方有危險，就率先到什麼地方去解決困難和危險的人。

這些應該都不是一種修辭或口號而已！而應該是社會主義精髓之所在。整個國際社會主義的傳統就是不曾一刻或忘地培養革命性的行動。

現在回過頭來看看我們自己。我們大多生長在非社會主義地區的台灣或香港，經過一年半以來保釣運動與我們之間的相互沖擊帶大，目前我們已經建立了願意接受社會主義的基本態度；而嚴格說起來，還沒有走到能夠以社會主義武裝自己的地步，所以離社會主義的真正體驗和認識還有一段距離。

要縮短這一段距離，首先必須加速克服目前整個運動在意識型態上所患的偏差，讓我們自己無情地揪出隱藏在社會主義名義下一些非社會主義的，甚至於反社會主義的陰影。

首先，心理上依附的消極傾向必須徹底破除。我們不能空手等待北京解放台灣，來自台灣的我們應該對台灣的解放有更大、更積極的貢獻！解放台灣，建設台灣，發展台灣的各種藍圖應該出自我們的手裡！

其次，要以辯證法武裝我們的思想。辯證地研究問題的發展，不在抽象理論上與「台獨」為敵，絕大多數的台灣人都是受壓迫的，我們大家本是一個命運的人，沒有理由自己搞分裂而肥大共同的敵人蔣政權！

這些非社會主義和反社會主義的陰影，一句話，都是由於我們還不能丟掉幻想，準備鬥爭所致！在目前，釣魚台還沒有解決，台灣還沒有解決，蔣政權還沒有解決，我們沒有理由就此放下武器！

原載《東風》第二期，美國：東風雜誌社，筆名簡達，頁四—七，一九七二年十月。

從「台獨」問題談到我們的工作

××兄：

從中西部回來便接到《盤古》的航空郵，謝謝。

這次內容最刺激的是柯英的「中國台灣自治區的構想」，我覺得以那樣的態度討論「台獨」是錯誤的！即使北京的官方立場聲明，也沒採用那樣堅硬的字眼。尤其是保釣五位同學入大陸向周恩來建議後，中國對「台獨」之態度有戰術上的改變，而且處處以「骨肉同胞」稱台胞。況且，我們的立場應與北京的立場有所不同。北京代表中國最高政治單位，所採之立場，越鮮明越明朗，在外交上也越易處理。但我們都是手無寸鐵的讀書人，我們的工作是說服，是群眾工作，不是處處表明立場的機構。尤其是牽涉到「台獨」，更宜細心。我是台灣人，深知台灣人的歷史心理。「獨立」的想法幾乎所有的台灣人都會同情，或在個人成長中的某一階段會同情或加入行動。這是保釣運動之後，外省籍的中國同學慢慢察覺出來的。目前保釣進入第四階段便是想與台灣同胞做朋友，大家說理交朋友，慢慢的來談，大家不動肝火，這恐怕才是辦法。我由衷的希望《盤古》能採更細緻、更有耐性、更開明的作風。資產階級的復辟是隨時隨地都看得見的，也無所不在，我們的鬥爭是長期的；我們的武器是交情加說理，這樣才算贏得對手的信服。我們希望打醒一個人，不希望打死一個人。打死或打臭一個思想上的敵人是不智的，從保釣運動我們學到這一點，可不是嗎？

另外，《盤古》的排字、漏排或錯排仍甚多，有待改進。這次在中西部四個地方參加「統運」的座談會，也趁機替《盤古》推銷了一番，大家對《盤古》甚有好感，也都說自動的要去香港向你們訂。

祝

邁進

弟松棻　四月二十三日

原載《盤古》第四十七期，香港：盤古雜誌社，頁七三，一九七二年六月。

有沒有所謂「自由主義的中國統一論」？

記得去年（一九七一）七月六日晚上，美國東部波士頓的保釣會在哈佛大學Boylston Hall召開「七七紀念會」上，有人以曖昧不清、模稜兩可的觀念，討論著「中國統一」的問題，甚至後來竟有人乾脆理直的說，有一群主張中國統一的人是自由主義者，是自由派的人士。自由主義這個名目，如今往往是用來替自己思想之渾噩、行動之畏縮作堂皇的掩飾的，而這主義的本身卻總是一個空洞無物的東西。這東西，從任何角度去看，都是很像街頭上賣給小孩子吃的一朵朵的棉花糖一般。自由派的人士總是喜歡把一些抽象的「民主」、「自由」、「悠久歷史」、「偉大文化」等等觀念，拿來吹成一朵朵的棉花糖，令一些人流涎，也令自己陶醉，卻從不落實的去調查「民主」、「自由」在現階段仍要進行反帝國主義、反殖民地主義鬥爭的中國該怎麼去實踐；對於中國的「悠久歷史」、「偉大文化」也總是一廂情願的作些蹈空的讚頌和膜拜，卻看不出什麼理性的、批判的軌跡。

懷抱著模糊的「民主」、「自由」等等空想，再周旋於「悠久歷史」、「偉大文化」等等躊躇自滿的念頭，一旦被推上國際輿論的浪頭，一群人便自自然然的沖出一套古怪的「中國統一論」來。這古怪的統一論，便是所謂的「自由主義的中國統一論」，我們且來看看這「自由主義的中國統一論」到底是什麼，看看「自由主義的中國統一論」這一格在海外中國人民面前能虛晃多久！

目前「自由主義的中國統一論者」在意識型態上準備了些什麼？

鞭辟入裡的說，這「自由主義的中國統一論者」在心理上目前正勉為其難的做著「追上時代浪頭」的努力。其實，這努力毋寧是令人讚美的。只是這些「自由主義者」，在過去一、二十年的政治認識太稀薄，倘若對政治有認識，也多半是借用美國人的眼鏡戴起來看問題——尤其看自已的台灣、香港、中國問題，更是如此。在當前，這些「自由主義者」更缺乏痛下決心，設身處境介入歷史去做一個實實在在的中國人的意願。總覺得倘若中國「搞不好」、或者中國不照「我」的意思「搞好」，老子便一輩子呆在美國。心理上存有這種方便的退路，自己對自己國家的打算、著想，便往往都是屬於「第三種人」的隔岸觀望的打算和著想，這是絕對、純粹、乾淨、全部的個人自私思想。從這種打算出發，任他怎樣的「誠心」、「努力」、「獨立的思考」，在意識型態上總還是一團漿糊、一灘稀泥。任他怎樣的從「文化精神」的觀點，「歷史哲學」的透視去用心，在他的世界觀裡，總還是視活生生的人民為粉末、為草芥，反而把僵硬冰死的舊文化、舊歷史尊為神明。很多港、台出身的現代中國知識人專在搞這一套，而且樂此不疲。腦殼裡蹦出一套不知其所以然的什麼「開放社會」、「自由經濟」的形而上的念頭，再纏上抽象的「自由」、「民主」，這樣「唯心」地一路鑽研下去，便越搞越是大江東去，再沒有回到現實的一天。胡適、殷海光以及他們的徒子徒孫們便是這樣一頭栽進去，一輩子唯心著、唯心著。然而黑暗的半封建社會，買辦的惡政權還在那麼屹立不搖，還是沒有被他們這群知識人「唯心」過來。另外搞「文化精神」一派的，則在腦漿裡混著一堆「心性」、「天道」、「中庸」、「太極」什麼的——都是孔夫子一派的。那是隨時隨地要主張儒儒、穆穆，把大家的脖子、膝蓋先搞軟，遇到關頭，便這裡儒儒，那裡穆穆，講起話來，都是一大篇「道德的」、「人性的」大道理。這群新儒們要不是太悲觀，便是太樂觀。他們悲觀到覺得天下烏鴉一般黑，是沒有希望了。為了求道，只好救救自己和救救兩三個和自己臭味相投的「選民」，於是終於要去隱遁在學院、山林之間，講述「新儒學」，或者終於要去世界的天涯海角，尋覓新儒者——不管是白臉、黑臉、黃臉，只要能儒，或想儒起來，都是同道，於是終於遠近儒們碰了面，彼此儒儒一番，穆穆一道，相互發明一番「道」的意義。至於同時天地之間，世界之上，正進行著白人的殖民侵略，帝國主義滲透，而第三世界的人民也正進行著反殖民、反帝國的民族戰爭，這些，悲觀的儒們是認為很莫可奈何的。至於，樂觀的新儒則以為，什麼殖民、帝國、什麼反殖民、反帝國，都是次要的，最重要的急務就是，先把世界儒化，這樣便可以天下太平、世界大同，永遠的和諧便可以纏綿悠悠下去，這一格樂觀派在「人性普遍」的大前提之下，把港台的社會裡的反動派勢力看得輕鬆，把世界的帝國主義看得太美麗，於是不分敵我。

　　退到香港，再也退無可退的新儒寨主唐君毅、牟宗三，以及退到美國學院的他們的徒子徒孫們，便這樣或太悲觀地，或太樂觀地搞著「心性」，而黑暗的半封建社會、買辦的惡政權還依然在那兒屹立不動。

不管是西化派的胡適之、殷海光，以及他們的徒子徒孫們，或是國粹派的唐君毅、牟宗三以及他們的徒子徒孫們，都是宗奉「自由主義」的，或至少是不敢冒瀆「自由主義」的。這些自由派人士，更加上一批思想上是無派無宗，無家無祠，而心理上硬要「自由」的，一起無形中組成了一股反動頑固勢力，在當前海內外中國人民正在走向一條正確的中國統一的道路上，這些自由派在意識型態上又反共又反蔣，又要統一，這個態度大抵是「自由主義的中國統一論者」普遍所懷抱的。他們很印象派地認為「台灣不行」、「大陸太凶」，所以兩者皆可拋。然而，拋了之後如何去統一，卻沒有一點眉目，拿不出一點貨色。一方面，在政治建設的構想上患著嚴重的爬行主義，另一方面卻很「自信」的要走第三路線，想去重起爐灶。實在說，這批「第三種人」要走第三路線，主要的是對國內廣大的人民——尤其是台灣的工農階級以及無所終日的，十萬老士官和退役軍人——沒有痛切的認同意願。傳統的知識份子是才子氣重於一切，遠遠的看中國，高高的喊統一。卻從不走近問題，走向人民。一切看在眼裡都不慣，這個鄙薄、那個挑剔。能有批判的見識和膽識本來都是好事，只是這些人在批評現實上患了一種潔癖，要現實一塵不染才算好現實，這個絕對好、萬分佳的現實他們才肯要，這樣脫離現實去看現實，脫離歷史去看歷史的第三路線常常養出一批政治的犬儒主義者來。這些犬儒派的基調是頹廢的，消沉的，無可奈何的，他們一群人在現實之外，歷史之外，無端的興起感嘆，覺得兩邊都壞。倘若一旦自己再走不出一條路來，便乾脆說服自己說：政治本來都是髒的，世界本來就是不好。這種徹底乾淨的失敗主義把實際的是非好壞統一筆抹掉。

倘能走進現實、介入歷史，則看法便不同了。一個政權如果將中國百分之九十五的人民，由黑暗的半封建半殖民地狀態帶到光明的新民主的自給自足的獨立現狀，而把百分之五的、反動頑固買辦的人民公敵消滅，那麼，一個政權起來，把中國從百年來受帝國凌辱的悲慘情狀轉變為一個不再怕列強，把一切外國軍經勢力趕走，而自己站起來的國家，那麼，加入奮鬥，唯恐來不及，事情又多多。相反的說，如果一個政權被百分之九十五的中國人民明棄暗唾，只讓百分之五的官僚買辦在上面搞官商勾結，逼害人民的勾當，那麼，每一個中國人都應該出來。如果一個政權把中國的土地出讓，把自己的疆土供給帝國主義者作軍事基地用以方便帝國主義者侵略、殺害亞洲人民，便要受到人民的唾棄。

——一九七二年；手稿。

自由民主派人士與台灣人對中國統一的可能疑問

一、一般「自由」「民主」派人士可能提出的問題：

1 大陸人民為什麼一天到晚喊「毛主席萬歲」，這與台灣在喊「蔣總統萬歲」有什麼兩樣？這種不就是社會主義最反對的個人崇拜嗎？這不是專政的表現嗎？

2 台灣不好，因為是一黨專政，那麼，大陸也是一黨專政，它會好到哪裡去呢？

3 怎麼解釋「逃港難民」這現象？

4 中共各級的決策怎麼產生？決策人怎麼產生？

5 中共怎麼處理犯罪問題，怎麼處理神經─心理問題？

6 「自由」在大陸？

7 既然社會主義認為人是可以再加塑造，可以改變的，那麼為什麼那麼苛待有「歷史反革命」背景的，或「反動」背景的子弟呢？

8 書籍出版問題，是控制，還是自由？

9 大陸為什麼不大量鼓勵藝術、文學創作？

10 周恩來是否在推行逐步修正路線？

11 大陸對待錫蘭，東巴．孟加拉問題，大陸為什麼反對孟加拉目前這種「獨立」局面？

12 三民主義為什麼就一定比社會主義差？

二、台灣人可能提出的問題：

A 前進人士所關心的

1 大陸對台政策：台灣人如何配合解放（時間問題，方式問題）。

2 社會主義的現代化與資本主義的現代人？

3 毛澤東思想為什麼起作用？

4 鬥、批、改是什麼？——形式

5 城市問題，農村問題。

6 什麼是社會主義的民主、自由？比較資本主義的民主、自由。

7 怎麼認識、處理「中共以後對台灣不會有沙文主義的作風」的疑慮。

8 什麼是「民主集中制」？

B　普通人士所關心的

1　為什麼要鬥爭「民族資產階級」？像林挺生「這樣好的人」，你也忍心鬥嗎？那麼，這不是暴政是什麼？（與一般「民主」「自由」派的疑慮一樣：為什麼要鬥知識份子？鬥名作家？）

2　大陸的生產尚不及台灣，將來統一之後，台灣不是很吃虧嗎？將來台灣的生活水準不是會給拉下去嗎？

3　文化大革命是權力鬥爭，最近又有毛—林之鬥，這不是很不穩定的一個政權嗎？這不是暴政嗎？（昨天是人民偉大的舵手毛澤東最親密的戰友林彪，今天變成鬥爭的對象。）

4　美國、日本到台灣投資不是很好嗎？不然台灣的人還沒有今天這口飯吃呢？如果有什麼不好，那是蔣政權不好，蔣介石不好，一但台灣人奪取了政權，這種不好的現象就會改變過來的。

——手稿。

拆穿「小市民」的假面具

記得一年以前加州柏克萊、沙加緬度、聖皓西的中國同學正在準備演出曹禺的《日出》一齣話劇時，戴維斯校區的加大中國同學曾經問周彤華，對於《日出》劇中，以台北為背景，對國民黨統治下台灣社會呈現的種種黑暗景象痛加揭發批評一節作何感想時，這位當時的台北駐舊金山總領事，不假思索而冠冕堂皇地回答說：全世界的大都市都有它黑暗的一面，台北也不能例外。

這個回答乍聽起來，許多人都以為也言之成理。然而仔細考察，它反映了這樣一種現實情況：一年多來國民黨在國際外交陣線上，兵敗如山倒，在節節失利的窘況下，不得不先收拾起那套自欺欺人的反共政策，以敷衍搪塞、世故老邁的腔調，另行推銷一種麻木苟安的混世哲學，藉以沖淡島內外人民與日俱增的不滿情緒。

周彤華的回答實際上就是這種混世哲學的具體而微的表現。因為它暗中散佈著這樣一種犬儒式的邏輯：

一、台灣，一點不錯，的確是黑暗的。
二、然而，全世界不都是黑暗的嗎？
三、所以，台灣的黑暗又何須人大驚小怪呢？

這就是國民黨在生死的掙扎線上推出的「苟安主義」。他們妄圖以「天下烏鴉一般黑」、「眾人皆醉我也醉」的言論來麻醉台灣的人民，要大家跟著「一道混」。這種大家一道混的政策正是國民黨處於國際大風浪中，患上外交慘敗驚呆症以後，要大家吞服的一劑定心丸。

定心丸除了定心以外還要有麻醉效果，以便大家都把頭埋進沙裡，作個不看、不聽、不講的標準大國民。

然而要麻醉人民必先麻醉自己，要人民埋首沙堆，必先自埋其頭。正如在留學生們奮力為祖國領土釣魚台做保國衛土的示威活動時，台北駐華盛頓的大使沈劍虹在回答美國記者訪問時，麻木而風涼地說：

「Well，我不知道那些Kids在想些什麼？」

現在，繼周彤華、沈劍虹之後，台北又精心煉製了一付上好麻醉藥；他們拋售一本名為《小市民的心聲》的小冊子來攻擊台北知識份子一年來的政治改良運動。

「一個小市民的心聲」實際上代表的不是台灣小市民的心聲，而是國民黨內部守舊派的心聲。執筆者以「孤影」為名，自稱是「小市民」，代表台灣「沉默的大眾」，「社會的絕大多數」，有系統有計劃地散佈消極苟安的混世哲學，更以一副活老百姓的嘴臉向台灣人民大灌暈迷藥，一方面藉以打擊年來島內知識青年呼之欲出的學生運動，一方面用以維持現狀，鞏固國民黨內守舊派的勢力。

這本小冊子先在國民黨的黨報《中央日報》的副刊連載，然後專印成冊。國民政府又通令中學以上學生必讀此書。為了製造和擴大其宣傳效果，又在副刊上不斷刊載「讀者」反應，甚至大量運往海外，以求達到一瓶酒灌醉一船人的目的。這是近年來國民黨使出的最卑劣的文化統戰！

何以見得「一個小市民的心聲」是國民黨使出的卑劣文化思想統戰呢？

因為「一個小市民的心聲」徹頭徹尾是沒有理想，沒有朝氣；徹頭徹尾只知「人性中也有黑暗的一面」；徹頭徹尾地教訓台灣人民「不要忘記，社會的不完美，社會上的黑暗痛苦，並不是台灣獨有的特產。」從而好讓台灣人民甘於這種連歐美社會也不例外的黑暗痛苦。之所以有這種油滑混世的論調，據作者自己的解釋是為了「想吃一碗太平飯」，試問台灣今天是太平的嗎？台灣人民每個人都能像這個「小市民」一樣吃到一碗太平飯嗎？

「小市民」自己說：「晚上沒事，我可以隨心所欲的花八塊錢在咖啡館坐兩小時看看書，或是上麗聲聽一場歌，或是到圓環吃一客蚵仔煎，或蓮子湯什麼的。」

試問，台灣人民有幾個人能像這位「小市民」這樣「隨心所欲」呢？

在這位都市「小市民」看來，瀕臨總崩潰的台灣農村，屢屢發生爆炸慘案的煤礦，生活朝不保夕的鹽民、漁民、山胞，電子加工廠裡女工之患青光眼病，這些嚴重的社會問題都是芝麻小事，不必庸人自擾，只要「小市民」能夠自己隨心所欲的上咖啡館、混歌廳、吃小館之外，一切都可馬馬虎虎大事化小、小事化無。正如「小市民」自己供認的：

「小市民生活並不舒服，年近三十五，兩袖清風，無依無靠，前途茫茫，勉強混一碗飯吃而已。跑政府機關替老闆辦事要脅肩諂笑，跟脾氣暴躁的警伯打交道，挨一頓官腔，要低聲下氣，愛聽的流行歌曲被查禁了，愛看的新聞週刊被檢扣了，也只好付諸一嘆。」

這位「小市民」不但自己「只好付諸一嘆」，也要所有台灣居民面對著台灣政治、社會、制度的種種不合理以及整個台灣的「前途茫茫」，作出「只好付諸一嘆」的消極態度。這而對著有改良熱誠與抱負的大學生及青年教授們則極盡其菲薄、奚落、冷潮熱諷之能事。這位「小市民」動不動就說，大學生們都是理想過高，不務實際，只會關在象牙塔裡玄想的書生，所以他們不配過問社會、政治，更不能從事政治運動。

不錯，今天的台灣大學生的確是被關在象牙塔裡的書生，也正因為他們被關在象牙塔，所以他們才會「不務實際」。當然這是不合理的現象。大學生已經體會到這種不合理的生活，所以才要求衝出象牙之塔，要拋棄以往不聞不問，專事自我陶醉的傳統知識份子的生活方式。

然而，是誰造成了今天知識份子被關在象牙塔裡與實際社會脫節呢？這不正是由於國民政府的錯誤教育政策和嚴密的思想檢查造成的現象嗎？今天，知識份子正開始覺悟到以往的錯誤，開始睜開眼睛，跨出腳步要與社會現實接觸，抱著改良的熱忱要把台灣不合理的社會帶上較合理的軌道。然而，是誰又把他們一把推回象牙塔去呢？既責之以「躲在象牙塔」中，又不准其從「象牙塔中」走出來，「小市民」居心的惡毒真是不言而喻了。

以「小市民」做幌子的國民黨守舊派，在這本「心聲」裡透露出真正的心聲是什麼呢？

說穿了也很簡單，那就是仍舊要求這些不甘被困象牙塔中的知識青年繼續乖乖地回到象牙塔去，老老實實地「讀書報國」。再不然老老實實地到調查局去從小特務幹起，從「基礎」工作「踏實地」改良，因為任何重大或根本的改革都會把一條船「攪翻」的！

倒因為果，對國民政府一貫的鎮壓知識份子政策，殘害知識份子的毒辣手段避而不談，卻瞎著眼大肆批評知識份子這不知、那不曉，冷笑他們的知識，奚落他們替社會作事的熱誠，懷疑他們的作事能力，等到知識份子覺悟了昨日之非、今日之是，開始參與政治，走入社會，以增加實際歷練，培養作事能力的時候，再連嚇帶騙地把他們擋回去，使他們恢復其關在校園的象牙塔生活；這就是《小市民的心聲》一書所擔負的使命。

但是這種惡劣的麻醉政策果然收到了什麼效果呢？從島內傳來的消息，台灣的大學生早就看穿這本小冊子的背後企圖，人們不但唾棄這種混世麻木的態度，並且寫了無數文章在報章雜誌裡揭穿和駁斥它。這時國民黨慌了手腳，連忙發動其特務機構明偵暗訪，又施出慣用的法寶，說什麼台灣的大學裡有潛伏的「匪諜」。這些動作無非再一次暴露國民政府鎮壓和麻醉知識份子的兩面手法罷了。

但是，從《中央日報》「一個小市民的心聲」企圖對台灣人民大灌暈迷藥，卻反而被人看清了真面目；企圖假借「心聲」強姦民意，卻反而引起了一片斥罵和反抗的真正的心聲，這實在是國民黨始料所不及的。

然而這也是好的，它當做反面教材，給台灣的青年知識份子上了新的一課。

——一九七二年七月五日

原載美國《柏克萊快訊》第十期，筆名羅龍邁，首頁，一九七二年七月。
後以〈處變大驚下的一劑定心丸：一駁「小市民心聲」〉刊於《東風》第二期，筆名羅龍邁，美國：東風雜誌社，頁十四、三五，一九七二年十月。

從學生運動到政治工作之一

兩年來，運動內的朋友們所做的事不可謂不多，做事的熱誠更不可謂不夠，而實際上到目前為止，在解決台灣問題上，我們到底做了些什麼積極的事，成了些什麼具體的事呢？這是值得我們提出的，也是值得我們懷疑的問題。

不妨讓我們開宗明義就毫無隱諱地承認，在解決台灣問題上，我們有過一些想法和主張，但是由於種種原因，我們沒有追根探源地把這些想法和主張系統地整理出來；我們也有過一些計畫和辦法，但是由於種種原因，我們沒有持續不竭地把這些計畫和辦法有效地展開執行。兩年來的運動演變到今天，一步步變成了雷聲大雨點小的局面，而一遇有事，要推行起來也常常是事倍功半，甚至搞得有氣無力而終。這是為什麼？

是的，我們有種種原因使得我們不能按計行事，如願以償；有種種原因，使運動在半途癱瘓下來，而不能柳暗花明，開拓新的局面新的階段。那麼，現在就讓我們對這些「種種原因」做個初步的探討。

首先，不能不承認的是，我們運動中在台灣問題上有不少的有心人。目前運動對台／外省籍同胞之間互不交通的問題正作嚴肅的探討，並尋求解決之道。這是運動中對台灣問題不缺有心人的證明。

但是，這個人民內部矛盾問題，我們處理的成績又如何呢？我們可以拿出什麼成果來呢？我們不是常常覺得心有餘而力不足嗎？這個問題我們處理得不好，又如何能夠去處理更嚴重的台灣問題呢？

目前一個相當嚴重的現象是：我們辦太多的刊物了，我們把太多的時間和精力耗費在文字上了，甚至於一段長時期以來，我們想問題、做事情幾乎都圍繞著文章雜誌在進行。結果是很多事情都搞得有點非驢非馬，表面上看起來確有那麼回事，而實質上可以說全不是那麼回事。

運動中為什麼會有這個現象？這是一個重要的問題，為什麼這個專心搞雜誌辦刊物的現象我們認為是一種欠缺？這是一個更重要的問題。

直截地說，問題的癥結在於：運動在不知不覺中早已向前發展而快要脫離學生運動的範疇，而我們的工作方法卻仍停留在搞學生運動的階段。

工作方法停留在學生運動的範疇而不能改進的原因有二：一個是不自覺的，一個是有意的。

釣運以學生運動始，但早已發展成政治運動的規模。在早期我們以釣魚台問題促請台北政府採取行動，這是學生運動範疇內的工作；但後期發展到統運時，我們已經一步步脫離了學生運動而進入政治工作的階段，例如，我們對自己希望的政治體制、社會制度已經有了選擇，對台灣的領土主權問題也有了主張，對人民內部矛盾問題也準備有步驟地克服，對台灣問題也要分析研究，對台灣未來的改變、過渡時期的措施等等問題，也都在我們工作範圍內。但是另一方面，我們很多人還不自覺地把時間精力都投入雜誌刊物裡。當然，這裡問題做起來就力不從心了，結果只好把這些問題放進雜誌刊物裡去論論談談，其他似乎就沒有什麼作為了。

另外，有些朋友有意把我們的工作方法圈限在學生運動的範疇內，理由是我們多是學生，我們的能力有限。這也不無道理，但是問題還在於：我們是可以改變的，只要大家有意改變我們的生活內容、思維方式，相信工作方法是可以改進的。

目前運動的急務應該是儘量地把刊物的工作縮減，相對增加刊物以外的工作，以便一步步處理擺在我們眼前的政治問題。

為什麼說我們的運動已經脫離而超出學生運動的範疇呢？因為學生運動有它一定的侷限，它的工作內容多是學生自動自發的示威、遊行、發宣言、寫社論。它的宗旨是向政治權威抗議，而不是挑戰；是呼籲請願，而不是要求一個政權徹底的改變。學生運動是在一個政治體制內要求改革的政治活動。今天的釣／統運已經不在台北政權下要求點滴改良，它早已脫離這個政權而要求這個政權的徹底乾淨的粉碎。有了這個根本的政治要求，我們才會那麼關心台獨問題。台／外省籍同胞間的隔閡問題，如何處理國民黨善後問題，台灣未來的新政體、新社會等等問題。一言以蔽之，我們已經脫離了學生運動的範疇，而進入政治工作的階段。

而一年來我們所面對的困難、矛盾，所經歷的挫折、失敗，歸根結底一句話，是由於我們沒有完全認識到目前的工作本質。有些朋友認為這是應該保持我們的「純潔性」，我們的「自發自動性」，而不應該有工作計畫，全部配合、組織構想等等綱領的籌備。其實這就是要大家再拖延目前的無政府狀態，一盤散沙的狀態。倘這樣延遲下去，我們將有更大的挫折，更多的失敗，而不久我們對台灣、對台灣人民的熱誠就將在這種沒有紀律、沒有組織的活動中消費殆盡。

我們反對把兩年來的政治活動一直壓抑在「自發自動」，即無政府狀態的孩提時代。運動在成長、在成熟，今天它已經從學生運動邁入政治工作的階段。它向我們要求紀律、組織、工作的配合、工作的總綱領。有了這種武裝，不久的將來，當台灣大動盪的年代到來的時候，我們才能繼承釣運的工作向前推出新的政治運動。

原載美國紐約：《群報》第三十三期，未署名，頁一、二，一九七二年十二月。

從學生運動到政治工作之二

七十年代是亞洲人民的年代。亞洲人民百年來與歐美帝國主義、殖民主義的鬥爭已到了一個新的決定性的階段。

這二年來在我們這些知識份子或續或斷的關心，但是沒有積極參與的工作中，亞洲進入了這一個新的階段。

我們不再以知識份子如何如何，知識份子不能如何如何來批評別人搪塞自己，或嘲笑整個知識群了，因為我們不想再做傳統的知識份子，而作改進中的知識份子。

我們才剛起步，但不能因剛起步就原諒了自己的錯誤，讓我們談談，由什麼談起，由兩年來我們的工作談起。

我們做的事不能算少，熱誠不能說不夠，而實際上究竟成了些什麼事呢？我們說的是一套，做的卻一套也沒有。

我們的缺點：

第一「羅亭主義」：二年來我們過份偏重地把精力投在辦刊物上，養成了坐而談不能起而作的習慣。我們抽象推理的能力加強了，公開辯論的口才也得到了進一步的琢磨。遺憾的就是缺乏實際而有計畫的工作綱領日以繼夜地配合我們的理論教育和口才訓練，這不能不說是一個嚴重的問題！它很容易把我們引上走火入魔的道路。寫文章打筆仗，製造莫須有的筆墨官司，甚至弄到極端，還可以假階級鬥爭之名，在刊物上開闢戰場，自己先彼此撕打起來，倒蔣不成，反而在「窩裡反」中滿足了彼此的殺伐心理。

這種現象不但存在于釣運中，同時也存在於台獨運動中。釣運以「台獨搞資產階級的政變」為名，台獨以「保釣怯于行動」為名，彼此在刊物上大肆撻伐，各走偏鋒，滿足自己。

在刊物上我們把「敵人」揪出來，或冷嘲熱諷或直接痛罵，但是離開了刊物雜誌，我們束手無策了，被我們痛罵的「敵人」我們看不到，因為我們不曾認識他們，沒見過也沒談過。這就造成了我們實際展開工作的困難，無論在釣運本身中的配合或改進台／外省籍間的關係上都難以推進。

結果，我們把自己訓練成抽象理論的打手，群眾工作的敗卒。我們成為屠格涅夫筆下「革命英雄」羅亭的二十世紀翻版。羅亭是代表個人浪漫主義、有革命情緒無革命組織能力的典型人物。在屠格涅夫筆下，他擅長在俄羅斯上流社會的沙龍裡大發革命理論，抨擊當時的社會，但是一離開沙龍，失去了發言的場所，他就束手無策，徬徨蹉跎，最後像一粒粉末般地被消滅在革命鬥爭的風沙裡。

第二「玉碎主義」：在抽象理論的撕打中，我們大有走上「寧為玉碎，不為瓦全」這條死巷的危險。在坐而談社會主義，得不到同情者，更爭取不到「敵人」時，不但不起而作社會主義者的實際研究調查，聯絡懇談的工作，化「敵」為友，培養社會主義革命的實力，反而更陷在文字舌辯上，寧願關起門來昇華「理論」的純粹性，保持「理論」的純度，而不願走出象牙塔，放低「理論」腔調，配合實際，有階級性地視大家的覺醒水平來發展我們有骨有肉有血的台灣社會主義革命的理論。

最近，我們運動內出了一些有關批評台獨的文章，原旨是想指出右派台獨資產階級路線的違背台灣人民利益這一基本問題，進而探討彼此交換意見，流通經驗的可能性。不料，文章寫成卻成了反效果，我們的本意不但沒有表達清楚，反而製造了更大的誤會。當然，這錯在我們自己身上。

我們為什麼患了這樣的錯誤呢？主要的原因在於，在思想上和心理上，我們還沒有從事實際政治工作的準備，因而不愛惜群眾，也不愛惜自己。只憑個人表現，在「思想」的鍛鍊上，找出對象來印證自己的進展。這些文章恐怕不少是出於這種動機的。因此，只要能證明自己「思想」「進步」的，這裡攻、那裡打，毫無其他顧慮。

沒有組織、沒有紀律、沒有工作決心、沒有群體觀念，只看自己、只顧自我表現造成了這種敗壞的作風，不合自己理論的，皆可全部抄斬，不留隻磚片瓦。就拿我們對鄭自才事件的態度來說罷。

我們可以就這個事件作出許多的文章，指出個人恐怖行為不是真正革命的正道，個人暗殺不但消滅不了反動派反而促使反動政權加強對革命的鎮壓，十九世紀末俄國無政府主義者的個人恐怖主義是一個明鑑。這些見解當然是正確的，但問題在於怎麼提出這個問題，和在什麼時候提出這個問題。

鄭自才有反蔣的決心，鋌而走險步上了個人恐怖主義的偏鋒，整個過程可值檢討是不容懷疑的，但是以釣運目前在反蔣行動上之缺乏積極推展，這個事件與其用拿作台獨的教材不如拿來作釣運的教材，刺激釣運的反蔣工作，來得更恰當。更者，批評鄭案的語氣一旦失之嚴格，則容易給人一種錯誤的印象，以為釣運的人只配遠遠坐在評判員的高梯上給台獨的反蔣行動打分數下評語，而自己是可以不動手的。那麼，是誰給了保釣者這種特權，可以自己不動手就隨意批評別人？第三者可能會這麼懷疑。是的，台獨是錯了，但是保釣不能起而行，那就對嗎？台獨動輒得咎，保釣靜則無瑕，這就是真理嗎？台獨人士可能會這樣疑問。那麼，結論是否就是止於理論反蔣，無為主義萬歲？當然這都不是我們的原旨，但是容易讓別人造成這樣的印象或造成這樣的問題，則是不能不加以考慮處理的。

第二層更嚴重的問題在于什麼時候提出這個問題。直截地說，當我們有了實際工作綱領，具體推展工作的時候才是我們提出這個問題最恰當的時候，因為只有那個時候，鄭自才的事件才對我們有真正教育的作用。我們也才真正認識了這個事件所造成的後果嚴重到什麼程度，在抽象「抽象」上去捕捉這件事背後的意義只能抓到一些片面的假面而已，毛澤東那篇將近萬言的《實踐論》實際上就想強調工作。

那麼，在我們還沒有建立系統化、組織化的工作綱領之前，類似鄭自才這種事件是否就全部避而不談？也不是的，談自然可以談，但是目前把精力時間投到這類「理論」爭辯上，不如把這些精力時間放到工作綱領、工作配合的計劃上。

第三「空城計主義」：在保釣運動內有些地方的朋友已體驗到，思想爭取和友誼爭取遠比那種非你死我活不成的「思想鬥爭」和「理論論戰」，因此已經不在言論上堅持硬而不化、僵而不實的高調。這一來，有些朋友們卻慌張起來，以為這是出賣運動，開門納「敵」，讓「外面」的「敵」來挖自己運動的牆角，所以主張各地在言論上強化、純化，以免為敵所逞。

倘若我們仔細觀察一下近一年來的動態，這種顧慮不能說沒有理由。國民黨派了一隊前後以胡秋原、蔣彥士、錢復、陳鼓應、張俊宏等人組成的遊說集團有計劃地到美國各地的保釣會進行口蜜腹劍的遊說工作，企圖憑他們三寸不爛之舌摧毀保釣陣營；台獨右派也想利用保釣內的言論機械作思想的滲透，另外海外一些改良派的學者們也豎起國台合作、革新保台的旗幟。

這些釣運外的各派系各有各的主張，各有各的陣營，各有各的目的，釣運自不能坐視任其統戰。但是只在言論機器上強化言論，純化理論，這是本末倒置的做法，這就真把釣運唱成空城計了。本來群眾基礎尚不雄厚的釣運在理論上進一層提高將造成孤立而造不成團結。

同外面各派系的滲透統戰作鬥爭，辦法恐怕還是強化我們運動內部的配合、協調、分工、組織的工作，破除一年來的散漫、無為的無政府狀態才是較適當的。

第四「個人經驗主義」：這是各地常有的，為自圓其說、自辯自護常用的一道護身符。在運動內經常可以發現這樣一個現象：在小規模的個人與個人之間的交換意見或較大規模的各地與各地之間的討論，各人或各地受到工作方法上的批評時，受批評的就拿出他當地的特殊經驗來作自我辯解。特別是這道護身符落到不以運動大局為重的、個人主義、地方主義較強的人的手裡，所造成的破壞性相當嚴重。

運動中為什麼會有這些現象？這是一個重要的問題，為什麼這些現象我們認為是缺點？這是一個更重要的問題。

直截地說，運動在不知不覺中早已向前發展而快要脫離學生運動的範疇，而我們的工作方法卻仍停留在搞學生運動的階段。

倘若以上所舉的現象出現在釣運的初期，那就不應該算作太嚴重的缺點，無寧還有它一定的進步性呢！例如……

但是運動發展到今天已經進入政治工作的階段，我們的工作方法應該改進。例如，我們對政治體制、社會制度已經有了選擇，對台灣的領土主權問題也有了主張，對人民內部矛盾問題也想有步驟地克服，對台灣問題也要分析研究，對台灣未來的改變，過渡時期的措施，等等問題也都在我們工作範圍內。這些恐怕已經不是學生運動所能處理的事務了。學生運動有它的局限性，它的工作是學生自動自發的示威、遊行、發宣言、寫社論。它的宗旨是向政治權威抗議，而不是挑戰；是呼籲請願，而不是要求一個政權徹底的改變。學生運動是在一個政治體制內的要求改革的政治活動。今天的釣運已經不在台北政權下要求點滴改良，已經脫離這個政權而要求這個政權的徹底乾淨的粉碎。有了這一個根本的要求，我們才會那麼關心台獨問題，台／外省籍同胞間的隔閡問題、國民黨如何對待問題、台灣未來的政體如何建立問題。一言以蔽之，我們已經脫離了學生運動的範疇，而進入政治工作的階段。

而一年來我們所面對的困難、矛盾，所經歷的挫折、失敗，歸根結蒂，是因為沒有完全認識到我們的工作本質。有些朋友認為還是應該保持我們的「純潔性」、我們的「自發自動性」而不應該有工作計劃，全面配合、組織構想等等。其實這就是要大家再拖延目前的無政府狀態、一盤散沙的狀態。倘這樣延遲下去，我們將有更大的挫折、更多的失敗，而不久我們對台灣、對台灣人民的熱情就將給這種沒有紀律沒有組織的活動耗費盪盡。

我們反對把兩年來的政治活動一直壓抑在「自動自發」即無政府狀態的孩提時代，運動在成長，在成熟。今天它已從學生運動邁進政治工作的階段，它向我們要求紀律、組織、工作的配合、工作的總綱領。有了這種武裝，不久的將來當台灣大動盪的時代到來的時候，我們才有能力去迎接它。

——一九七二年年底；手稿。

在費城賓州大學舉行的「台灣問題懇談會」上的發言

一九七三年一月十三日在整個我們的保釣／統一運動該算是一個很重要的日子，因為這一天你們費城／匹茲堡領先把我們的運動帶進了一個新的階段。

讓我們回想一下，這兩年多以來，我們的運動突破了不少思想上的障礙，創新了不少的實際工作。到一九七一年四月的第二次全美示威（四・一九在西部；四・二〇在東部），大致上我們奠定了正確的民族主義基礎（雖然有些地方已越過了這個階段），也就是說，對台灣蔣政權已不存奢望，甚至於已準備要無情地打擊它了。運動的第二階段是一九七一年暑期開始的「國是討論大會」，在這個階段裡，我們如一四九二年哥倫布發現美洲新大陸一般，我們發現了新中國的種種成就，這個階段的討論把我們引渡到統一的路上去，因此到一九七一年底，大家在政治上要落實我們的民族主義，結果產生了運動的第三階段的統一運動。隨著運動的推展，我們的工作越來越繁劇了，越來越逼迫我們去學習，去播種我們統一論的種子。然而效果怎麼樣？

整整一個一九七二年我們在搞統一工作，但並不如想像中的容易，效果遠不如理想，常有事倍功半的困頓。這不得不逼迫我們重新去考慮我們的戰略和策略的問題。我們發現，強調台灣領土本身不如強調領土上的人民來得重要，因此，我們運動內部遂有了團結台灣省籍同胞，尤其是團結台獨人士的主張，為了具體推進這個工作，《群報》呼籲：「讓我們也來開個懇談會」，這是想跨過躊躇滯礙的第三階段，而在思想上求進，在策略上求穩健，在工作上求積極地把我們的運動帶進新的第四階段。

我嘮叨了這些運動的演變歷史，主要的目的是想說明，我對你們開的這次大會的寄望是很高的，因為你們的工作正是繼往開來的工作，是我們運動在邁進第四階段的旗手，這個階段的成功與否與你們開這次會不無密切的關係，會後晚上我們在討論時，我語氣之所以如此重，希望你們能了解到我語後的一番心意。

×

這一次「台灣問題懇談會」應該是個好的開始，在許多方面，你們實在做得很好，尤其服務方面正發揮了良好的模範作用，我們要呼籲服務學費（城）匹（茲堡），把這種精神擴大到全北美各城各地的運動崗位和哨站。

在其他方面，這裡提出一些觀點讓我們來商量商量，希望透過這樣的討論來尋找我們正確的路線和工作。首先，我認為籌備工作有美中不足的地方。尤其是傅偉勳的報告這一環的工作事先實缺充分的準備，因為他所挑的工作最重，他的報告是整個座談會的重心，但是傅偉動是運動外的朋友，他一向沒有進入運動的情況，抓不住問題的所在，也缺乏測量整個北美中國學生的政治氣候的溫度器，我這次有機會與他私下談了兩個深夜，知道他的想法大致正確，很有些東西可以給大家參考的，只可惜籌備期間沒有與他商量，向他說明一些開這次會的目的，摘要解釋目前運動的狀態以及其他各種與統一論相離或相背的各支流思想，以致於在會場開始討論時，他不知道《橋》和《野草》是何路人馬，代表的是什麼立場。所以他的失敗不應由他個人負全責。我們邀請報告員時，「他要講什麼就讓他講什麼」的想法，由這次大會的結果知道是得改進的，讓我們共同以此彼此警惕。

我了解你們辦這次大會的用意，這在那晚的會後討論中已經提及，你們想糾正以往太強硬露骨的宣揚自己政治立場的策略，而以比較溫和親切的態度來先做團結的工作，不求立即見效，但求長遠的效果。這份深遠穩重的構想，我內心不由起了尊敬與佩服，在這裡謹向你們的革命理想敬禮。

但是，在這裡想與你們商量的問題還是很多。

首先，在「團結」這個觀念上，大家還有分歧。所說的「團結」並不是大團圓主義，以為我們在原則、立場上鳴金收兵，讓台獨或自由派（《野草》、《橋》）來發言，宣揚他們的立場主張可以達到團結的目的，我覺得這是錯的。

要日久見人心也得把我們的「心」表露出來，人家才能見到。我們第一次不露，第二次露不露呢？第二次不露，第三次露不露呢？究竟什麼時候露呢？這麼久才露，難道人家不覺得你在引君入甕嗎？你在耍計謀嗎？台獨是這麼天真的嗎？這麼容易讓我們的「懇」字說服嗎？不會的，絕對不會的！問題絕不在我們的主張、立場有問題，問題出在我們一貫的工作方法上，「統一」絕對是正確的立場，我們不應該把這個正確的立場束諸高閣，閉口不談，問題是我們一向談得太草率，太有偏差。把領土問題放在第一位，這是可以的，但是沒有從整個國際局勢在亞洲的佈署，和帝國主義的陰謀仔仔細細的拿出證據來，讓台灣人民知道統一才是對得起台灣人民，獨立就是助長帝國主義和台灣島內的政治走狗，這一點可以從政、經、教、文化等各方面著手進行。這是一個絕對正確的立場，我們沒好好做也是絕對的事實。從這裡我們才可以培養真正的人民感情，真正的人民感情是建築在階級感情上的，而不是與台獨的領導人和親國民黨的自由派，不分立場、不講原則的大家混，大家交朋友，這是帝國主義者和傀儡政權所最喜歡我們去做的「大團圓精神」，這不是團結的真義，我們要團結的是受壓迫的人民，大家培養階級感情，一起為階級報仇。

在這一點上，我覺得你們對台獨的苦心用錯了方向，台獨的中堅絕不輕易放棄他們資產階級的利益的，請他們來講是沒有用的，在這裡你們在心理的考慮上也似乎疏忽了一點，我們雖城門洞開，表示歡迎，而「台獨」卻是單刀赴會的心情，何況現在我們的運動，表面上不是高潮的時候，而台獨內部又正面臨分裂的局勢。雖然如此，但台獨不來，還有一個原因，就是台獨還是一個有組織性、原則性的集團，而統運，至少目前的統運，正好相反，什麼也沒有，因此，它根本沒有必要來碰我們，「台獨」的領導人不是可以輕易請到的。

正確對待台獨的問題，應該是我們自己理論上加強，立場上確立，而在手法上（尤其言詞上）力求懇切，這才是「懇」字的用心所在，而絕不是「懇」到我們都三緘其口，只讓人家散佈言論，我們聽受如儀，這不是解決問題的辦法，此時此地該爭取的是同情台獨的台省籍同胞，而不是台獨領袖。挑起台省同胞的階級意識，培養共同的階級感情，才是大團結、大勝利的好的開始。

其次比較嚴重的問題是我們內部的問題。

運動內部思想尚是分歧的，大家的目的也不甚明朗，對台灣問題的解決更是思想模糊、工作消極，甚至在會後的討論有人說放棄「統一」的論調。單從這一點來說，《橋》、《野草》比我們步調快、工作積極，結果我們大開自己的跑馬場，請他們進來給我們跑了一次馬。把我們辛辛苦苦籌備的一次論壇拱手讓給他們使用。我們內部的少數同志不怕他們思想的毒素，但是外國的朋友，或從港台剛來美國不久的人卻很容易被他們吸引，設若這樣的人那天來參加我們的會，我們自己想想，到底這些人是被他們灌輸了一次思想毒素多呢？還是被我們吸引的多？這些人甚至於還不知我們現階段的立場是什麼呢！因為會中我們沒什麼立場表明。

在統一工作中，我們一再地作些消極的介紹新中國的事情，尤其不該在那種場合來一般性的介紹中國，當天早上第一位講話的已經把問題帶進去了，可惜給第二位引入歧途！這個工作實在不必靠運動去進行，楊鎮寧、王浩、何炳棣等人所做的單人陣線的成績比我們的都有成效，這個工作不是說我們不能做，而是說這份工作應該是我們運動的工作綱領中的次要工作。

我們應該加強內部討論，確定第四階段的運動的正確路線，與培養積極戰鬥的精神。

統一問題的大關鍵是立場問題，既然如此，我們就得把運動的矛頭指向台灣，開始研究台灣各問題，設計破壞現狀和建設將來的各種藍圖。這份工作不應該一股腦兒推給北京，難道我們這裡從台灣出來，對台灣有更深切了解的同志就這樣袖手旁觀，冷靜等待北京去做嗎？

在台灣進行鬥爭的時刻尚未到來，但是如果我們不從現在開始準備，等到時期到來的時候，我們將會茫然失措，或做出毫無計畫的盲行。我們的「台灣問題懇談會」應以此目的為現階段的最後指標。老實說，我們在批評台獨的民眾大會，結果我們搞的不但沒有他們的運動精神，連形式都不如他們。這還談什麼台灣問題呢？

列寧說的事務主義，我們可以談談。

列寧批評十月革命前夕，海外的社會主義者都忙著做了一大堆的事情，但是卻沒有什麼目標，也不在每個工作中求得一定的進展，只是忙得很，心裡才覺得好得很，列寧批判他們的無目標的工作為事務主義。費、賓、匹所開的這次會當然是有計畫的，有想像中要達到的效果（雖然這些計畫與預期的效果，我有異議），所以絕不是列寧所說的那回事，但是不知你們的苦心和計畫，而盲目覺得這次會不錯，大家一團和氣，而看不出有些更待我們去努力的工作的人們則正是患了列寧所說的事務主義，這是滑出社會主義的正軌而指向錯亂的路線的。

懇談會由於你們的帶頭作用，不久將在一些地方仿效召開，在還沒有召開之前，我覺得有必要以你們這次的經驗提出一些總結，為以後的懇談活動討論出一條比較健康積極的路線，尤其你們計畫以這次活動編輯專刊，這是很值得做的。我更希望這個專刊成為大家在現階段懇談工作的學習資料。

這一番話說得很長，只因個人覺得費、賓、匹是東部運動的一大堡壘，希望你們能領著東部的同志們前進團結。由於期望是這樣的，所以要求於你們的也這樣的多。失言唐突之處還請包容。其實還是希望以後增強聯絡，彼此批評應該從嚴，這樣大家才能促成一條健康的革命道路，為台灣的早日解放，中國的早日統一，實際地參與奮鬥，並祝這份工作在不久的將來能夠實現。

——一九七三年一月十三日；手稿。

*「台灣問題懇談會」，費城保釣會、匹茲堡統一會、賓州州立大學保釣會聯合發起，一九七三年一月十三日。

「和平統一中國」的主張

「和平統一中國」的主張終於在台灣島內外鼓吹起來了。比起去年（一九七二）年初釣運發起統一運動的時候更有全面性，呼聲也高漲飽滿得多。這一回，不但左派，就是中間派，或是右派，都咸集於「和平統一」了。海外大型的公開活動又將捲土重來，左中右聯合統一陣線，要左右開弓，正面催促國民黨放棄叫囂謾罵，逃避現實，自欺欺人的態度，而要求它本著為人民服務的良心理知，接受台灣島內外同胞反對反共，一致企望統一的心聲，好好坐下來與北京政府談談。

台灣島內的知識份子已經為了「和平統一中國」而在竭力抗爭。台大學生在宿舍牆上寫血書，政大學生嘗試自殺抗議，另外政大、成大、台大學生也因他們積極的言論行動而遭國民黨的傳訊。目前，整個島內的情勢以嚴肅、沉重、果決的步伐正向前邁進，為統一中國的理想而挺身，而鬥爭。島內外的步伐愈來愈趨於一致了。

但是，當我們停下來，看看四周，我們不免又要問：「海外的台灣同胞在哪裡？」這一次海外聯合統一戰線上，台灣同胞的成員太少了。他們又到哪裡去了呢？

去年年初，台獨右派（美國的「世盟」）的決策層面祕密制訂了「國台合作」的路線以後，屢次暗渡陳倉，與國民黨沆瀣一氣。幾乎領導人物早已不顧廣大台灣同胞反蔣的正義感，只自顧自地去跟國民黨勾勾搭搭起來。這少許的「世盟」領導人我們暫時按下，不去講他，因為他們也越來越被台灣同胞孤立起來了。至於台獨左派，或一些還沒有拿出正面主張的台省籍左派人士（其中有一部份是對右派的台獨失望以後脫離出來的），他們彷彿另有所悟，走著一條既與台獨右派相異，又與統運不同的道路，一向很少與外界聯絡，單挑獨幹，沉著穩健，而且勇往直前。在台灣問題解凍的前夕，可預見的幾種解決台灣的途徑都擺在我們的面前，我們願藉這個機會，與這一群人談一談，交換一點意見。

將來台灣的建設主力必然落到台灣同胞（包括在台灣長大的兩百萬外省同胞），尤其落到台灣的工農階級，這是大家都可以預見的客觀形勢的趨向。問題的爭執——如果有爭執的話——出在如何開步進行消除目前蔣家嚴控的台灣現狀。

台灣的不自由，一個集團剝削廣大的人民，是有目共睹的事實；要改變台灣這個黑暗的現實，也是大家共同的願望，怎麼實踐？怎麼達成這個願望？這個問題卻存在著不一致的看法。台灣籍同胞一向對統運的「愛國而不革命」深有批評，也一向不太存共同工作的想法。目前他們還是傾向於單挑獨幹的意識。一部份左派的台籍同胞認為在台灣問題上，台灣人應該力求自我解放。這裡所說的自我解放有兩層意義，第一，就整個台灣來說，台灣人應該擔當解放的主力，而北京不應干預，或頂多站在輔助的從位，協助台灣人民的自我解放；第二，就每個社會主義者個人而言，由小資產階級的意識過渡到掌握社會主義的世界觀，這個歷程是一種煉獄式的挑戰，只有經過武裝鬥爭達到的社會主義才是保證個人不再動搖徬徨，不再開倒車搞修正的最佳保證，也就是說，武裝鬥爭是知識份子脫胎換骨，由小資產階級的意識和習性轉變為社會主義新人的最牢靠的辦法。因此，台灣的解放應該循自我解放，而且是武裝解放的途徑來進行。目前一部份台籍的激進左派有類似這種自我解放的論調，他們所進行的是不公開的地下工作。所以，「海外的台灣同胞在哪裡？」也不難求得答案。這種自我解放說，在理論上是完全可以理解的。

其實不但社會主義者瞭解要解決台灣的現狀，最好的辦法，就是台灣人民起來進行武裝起義，就是國民黨也瞭解這一點，所以蔣家才會百廢一興，專搞特權系統，而特務事業也成為今天台灣大學畢業生的好出路，「秩序比什麼都重要」，蔣家是完全懂得這個道理的。台灣人民倘能在最短期間內奮起，在台灣島內掀起革命的風暴，用自己的力量把反動的蔣政權的「秩序」一舉破壞，這種形勢怎不令長期被壓害的人民興奮鼓舞？這種革命熱潮怎不教人充滿希望和前景？

——一九七三年三月之後；手稿。

和平解決台灣問題的可能性

1

對於二十多年來台灣一直處於半殖民地狀態的事實不了解的人，自然不相信用和平的談判辦法可以帶給台灣人民幸福。這不是嚴重的問題，因為一旦他們有機會接觸到台灣各階層的真相以後，他們不但不會對談判的意義表示懷疑，而且還可能積極鼓吹談判呢！這是順理成章的事。嚴重的問題是：有些深深了解台灣半殖民地的悲慘處境的同胞們，他們有濃厚的民族意識，他們肯定在二十世紀西方資本主義社會發展到國際性的經濟壟斷階段的帝國主義，世界上受它壓榨剝削的國家，實行社會主義的國家體制是擺脫帝國主義控制的最好的辦法，他們相信社會主義不但能擺脫外來的控制，而且更是造福國內全民的最佳途徑。他們理知上瞭解社會主義對台灣問題的積極意義，行動上逐步推行著反蔣反帝的工作，但是他們對目前海內外中國同胞呼聲響亮的促進國共和談、和平解決台灣的鼓吹卻表現得格外的冷淡，我們想就這個問題提案談談：

就我們的調查和交往，我們發現反蔣反帝反得最堅決出色的是台灣省籍的同胞，這是有目共睹的事實，沒有人可以反駁，我們又發現，這一回對和平解決台灣問題，不特別表示熱衷的也同樣是這一群優秀的台籍同胞。為什麼一群篤信社會主義的行動者對這件事情會採取目前的這種態度呢？這是一個複雜的問題，我們聽到有人說，這是因為他們還有「台獨傾向」所致，我們認為這是不正確的看法，一個真正的社會主義者對台灣問題的解決不可能採取或贊成「獨立」的綱領，最重要的理由是，以目前國際間帝國主義還到處伸手滲透壟斷的時刻，台灣在軍、經、政各方面都沒有獨立的條件，果真「獨立」，與蔣政權相比，也只是落得換湯不換藥的終局，台灣為半殖民地的事實，不但改變不了，還有可能越陷越慘，完全落入帝國主義的控制之中。

然而，一個社會主義者瞭解了這個最根本的道理以後，他仍可以不肯定或不積極贊成和平解決台灣，其故安在？在這裡，我們提出兩個問題，作為大家參考討論的起點。到底能不能回答這個問題，還得由大家來研究。第一是情緒問題，第二是社會主義的理論與事實的問題。

2

首先，我們談談情緒的問題。常常聽說台灣籍同胞有「台獨情緒」、「台獨傾向」、「台獨意識」、「台獨色彩」，在台灣長大的外省同胞離開台灣以後，在國外多少可以感覺到這一股「獨風」，但也少去追根究柢，弄個水落石出，有的還憤憤地覺得這是一股毒風而加以惡罵中傷，香港長大的同胞更是不明盤底。還是海外的保釣運動發展到中期，運動中的積極份子才嚴肅地面對這個問題，才發現台灣同胞與外省同胞是有一點兒不同，而在台灣問題上所表現的看法還真大有不同呢！的確，五十年受外族的統治、光復不久又遭蔣介石在二二八事件上無情的虐殺，二十多年來，到處受蔣家的監視、歧視、仇視、這種種歷史的造因形成了二十世紀台灣人一種特殊的心理狀態，基於這種歷史的瞭解逐漸能同情台灣同胞的處境和心境，於是有「台灣人的感情必須被尊重」的呼籲，但是同在台灣受蔣幫壓迫的外省人也隨著提出「外省人的感情也應被尊重」的要求。這都是很好的、彼此溝通了解的開始。

但是，大家都期待感情被瞭解了以後更進一步的溝通思想，行動合一，共同為反蔣反帝而努力。感情是基礎，反蔣是目標，為了達到這個目標，共同的合作是必須的。

其實最重要的關鍵恐怕還不在於「情感被尊重」的問題，這未免太過於消極。就未來在台灣當家作主的台灣省同胞來說，我們期待於他們的不是受感情、情緒所控制的一群，反之，是能擺脫情緒上的糾結，化悲憤為力量，頭腦冷靜，觀察精闢，心胸開闊，不以感情代替政策，處處以整體出發，以全球一盤棋的戰策觀點分析台灣，這種精神面貌的台灣郎將是台灣的主人，也唯有這種新人，才能令所有的群眾（包括外省人）信服。

3

其次，我們談談社會主義的理論與實際的問題。

台灣的社會主義者在台灣問題上，要求自我解放，而北京只站在輔助的從位，他們相信，從小資產階級意識過渡到社會主義是一種煉獄式的挑戰，只有經過武裝鬥爭達到的社會主義才是保證不動搖、不徬徨、不回頭搞修正的最佳保證。武裝鬥爭是小資產階級脫胎換骨，轉變為社會主義的新人的最牢靠的途徑，在理論上，這是正確的，台灣人民倘能在最短期間內奮起，在台灣島內掀起革命的風暴，用自己的力量把反動的蔣政權一舉消滅，這種形勢怎不令人興奮鼓舞？這種革命熱潮怎不教人充滿希望與前景？

但是，話又暫時說回來，全民革命的條件有許多，而且很是錯綜複雜。

第一，普遍人民要有一定程度的政治覺醒。台灣一千五百萬人民受蔣家的壓迫是不能否認的事實，但說台灣人民已經被壓迫到求生不能、求死不得的地步，已經到破釜沉舟、揭竿而起、背水一戰的決心，則這又是不確切而與事實違背的論斷。人民由覺醒而奮起並不需要很長的過程，但重要的是要有接觸認識和教育的機會，國民黨特務密佈全島，在金錢的引誘下，街頭的菸攤、麵店、計程車夫，學校裡的同學、教官、職員，公司裡的同事、工友、車夫、可能都是國民黨的眼線，在這種情況下，人民接受政治教育的機會不但少，而且進度也慢，人民普遍的覺醒，具有初步社會主義的認識，這粒種籽不是說就沒有可能在台灣播種，但是，認為這粒種籽很容易播下去，或是，播下去了，很快就能長出枝芽幹莖來，那就有討論的餘地了。

第二個條件是，國民黨已經混不下去了。國民黨已經混不下去了嗎？它暫時還混得很可以呢！事實是這樣，我們就不能硬說國民黨要崩潰了。國民黨以它反動的本質，遲早是要崩潰的，但現在，它不見得會那麼快就崩潰。就像對於台灣經濟，我們不能把它孤立起來看一樣，對台灣的政治，我們也不能把它孤立地看。

——一九七三年；手稿。

我們對目前台灣改良主義的意見

1

今年十月二十五日，台北政府的代表被國際上五十八個國家從聯合國趕出去以後，台灣島內的人民民心大變，紛紛要求國民黨改革內政。在內、外夾逼的情勢下，二十多年來國民黨冒充代表全八億中國人民的政府這個西洋鏡被徹底揭穿了。台灣人民已經公開站出來破除二十多年來以反攻大陸為「國策」的整套神話。國民黨為了應付這種裡外大變的局面，被迫要做些內政上的改革。從今年十月起，台灣島內統治階層和被統治階層雙方的人士，相應要求改革一向貪贓枉法、政風敗壞的國民政府。他們要求改革的重心，一致放在「中央民意代表的改選問題」上，而暫時不涉及其他的改革，這是目前台灣統治階層和被統治階層雙方出現的一些新改良派。

對這種針對中央民意代表而要求改革的改良主義，我們的態度是：贊成，同時也反對。

這話怎麼說呢？

二十二年來，國民黨實行「鎖島政策」，把台灣、澎湖封鎖起來，在內對著一千四百萬的人民強行灌輸它的愚民政策，使得島內人民個個矇眼、掩耳、封嘴，被逼過著白癡一般的生活。如今，國民黨在國際外交上正式露了底、現了原形，這才不得不在島內，從言論上稍稍地鬆了手，一些知識份子才站起來批評國民政府，一掃二十多年不聞不問的生活態度，甚至於要求國民黨改革內政，這是新的起步！這是新的作風！知識份子首先起來，關心政治，要求參與，台灣社會的徹底改革才透出了一線希望，照出第一道曙光。基於這一點，我們贊成，同時也將具體地贊助台灣島內知識份子的改良運動。

然而，國民黨要改革的誠心是表面的，有限度的。以往，國民黨的政府號稱代表全中國人民，因此它在台灣島內硬性要求「國民大會」、「立法院」、「監察院」等等中央民意代表機關之存在，並且，不准改選內部成員。現在，國際上已經承認了北京的中華人民共和國才是代表中國人民的政府，台北的國民黨，在這種國際外交上大勢已去的局面下，因此有了一些點滴改良、局部改革的構想，主要的目的還是想維持現狀，讓統治階層享有他們的既得利益，陶百川、周道濟等人的改良方案，都是以國民黨中的壟斷資本家們，以及政治上把權的家族們的利益為大前提，弄弄補釘、修護的主張。其實這是無濟於事的，至於國民黨中央委員會制訂的一些改革措施，包括對所謂「戡亂時期的臨時憲法」所想做的修訂都是些表皮工夫。造成台灣國民黨二十二年來貪贓枉法、腐敗無能的真正病源，則仍是諱疾忌醫，避而不談。那麼目前改良主義的所謂「改革」，到底能革到哪裡去，即使局外人也都是看得一清二楚的。國民黨依然在避重就輕地玩弄它的假開明、假民主、假自由的老慣技。基於這一點，我們反對國民黨所謂的改良。

2

台灣島內的以大專學生、講師教授們為代表的知識份子集團，從今年十月，在第四十六期的《大學雜誌》，以「國是專號」為題，大事鼓吹「中央民意代表改選」開始，到十二月七日，在台灣大學體育館召開的「中央民意代表改選問題辯論會」，以及第二天十二月八日，台大、師大、政大三個大學的十幾個社團，連署在島內的《聯合報》刊載要求國民政府改革內政、放寬言論等改革聲明為止，這一群知識份子所發動的改良運動，達到了第一階段的高潮。

由於在台灣島內百般禁忌依然存在而不改，知識份子中的改良派還不能暢所欲言，所以，他們的立場和主張仍未盡可能發展，從他們在第一階段裡所做的言論和主張看來，他們要求一個開放的社會，想建設一個「現代化的國家」，其中的要點是：

一、要求政府各種決策機構，大量吸收新血，引進新人，以達到新陳代謝的作用。

二、要求清算台灣經濟畸形發展的全面癥結問題。在這個經濟大項目之下，強調公布縮減國防預算、外交經費；以及裁減所謂中央和地方、黨政各層的重疊行政系統，避免經費預算的無謂浪費。

三、要求人權保障，司法獨立，立法、監察制度的健全，打破特權集團存在的現狀。

四、要求開放言禁，強調學術自由，廢除特務控制，反對八股教育，開放對中國大陸的研究。

這四個起碼的政治要求是絕對必要的，我們百分之百贊成；在現階段裡也是正確的，我們全力支持這些要求，我們還要堅決贊助島內的這項改良運動。

3

中國現代史告訴我們，在國民黨統治區裡，搞改良運動，倡改良主義，下焉者如聞一多，慘死於特務的亂槍之下。其中命運較順的，又不免經過三個階段：首先，被國民黨熱烈的歡迎；接著，被國民黨有計畫的利用，以達到國民黨自己的目的；最後，被國民黨徹底腐化，成為國民黨的尾巴。最好的例子是倡自由主義的胡適：從一九一七到一九三七的第一階段，胡適提倡點滴改良；從一九三八到一九五七的第二階段，胡適的改良主義正對上國民政府的胃口，就被國民黨重用，當駐美大使，在國外替國民黨吹噓寬待；從一九五八年到一九六二年老死的第三階段，胡適返回台灣，供奉在南港的中央研究院。這時的胡適，對著台灣各種不法的措施，也悶聲不響不敢做怫怫不平狀了。甚而至於，一九六〇年九月四日他的好友雷震為組新黨被捕後；自由主義的胡適寫了〈自由與容忍〉的文章，居然公開高唱容忍比自由更重要。一個自由主義的改良派人就這樣徹底腐化，變成了國民黨的尾巴集團中的一條應聲蟲！

這個歷史的教訓是值得我們重新溫習的。我們在島內剛剛興起改良運動的時節，特別提出這一則中國現代史裡改良派的敗北實例，主要的用意是，要和島內的朋友共勉，吸取歷史的教訓，以免重蹈覆轍，做了國民黨的利用品，除了害自己之外，也害了台灣廣大的人民，拖延台灣一千四百萬人民從惡政的痛苦中全面解放的期限。

4

我們贊成台灣的知識份子集團，以他們的要求和主張，與國民黨為代表的資產階級做持久性的針鋒相對；同時，我們主張目前島內這個改良運動應該進入新的階段。

現階段的改良運動，簡捷地說，仍是抄議會鬥爭的老路線，總是點滴地、局部地、表面地、要求統治階層做這做那的改良，絲毫不能觸及最根本、最核心、最要害的問題。在這種只能動毫毛、不准割皮肉的情況下，要求國民黨「吸收新血」，等於要求國民黨多雇用些它的忠僕而已。中國現代史中各時期、各階段、各種類的改良運動多半是在上層建築的統治層面做著討價還價的工作，他們的聲音和吵鬧也多半只編成了一部政治鬧劇而終場。

造成中國現代史中改良主義的失敗為終場的主因在於：改良派先天帶有濃厚的妥協性。這妥協性，隨著情況的推移變化，常常造成統治階級出賣改良份子的主張，或造成改良份子的自我出賣，自動取消原有的立場，而與統治階級的利益相結合，從康有為、譚嗣同、梁啟超、吳虞，到胡適、吳稚暉，再到殷海光、雷震、郭國基、郭雨新；從「百日維新」到「啟蒙運動」、「問題與主義」，再到台灣的「新黨運動」，哪一種改良份子，哪一種改良運動不都是陷入這兩種失敗的命運。而從中國近代史看來，造成這種改良派的濃厚妥協性的主要原因，卻有兩個：一是改良派忽略國際帝國主義對中國的野心，另一個原因是改良派沒有與社會的基層人民結合。

今天，第一階段所顯示的改良運動也帶有這兩種缺陷。

第一是閉門主義，造成對當前美、日帝國主義對台野心的漠視，今天，改良主義者提倡「開放社會」、「現代化國家」等觀念，在思想上，便表示願意跟隨美國，走美國路線，而似乎不考慮美國在軍事、經濟上侵占台灣的事實，也沒有深切檢討美國式的社會是否應作為追求的目標。二次大戰以後，美國為了保持它在世界霸權的地位，為了圍堵中國共產主義的新國家，它積極地利用台灣，把台灣當作它的亞洲基地之一，以逞其雙重目的。目前，越戰未了，台灣在軍事上仍被美國利用，作為美國在亞洲的情報、補給、修護的中心。在經濟上，美、日壟斷資本之全面控制台灣更使台灣淪為名符其實的半殖民地，亦未受到應有的重視。

台灣二十多年來之所以維持現狀，長期與中國大陸分裂，各種社會問題不能得到解決，主要是因為美、日這兩個在台的外國勢力支持著反動的蔣政權，島內國民黨也寧願在政、軍、經各方面受外國的控制，這是國民黨所美其名為「外國援助」以推延中國解放台灣的憑藉。如果，今天台灣的改良派不能看清國民黨政權的背後是美、日在撐腰，一旦美、日勢力撤出，國民黨政權便不能自保，不看清這個事實，便不能真正發揮改良的作用。

所以我們主張目前台灣的改良運動及時帶進新的階段，便是希望這個運動及時認清今天美、日帝國主義對台灣的野心，正視島外這兩個帝國主義勢力以及島內國民黨與這兩個野心勢力的勾結，則這個改良運動才能走向成功的康莊大道。

其次，要這個運動走向康莊大道，並且要持久堅持下去，則一定要結合台灣的基層人民。除了進步的城市知識份子之外，要緊的是，還要和佔台灣一半以上人口的工農大眾結合。要達成這個目的，首先得糾正知識份子只看上不看下的抬頭巴望主義，切切實實進入工農的生活去做調查，深入了解問題所在。

簡言之，今天改良派必須面對的兩大根本問題是：

解決以國民黨為代表的買辦官僚資產階級與帝國主義之間的勾結。

解決國民黨內壟斷資本家對中、小型民族工業以及工人、農人的全面剝削現狀。

改良派的知識份子一旦認清了台灣政治問題的癥結，則知識份子的兩面性、妥協性、投降性便會逐步地消除，而為改良運動的第二階段帶來豐碩的果實。台灣革命運動的成功，有賴於目前知識份子集團的改良運動主動聯合台灣的進步的民族資產階級、小資產階級、無產階級，而以無產階級的利益為中心、為前提，組成聯合陣線，共同奮鬥，徹底消滅台灣封建腐敗的政權，建立真正民主的新社會。

——一九七一年十二月；手稿。

戰後台灣的改良派

1

一

一九六〇年九月四日，雷震被捕，判十年徒刑。
一九六九年九月十六日，殷海光在政府迫害下病死。
一九七一年三月十九日，李敖被捕，判十年徒刑。

雷震、殷海光、李敖，這三人的判刑和結局說明了二次大戰以後台灣改良派活動的歸宿。

一九六〇年九月四日，雷震以「明知為匪諜而不告密檢舉」和「連續以文字為有利於叛徒之宣傳」等莫須有的罪名被台北政府判處十年的有期徒刑。雷震等人所辦的「自由中國」

半月刊也隨之被封，而他們正在進行的組織新黨的活動也因之煙消雲散。

一九六九年九月十六日，代表台灣六十年代大部份學院知識份子的心聲，以單人陣線的姿態，出而抨擊台灣時政的殷海光教授在政府的迫害期間猝然病故。

一九七一年三月十九日，距「文星」雜誌被封三年，台灣全盤西化論的最後代言人、「文星」主編、「文化太保」李敖被扣以「台獨份子」的罪名，被判十年徒刑而鋃鐺下獄。

這一波接一波的突出事件標誌著台灣改良派在過去的十幾年間發展的三個階段。而雷震、殷海光、李敖，這三個人分別是這三個階段的代表人物。

總地說起來，十幾年來這一條改良主義線索的發展與台灣一千多萬人民的生計未嘗產生休戚相關、唇亡齒寒的連帶關係，而只在台灣社會的上層結構中活動，極其有限地吸引了一些不滿現實的政客和富有正義感的知識份子的關切。十幾年來，他們的被捕、死亡和雜誌的被封都沒有引起台灣社會的震盪。倘與香港邵氏影城的「凌波仙子」一曲黃梅調引發六十年代台灣城市市民和中、上層社會的擾動相比，實在是悽涼得很，簡直不能同日而語。在台灣的政治黑夜裡，他們只是一顆流星，十年來每況愈下的演變只能在空中匆匆劃下了他們往下直栽的軌跡。

二

雷震、殷海光、李敖這三個改良主義的連環中，以雷震的政治經驗最豐富，也是三人之中唯一將他的改良派思想在政治上付以實際行動的一人。雷震本是國民黨圈內人，在大陸解放前，在國民黨三中全會（一九四七年）時早已成為炙手可熱的少壯派中堅人物，曾經出任過政協祕書長。但是也就在那個時候，雷震早被國民黨的保守派元老們視為腹中之患，眼中之沙。撤退到台灣以後的二十年間，國民黨的局面仍然被保守派元老們把持，種種倒行逆施、貪贓枉法，比以前的大陸毫無遜色，因此造成台灣社會長期的敢怒不敢言的悶局。在這種滯悶閉塞的氛圍裡，雷震扮演了進取的「狂者」，挾其西方式的民主、自由的信念，頂著胡適的自由主義旗幟，號召一些隨蔣來台的民主派人士，更串連了台灣當地的積極份子如李萬居、吳三連、高玉樹、楊金虎、郭雨新等，毅然決定籌組反對黨，希望「有效制衡」國民黨而達到「和平交替」的政治目的。

當時雷震、高玉樹、李萬居等人創辦了「選舉改進座談會」，南下與各地方人士檢討地方選舉的作弊、違法等來自台北當局的不當作為，並共同謀求改進方策，以為組織新黨的準備工作。當他們一行決定於一九六〇年七月三十一日在高雄市舉行「高屏區」（高雄市、高雄縣和屏東縣）選舉改進座談會時，當天台灣北部、中南部的官報《新生報》、《中華日報》和《中央日報》等，都以第一段顯著的地位，以頭號字作標題，刊出「匪透過港統戰份子，支持台灣『新黨』活動，企圖其顛覆政府陰謀」（《新生報》）、「匪幫對台積極展開統戰，圖以『內外夾攻』方式，達到顛覆政府計劃」（《中華日報》）等等無中生有的「消息」。

國民黨不能容忍新黨的組織，乃於一九六〇年九月四日，替雷震安插了包庇匪諜而不檢舉的罪名，將他發落下獄。當時血脈已成的新黨在瞬息間便胎死腹中。而為新黨鼓吹，提倡西方派民主、自由的「自由中國」半月刊雜誌也隨之遭封，就此夭折。

「雷震案件」或「『自由中國』案件」是一九四九年以來台灣第一次，也是到目前為止最後一次，改良派人士遵循「合法」途徑，企圖在國民黨政權控制的體制範圍內，有規模地展開的資產階級民主運動。

「有規模地展開」在這裡不只是指它人數的眾多，而更針對的是，在社會結構上能夠跳出一個階層的局限而與台灣其他階層的人士結合而言，就地理上說，它又能打破以台北為活動的範圍的狹隘觀念，而南下與台灣中部、南部的政治、社會活動銜結。從這個角度來看，雷震這些人除了結合其他社會階層的工作尚嫌不足以外，可以說做到了「有規模地展開」的程度。

三

與雷震等人相比，殷海光和李敖這一對師生的政治鬥爭，就規模和實效來說，都小得很多。因為第一，殷海光和李敖都在學術思想和社會批評方面，下著書立論的功夫，而都不是實際參加政治活動的人，所以他們兩人的局限性較之雷震便大得太多，落實機會也就更為渺茫了；第二，存在於殷海光和李敖兩人意識裡的只有台北，而沒有台灣的其他地方。這也是台灣的一般知識份子的通病，在思想裡只有「北上」的衝勁而沒有「南下」的意願。這兩點使殷海光和李敖自囿於台北之內的知識份子圈內，而他們的衝擊力走不到這個圈子以外的其它角落。

殷海光不能算是政治中的行動份子，雖然他半生出沒在中國政治的邊緣上。殷海光早年以擁蔣反共著稱，英年出任《中央日報》主筆。可以說是四十年代的反共名角。遷台後，除了執教台大哲學系外，還積極參加《自由中國》雜誌社的工作。在言論上和有限的行動上支持雷震，鼓吹組織新黨。殷海光在思想上崇奉的是西方「開放」的政治社會制度，但是自己在思想上卻不能依據台灣當時的特殊環境，建立一套他理想中的政治哲學。既然缺乏具體完整的理論體系，他自然就沒有開創風氣，發蹤指使的能力。他對台灣時政的批評有時一針見血，然而這充其量也是間歇性爆發出來的火花而已。他的為人只予人以雖有真情、有憤慨而無能為力的知識份子的印象。這成了六十年代台灣手無寸鐵的知識份子的典型代表。殷海光晚年放棄了反共的立場，採取了積極反對台灣種種政治措施的態度；並且開始以比較客觀的角度對待大陸新中國的種種建設。據說，臨死前還讀了美國學生攜帶入台的《毛澤東選集》和Stuart Schram的《毛澤東》，並偶爾向他的一部份學生們說出他在島內進行游擊戰的構想。殷海光思想的這種劇變，未嘗不是代表著台灣島內一部份有良心的知識份子摸索追求的一種答案。

四

李敖是殷海光的學生，青出於藍而勝於藍。從形而上的文化論到現實社會的批評，李敖都比殷海光來得徹底而有魄力。在文化論上，他是全盤西化的辯護士。由於台灣島內一切被壓抑，思想不能發展，青年活力不得伸張的氛圍下，李敖不忍見整個社會就此頹廢、萎縮下去，他奮不顧身地跳出來，指摘、批判。吶喊之餘還制定了他自己一套判斷是非的標準：對的是西方現代，錯的是中國傳統。因此他的結論是：「我們一方面想要人家的胡瓜、洋蔥、番茄、鐘錶、眼鏡、席夢思、預備軍官制度；我們另一方面就得忍受梅毒、狐臭、酒吧、車禍、離婚、太保、大腿舞和搖滾而來的瘋狂。」

站在台北的十字街頭，放眼看看日益被西方、東洋文化侵蝕的景象，倘不去深一層考慮造成這種現象的根本原因，很容易就接受了李敖這一套結論，以為兩者不可兼美，而一利必有一害。但是這個結論並不正確。是的，台灣確實是到處都是醫梅毒、治痲病的廣告，大街小巷酒吧林立，街頭巷尾，酒女招搖，車禍層出不窮，太保流氓不絕，熙熙攘攘，喧囂沸騰，直把台北烘成搖滾充塞、瘋狂失落的「現代化」都市。這種現象不能說事出無因，查無實據。原因是有的，證據也是有的。但是原因和證據都不是吃了洋蔥戴了眼鏡，而在於更為基本的政治和經濟政策上。美國和日本把台灣當作它們的半殖民地來處理，而島內裡通外國的政客和資本家們，為了維護他們的既得利益，把台灣種種文化生活上的黑暗和怪現象，統統以「現代化」過程中所不能避免作為理由而任其生存滋蔓，其目的無非就是要維持現狀，反對改革，使他們自己能夠繼續與美、日勾結，從中取利而已。

這種政治騙局，很不幸地，卻由文化領域中的那些似是而非的全盤西化論和擁護歐美式「現代化」的論調隔山唱和。其實，徹底說起來，文化上的全盤西化論和現代主義都是助長政治、經濟的殖民主義的一名小幫凶，因為它們的出發點是一致的，靈魂深處都是跪向西方的。全盤西化和現代主義者們縱使對台灣政治現狀有所議論，然而歸根結底，總是落個小批評大幫忙的結局。理論無他，基本立場上他們皆是站在一條船上的人而已。這一點從李敖的非文化性的政評時論中最易看出，不管李敖的筆尖多犀利，證據多充足，他對台灣社會現實的解剖總不能直指要害，掏出致使台灣病症日趨嚴重的惡性瘤來。他批評的只是浮在社會表面的幾個個人，幾種現象而已。就整體而言，他的全盤西化論都是間接替台灣政經的半殖民現狀辯護的一種文化思想。

2

雷震、殷海光和李敖這三個改良派的連環，由一個中心思想把他們牢牢扣連在一起，這個思想就是自由主義！而這個主義又是由一個人化身體現，並且由他們三個人所共同推崇，這個人就是胡適。這三個連環，雖然各自的身份不同——就政治關係而言，一個曾是國民黨黨內的紅人（雷震），一個曾是國民黨的外圍份子（殷海光），一個始終不是國民黨人（李敖）；就社會身份而言，一個是雜誌發行人（雷震）、一個是教授（殷海光）、一個是學生（李敖）；而就這三個連環所致力的工作性質和範圍而言也不盡相同：一個是鼓吹西方式的民主而又實際投身於政治活動之中（雷震），一個是致力介紹西方的形式邏輯、追求「沒有顏色的思想」，而在學院畢生專於學術工作（殷海光），一個是要藉全盤西化的理論，在言論上鼓吹台灣社會改革的思想（李敖），然而萬流歸宗，儘管活動範圍不同，工作性質相異，但是他們的思想源頭卻是一個：自由主義。而所謂的改良主義，實則是為了實現他們的自由主義而採取的辦法而已。所以嚴格地說，改良主義，與其說是一種思想，不如說是一種方法，自由主義才是這種方法背後主宰動力，自由主義是裡，改良主義是表。因此，要抓雷—殷—李的改良派三連環的思想源頭，實際上就是檢查他們自由主義的理論。

中國近代，自嚴復以降的西化自由主義者多在文化和政治之間打滾。他們一方面感到傳統的束縛，要從孔制、禮教、帝制為代表的封建制度中解放出來；另一方面則嚮往西方，屢屢挾西方的民主自由觀念抨擊當時的中國政體。然而，這一群西化論者卻不但沒有指出一條中國政治可以走，實際上也可能走的道路，反而把中國近代的思想界搞得烏煙瘴氣。究其原因，主要的一點就是對西方的自由主義，只停留在概念層次作一廂情願的心往神移，而很少就西方歷史的演變和社會的結構等實情，去分析西方自由主義的興衰的來龍去脈。胡適說：「自由主義的第一個意義是自由，第二個意義是民主，第三個意義是容忍——容忍反對黨，第四個意義是和平漸進的改革。」然而問題並不止於這些表面。

「自由」，是誰的自由？「民主」的「民」是指誰？「容忍」，是誰在容忍？而容忍的是什麼樣的「反對黨」？又「和平漸進的改革」，在什麼客觀條件下才游刃有餘、行有餘力地搞和平、漸進的「改革」——又是為誰的利益而改革？

這些問題是自由主義者鮮少考慮的。其實，倘就歷史的發展去了解自由主義的起源，這些問題並不難得到答案。

西方自由主義的發展可以分為三個時期。十八世紀末的歐洲，隨著資本主義的興起，經濟結構，從而政治結構，都起了劇烈的變化。資本主義主張自由競爭和經濟的放任政策，與當時宗教和封建的社會體制格格不入，遂而發生鬥爭。為了從這個中世紀以來的宗教和封建制度解放出來，個人自由的思想乃是當時資本主義革命的思想武器，而在當時確實發揮了它的進步作用，這是自由主義發展的第一時期。到了十九世紀的上半葉，資本主義革命成功，打敗了歐洲中世紀建立的封建制度。資產階級出而主政，這個階級為了鞏固自己的政權，防止其他階級的興起，便從自由主義中抽去了初期的革命精髓，轉而鼓吹和平漸進的改革，改良主義的自由主義就應運而生，這是第二個時期。當資本主義發展到十九世紀末和二十世紀，它已經由鼎盛走向衰敗。在這一個時期，自由競爭已不復存在，小經營者無法與大資本家競爭，壟斷代替了自由競爭，金融鉅子控制了財經和政治的樞紐。表面上實行的是互相牽制的兩黨或多黨政治，事實上是朋比分肥的財團在壓制個人和自由，這是第三個時期。

自由主義的發展配合著資本主義社會的發展，隨著西方社會結構的變遷，自由主義的內涵也不時有修正和調整。不管從自由、民主演變到容忍，從革命精神轉化為和平漸進的改革，不管怎麼變化，自由主義只是為某一種人，某一個階級說話，這是昭然若揭的歷史事實。西方自由主義講究的自由是誰的自由？民主的「民」是誰？等等問題便不言可喻了。

從清末到民國，中國人鼓吹自由主義或主張全盤西化的最大諷刺就在於，事實上近代中國已經備受西方資本主義的帝國主義的踐踏，而這一些中國知識份子卻還去搬引為西方資本主義辯護的自由主義，企圖將它移植在中國的土地上結果怎麼樣呢？結果是以西方的自由主義控制國內的民族主義，同時也替西方的資本主義掩飾它在中國境內的帝國主義的醜惡罪行。

3

雷震、殷海光和李敖在戰後二十年的台灣，所致力的自由主義化工作，表面上雖然有消極抵抗島內官僚政治和封建思想的作用，但是實際上，它所起的更大的作用卻是：一方面在島內間接替買辦政權打掩護，而另一方面，在國際冷戰中直接替西方充當反華的思想尖兵。

美國為圍堵中國大陸，派第七艦隊巡弋於台灣海峽，把台灣島變成美國在遠東的一艘不沉的航空母艦，把美國的軍事力量源源不斷地引進台灣。但是《自由中國》的改良派諸公對此猶感不足，認為美國推展它的反華政策還不夠積極，埋怨美國漸漸走向「姑息」。一九五八年四月一日，他們在《自由中國》（第十八卷，第七期）的社論裡說：

第一，我們指出，過去數年美國的遠東政策，總不免有些向國際共黨妥協與示弱的跡象和傾向。所以我們責備美國應該堅持不移反共原則，絕不與國際共黨妥協，絕不向國際共黨示弱。

第二，我們認為，戰後遠東局勢之所以混亂，之所以被共匪滲入，不祗是由於這一地區的經濟落後，也由於這一地區文化水準的低落。所以我們希望美國對於這一地區的現代化教育工作，負起主要的責任來推進。

第三，我們確認，反共鬥爭不是單純的民族間或邦國間的鬥爭，而是超民族超邦國的自由對奴役，民主對極權的鬥爭；同時我們深信，在這一艱鉅的反共鬥爭中，可以保證自由世界獲得最後的勝利，就是自由世界的領導者美國有其深厚的自由民主的傳統思想或立國精神。

這幾段話可以代表五十年代改良派的思想和心境。思想是「超民族」的，不求中國民族的自求解放，而一味想依靠美國的「幫忙」，思想上既然這樣依賴成性，心理上對美國的日漸無能為力自然就急躁萬分，心焦如焚，責怪美國是妥協、是示弱、是姑息。這種放棄民族利益的防線不顧，而一味標榜美國式的「現代化」的現代派與站在民族利益的立場行動的民族派，無論在什麼時候，什麼地方，都會形成一種相互敵對的鬥爭。

表面上看來，戰後二十年的台灣，似乎是現代派的天下，在政治上，他們高唱「自由體制」；在社會思想上，他們提倡「開放社會」；在文化論上，他們炒「全盤西化」的冷飯；在文藝上，他們捧出「現代主義」和「超現實主義」。這些東一個現代西一套現代的美麗名詞，雖能惑人於一時，卻經不起事實的印證和科學的分析，其妥協性和投降主義的真面目遲早是要現形的。而雷震、殷海光和李敖的改良主義思想就建築在這妥協性和投降主義的基礎上。

4

改良主義是政治上的一種超現實主義，它脫離民族立場，以自己的民族面貌為落後、為醜陋，引以為恥，而幻想美國為人間的天堂，暗拜山姆叔叔為乾爹。這種人物在國內關起門來便睥睨群眾，自己高高在上，大耍其異立特（elitism）調調兒。然而，他們的思想真能落實嗎？事實擺得很鮮明，既是一種超現實主義，自然就沒有落實於現實的可能。既然是個異立特，就只能坐陣台北，縱覽全島。台北是一座封閉的城市，他們在封閉的城市裡發酵著一套封閉的思想系統。所謂現代化也者，實際上就是一套精神上的虛脫現象：悱惻、徬徨、焦思、憂慮、迷惘、沉鬱、惶恐、畏怯，然後還加上他們的孤傲。

在雷震、殷海光、李敖三人之中，只有雷震了解衝出台北而與「地方」結合的意義。然而，倘更進一層去看，雷震與地方的結合也僅限於台中、嘉義、高雄、新竹等地區的地方議員和官僚的範圍而已。這除了在數量上結合面有限以外，最大的缺陷是沒有突破社會階級的界線，雷震結合的還是局限在台灣社會的中、上層階級。基本上沒有脫離異立特的意識型態。

幾個地方人士的呼應給予雷震等人一個錯覺，以為時機成熟，反對黨勢在必組，結果反走上了人為刀俎、我為魚肉的死巷，造成被國民黨輕易宰割斬除的結局。這就是歷史上改良主義搭高線，只顧在社會的上層結構下功夫，而不屑深入社會基層，作長遠的思想啟蒙、樹立新世界觀、改變人與人之間的關係等等這些艱鉅工作所必遭遇的結局。這一條社會規律為中外古今的歷史一再證明，而改良派人士卻不情願接受這一條歷史規律，而屢次作出飛蛾撲火的盲目行動來。

殷海光和李敖，若與雷震比較，可以說更是等而下之。他們接受傳統的看法，以為學術思想的工作是獨來獨往的個人事業。因此也很難想到，思想的啟蒙工作與發動社會基層的工作有密切的關係。殷海光和李敖都繼承了以胡適為代表的五四運動的右翼發展，而排拒了五四運動之中由學生運動而工人運動，而農民運動，終而由社會基層的人民積極參加而創造了新民主主義社會的左翼發展。

殷海光和李敖追隨胡適，主張緩進待機，提倡點滴改良，強調知識份子個人自由。而胡適以來改良派所患之最嚴重的沉疴——讀書救國論——也無可避免地反映在殷海光和李敖的身上。「讀書救國論」是胡適在五四學生運動方興未艾的初期，企圖將學生們從社會的街頭再趕回象牙塔的書房裡去的理論根據。換一句話說，這就是擺明社會秩序要緊，政治道統至上，要大家各就原位，稍安勿躁。這種維持現狀於不亂，講求個人自由不受外力牽連的消極思想搬到殷海光和李敖身上，卻套上了「學術尊嚴、學院獨立」等口號的外衣。所以知識份子的孤立絕緣被視為當然之事，也認為是知識份子應有的清高。在雷震眼睛裡，新竹、嘉義、高雄、屏東等地方，還算是結合群眾的據點，在殷海光、李敖這一類自由主義的知識份子看來卻都清一色成為放假旅行的消遣地方，另無其他意義價值。他們自動困守台北方城，織起思想的蠶繭，把自己幽閉起來。

戰後的二十年間，有雷震奔波台灣中部、南部的影子晃動著，有殷海光孤傲的腳印留在台大的校園上，有李敖的狂言警句回響在台灣的論壇中，但是都已經煙消雲散了，都化為烏有了。俱往矣，數台灣的英雄人物還要看今朝覺醒的無產階級群眾。

——一九七三年十一月二十五日

原載《東風》第五期，美國：東風雜誌社，筆名簡達，頁二—五，一九七四年二月。

釣運已經死了？

美國的釣運最近漸趨平靜，一般局外人以為運動已經死了，其實不然。是的，現在沒有熱轟轟的示威遊行，也沒有爆炸性的抗議集會，從外面看自然是一片平靜的景象。然而這不是說西線就真正無戰事了。各地的積極份子都沒有鳴金收兵，大家都投入學習之中，除了思想的鍛鍊之外，更重要的是要鍛鍊群眾工作中的方法，怎樣在不失原則的原則下，儘量以擺事實講道理的態度來進行工作。以前當頭棒喝的方法在運動崛起的當頭是有喚醒的作用，後來普遍的海外中國人都已久蟀初醒，再用強硬的方法來工作就犯了不少的錯誤。幸好，現在運動內的朋友都知道了用說服不用壓服的辦法。不過，在這個關口上，我們有時又太矯枉過正，尤其是對待台獨中的右派，因一心想與台灣籍同胞交朋友，彌補自己以前的過錯，結果倒把自己的立場先放下，去聽從台獨右派的言論指使。這種現象各地有之，很有把自己的主張弄混淆的現象，這個再進一步就很容易淪入鬥爭熄滅論的陷阱。處在這個關頭，問題倒也漸漸明朗起來，大致可以將目前一些想法和作法歸結成幾個問題：

一、作一個愛國華僑，在海外宣揚祖國的進步呢？還是把主力放在台、港，從事對台、港半殖民、殖民現狀的鬥爭？

二、到各地華埠去工作呢？還是留在學校附近的運動圈內作台、港社會的分析，和鬥爭工作的籌備？

這兩個問題是目前面對學運內的朋友們的問題，當然，問題不能孤立絕緣地看，兩者之間沒有、也不應該有大衝突，計畫得好的話，反而可以相輔相成，而且也應該互相配合才對。不過，現階段還是很難一下作好，所以各組各群尚未合作之前，也應該把工作目標——台、港或華埠——分明地定出來，否則常常引出一些不必要的紛爭。以港、台問題為中心課題的朋友們，慢慢地感到自發的學生運動的實質已經不能應對艱鉅的台、港鬥爭工作，非得走入自覺的、有紀律的，而漸漸有組織的政治運動的範疇不可。有這種認識的朋友是很反對鬥爭熄滅論的。對於那些以為中國外交的成功，可以很快解決台、港問題，因而我們可以袖手等待，而不必自己「毛毛躁躁地」去鬥爭的議論深為反對，對於那些以為目前情勢大好，手操勝券，因而精神武器慢慢瓦解，沒有原則地與右派亂套交情，攪「大團圓」也大為反對。

不能「毛毛躁躁」這是正確的，交朋友這也是正確的；但是不需要鬥爭（其中更大一部份應該是對自己鬥爭），這是錯誤的，沒有原則的「大團圓」，這也是錯誤的。有這些認識的朋友們刻刻記得列寧的話：

誰把冷靜地肯定客觀情況的理論曲解為替現狀辯護，以至於儘快地使自己去應付每次革命的暫時低潮，儘快地拋棄「革命幻想」而去從事「現實主義的」小事情，那他就不是馬克思主義者。

在其他的場合，列寧批評這種作風是「事務主義」，也就是說事情是做著，而且往往做得很忙碌，就事情本身來說有時還好得無可厚非呢？然而倘去問，做這些事情是想達到什麼目的，就長期的計畫說，這些事情是完成了哪個階段、哪個步驟的任務，等等問題，則便茫然起來，這實在是政治運動最忌諱的事情。

批判「事務主義」，批判遷就右派的「遷就主義」，批判沒原則的交朋友的「大團圓主義」是目前我們的工作，本著細心地摸索、虛心地學習互助的態度在進行這項工作，從裡面看出來，你能說運動已經死去了嗎？事實上是，不但沒有死去，毋寧是慢慢地向前跨了一步了，這是要將學生運動帶入政治運動的一步呢！

原載《盤古》第五十六期，香港：盤古雜誌社，筆名隆邁，頁五三，一九七三年四月。

輯三

政治評論、國際局勢、瞭望

困獸的手勢
——談美國對華政策的改變

一、兩種不同的亞洲人

七月十五日夜間，尼克森在電視上宣布，他要訪問北京，做一次「增進現代以及今後世世代代和平」的「和平之旅」。從那天晚上起，又有另一批做了多年政治冬蟄的中國人甦醒過來，從泥土裡探出頭來了！（早在半年前，一批中國人，為了釣魚台事件已經站起來了！）在美國各地，有中國人的地方，大家於是便紛紛地辦著「中國問題討論會」的活動，彼此討論，藉此充實自己多年來的政治空白。這的確是好事！這是留學生全體從「不聞國事，不問政治，但求留美，混世糊口，終老海外」的絕路中，解脫出來的開始！直截地說，這才是留學生自救的開始！

八月以來，美國不斷地在佈署兩個中國，或一中一台的策略，想把中國在聯合國的代表權問題，搞成「兩個代表」的結局。於是各地的中國人又紛紛針對著聯合國代表權問題進行著一連串的討論，同時也在策劃著應有的行動。際此第二十六屆聯合國開會的前夕，我們應該對美國目前的中國政策，以及當前的國際局勢有個基本的了解和掌握，以為我們今後行動的基礎。

這次美國主張邀請中華人民共和國進入聯合國，以及尼克森自己計畫訪問北京，再加上尼克森為了解除美元在國際貨幣市場上所遭遇的危機，企圖抑止國內工資與物資交替上漲，所造成的持續性通貨膨脹的威脅，於八月十五日所宣布的新經濟措施，種種等等，這些美國重大的決策在短短的兩個月之間接踵而來。表面上是波譎雲詭，看來是瞬息萬變；然而在底層，美國的基本政策卻不曾改變，這沒有改變的美國基本政策，換一句話說，便是今天的「尼克森主義」。

今天的「尼克森主義」和昨天的「艾森豪主義」或前天的「杜魯門主義」有什麼不同呢？根本上是沒有什麼不同的！這些名稱不同的主義，重點大可以改變，但是方針確是一貫的。這些主義的共同方針便是美國自己要做世界的霸主。於是一個一個名目不同的主義相繼出籠，主要的目的卻是要把自己的軍隊武力放到別的國家裡，去控制別的國家，徹底貫徹它的擴張主義。把自己看成「最先進」的一等大國，把其他國家看成「落後的」、「開發中的」國家；從這種自我中心主義出發，再假借什麼「援助」、「扶植」之名，把自己的美元、美軍源源不斷地送進別的國家，以便進行滲透控制。歐洲是這樣，非洲是這樣，拉丁美洲是這樣，亞洲更是這樣！針對著美國侵占亞洲這一事實，我們這一代的亞洲人目前可以分成兩種不同的人，各自有不同的世界觀，各自有不同的使命。一種是視美國人駐紮在自己的國家是當然不駁的道理，而且，隨時隨地更以謙卑自賤的心情去追隨美國，永遠地把美國看成大龍頭，把自己看作小尾巴，一唱一隨，貫徹抵死跟隨老美的世界觀，實踐著終生效忠山姆乾爹的使命。另一種是，總覺得老美混在自己的國家是件極其不自然的事。而且，也終於窺破了美國一套「軍事援助」、「經濟援助」的侵略本質，於是便努力地掙脫美國的控制，洗刷自己在美式教育下所沾染的奴才思想，貫徹自立自主、不依賴老美的獨立的世界觀，實踐著徹底驅逐美國以及一切外國勢力的使命。

第二次世界大戰以後，亞洲人民之中，正如非洲的人民和拉丁美洲的人民一樣，第一種人慢慢地減少了，第二種人慢慢地增多了。中國也是這樣，第一種人慢慢地減少，漸漸地改變自己，變成第二種人了。半年多以來，港台的中國人在思想和意識上也正在起著決定性的變化。第二種人的陣營大大地壯大起來了。這說明了什麼？這說明了亞洲、非洲、拉丁美洲所結合的第三世界在興起、壯大、獨立；也同時說明了號稱「超級大國」的美國在退縮、解體、沒落。

二、美國變成了一隻困獸

今天，美國一反其圍堵中國、打擊中國的傳統策略，改而要邀請中華人民共和國進入聯合國，尼克森自己則要到北京去移樽就教。美國這一策略的改弦易轍並不如表面上看來的那樣單純，那樣直截了當。它真正的來龍去脈，必須放到第三世界在興起、壯大、獨立，和美國在退縮、解體、沒落，這兩條國際政治演變的軌道上去比照衡量，才可能得出正確的答案。

美國花了超過二千億以上美元，派遣了三十萬軍隊，截至一九六九年三月為止，平均每月投擲了十三萬噸的炸彈（幾乎是一個星期製造兩個廣島事件）去打越戰，依然打不下這場戰爭，這最主要的原因是；覺醒的越南人民一旦決心戰到底，直到把美國勢力驅出越南境內，誓死不讓美國勢力留在越南，那麼美國即便有千兵萬甲，即便有最新式的武器，都是無法戰勝這場人民的戰爭的！

尼克森自己說：「因為越南人民自己沒有能力作戰，所以我們幫助他們作戰；因為越南人民自己沒有能力組織他們的政府，所以我們幫助他們組織政府。」這種假慈善而真侵略的勾當，連美國人民也看得出來。在越南的戰場上，一批批的美國官兵在厭戰的絕境下都吃起迷幻藥來，造成空前的士氣大低潮。這一場師出無名的黑仗，不但耗損了二千億以上美元的鉅額，無端犧牲了萬千無辜的美國人民，而且，也終於引發了美國國內民心的背叛——由反戰而反政府，由反政府而反美國整體社會結構。華盛頓的高級官員意識到美國這個國家已經從內部開始在崩潰，有識之士更將美國目前國內各方面的紊亂情形比擬作古羅馬帝國總崩潰的前夕。

美國長期的駐兵海外，企圖雄霸世界的野心，終於也慢慢挫傷了它的雄厚的經濟基礎。十年來越戰的僵持更拖垮了美國的國庫。二十年來，美國保持它的美元作為資本主義世界儲備貨幣和國際支付手段的特權地位，現在已經難再維持。美元的危機，美金在世界金融界的喪失信用，便是美國這個國家在往下崩敗的一項具體表現。歐洲共同市場的抬頭更是灼灼逼迫著美國，今年五月初終於爆發了以美國為首的西方資本主義國家的金融危機。上（八）月以來，法國、荷蘭、比利時等國家連續向美國兌換了十多億美元的黃金，使得美國黃金的儲備急轉直下，下降到九十七億二千萬美元。這是美國三十年代經濟大恐慌（一九三五）以來所達到的最低數字。尼克森終於只好悍然宣布，從八月十五日起暫時取消美元換黃金。這種抵賴的行為，已經徹底暴露了美國國庫捉襟見肘的窘境。

在這種國內民心低落，國外官兵厭戰，而且，內外金融財政又陷於窘迫的時期，另一個超級大國蘇聯卻步步又走上了帝國主義的危路，默默地在擴張軍備——特別是海軍。在地中海區域，美國的第六艦隊遠遠不是蘇聯海軍的對手。蘇聯的勢力於是順利地由地中海東伸，伸到東歐，由東歐再伸到中東，由中東而印度，由印度而南亞。八月九日，蘇聯和印度簽訂二十年友好合作條約，使蘇聯的勢力得以深入印度半島和印度洋。昨天的赫魯雪夫和今天的布列茲涅夫，都背叛了列寧的精神，而抄擴張主義的老途徑，正式走上了帝國侵略的道路，蘇聯的擴張主義必然地仍是美國擴張主義的最大威脅，布列茲涅夫主義必然地仍是尼克森主義最大勁敵。目前布列茲涅夫的要務是，在巴爾幹半島上離間破壞親中共的社會主義的國家，鞏固華沙公約國家的團結，滲透東地中海、中東、東非、北非和西亞，直接威嚇美國。今天蘇聯的洲際彈道飛彈已由十年前的十七顆增到一千四百顆，針對美國的本土遍作發射的佈署，嚴重打擊了美國的自信心和安全感。

三、兩條道路之間的選擇

以上我們約略看到美國在軍事、經濟、社會各方面的頹敗。處於這種內外虛脫的狀態，再加上蘇聯挾布列茲涅夫主義的強烈侵略性直接威脅著美國，使得美國不得不暫時向中國求和，以便減少受敵面，在軍經的頹勢中求得自保自安。這是美國對華政策改變的真正原因！

美國之邀請中華人民共和國進入聯合國，並不表示美國已盡棄前嫌，與中國重修和好。中共與美國建國的思想基礎是截然不同的！今天美國可以隨時更改任何策略，但是它的擴張主義的根本原則則是不會改變的。單單看瀕臨於經濟破產的此刻，美國的下年度（一九七二）的軍費預算仍高達八百億，便可以知道美國的擴張主義是不見棺材不流淚的。因此我們寧把美國對中國政策的改變，看作是一項困獸求饒的手勢。這是美國在爭取時間，企圖取得一段養精蓄銳的時期，以便伺機再起，捲土重來。我們必須隨時提防美國將來的反撲！反動的擴張主義是不會自己放手收山的！尼克森主義雖強調越戰越南化，亞洲由亞洲人管，但是實質上是美國在搞「以亞制亞」的勾當，一面扶植日本軍國主義，一面又怕日本自己坐大，再度侵犯美國，因此又只好向中國討好，露骨地玩弄著兩面手法。在美國尚未徹底乾淨從亞洲各地撤退以前，尼克森的北京之旅，絕不能輕鬆地被視為是「和平之旅」。但願從久年的政治冬蟄剛剛初醒的中國人，不要被美國表面上的妥協政策沖昏了頭才好！

美國勢力留在亞洲一天，亞洲人就一天不能停止鬥爭！倘若今年中華人民共和國果能進入聯合國，這也不表示一切問題就能迎刃而解。亞洲的問題是複雜的，中國的問題是複雜的，這複雜的問題基本上是政治的鬥爭，同時也是思想的鬥爭。是跟隨亞洲各國的傀儡政權去效忠美國的道路，與消滅傀儡政策建立第三世界的獨立的道路之間的鬥爭；是追求個人自由、自榮的思想道路，與為被壓迫的亞洲人民求解放的思想道路之間的鬥爭！這兩條道路之間的選擇，是每個中國人在討論國是，決定行動的時候，所不能絲毫迴避的！

——一九七一年九月十日；手稿。

*一九七一年九月十九日在加大中國同學會召開的「聯大中國代表權問題」討論會上的發言。

中央情報局的西藏策動計劃

在五十年代的後期，美國中央情報局在科羅拉多洛磯山脈訓練西藏人高山作戰的游擊戰術，企圖利用一小部份的西藏人，在西藏進行干涉內政顛覆反華的行動。

在最近出版的一本叫《說謊的政治》的新書裡（*The Politics of Lying: Government Deception, Secrecy, and Power* by David Wise），作者大衛・懷斯詳細敘述了這個事件。作者說，美國在印度招收了一部份西藏難民，然後把他們運到美國，一九五八年，美國中央情報局開始在科羅拉多的里德維爾附近一個已經廢棄不用的二次大戰時陸軍基地訓練這批西藏難民，這一項訓練工作一直繼續到早期的甘乃迪政府時期。直到一九六一年十二月——登陸古巴事件失敗後的六個月——才突然停止訓練。

作者說：「富有諷刺意義的是，中央情報局之所以選中科羅拉多作為訓練基地，是因為當地有山有雪；然而就是這些山與雪，差一點把這項祕密的訓練工作給暴露了。」原來，訓練計畫中止後，一部份受訓的西藏人將被遣送回去。他們想利用黎明前，黑天暗地中祕密完成這項遣返工作。他們在一個陸軍兵營中把這些西藏人送上一輛巴士，然後開往一百三十哩外的一個機場，在那兒一架大型的空軍噴射機正等著他們，預計在天亮以前把他們靜悄悄地送出美國國境。

「不料下山的時候，」作者寫道，「巴士在雪中滑出了公路。結果耽誤了時間，等這些西藏人到達機場時，已經東方大白，天已經亮了。」負責這件事的憲警一時緊張起來，就舉出槍來，強迫機場的所有工作人員站到一邊，但是說時遲那時快，早有人看到西藏人上飛機了。

事後，當地警察局接到憲警粗暴對待平民的怨訴，科羅拉多的春泉和丹佛等地的報紙報導了這項離奇的事件，但個中祕密並沒有被公開揭穿。

但是，當《紐約時報》的記者正進行對此事的例行調查時，當時的美國國防部長麥克瑪拉的辦公室便有人打電話給《紐約時報》，以「國家安全」為理由要求不能披露這個事件。

《說謊的政治》的作者說，當年報業界並沒有對政府的「國家安全」的定義加以挑戰的慣例，《紐約時報》就在政府的要求下默從了。

根據《說謊的政治》一書所記載的，達賴喇嘛安全逃出西藏到印度去，是這批在美國科羅拉多落磯山上接受美國中央情報局訓練的西藏游擊隊的掩護下完成的。

一九五〇年代後期到六〇年代早期，美國政府企圖利用一小撮西藏人為掩護，在西藏搞破壞顛覆的反華陰謀終於沒有得逞。

《說謊的政治》這本書提出一個問題：「倘在一九六一年西藏策動計畫給予披露的話，美國國家安全將會受到威脅嗎？」

作者在書裡提出了一些事後的設想。他認為，如果在一九六一年，美國政府這個策動計畫被披露的話，可能引起以下的騷動和疑問：

一、美國公民要質問，他們所繳納的稅金是否要用在這種地下的諜報工作。

二、中央情報局在美國境內開祕密訓練基地的法律根據何在？

三、美國公民要質問，難道他們的艾森豪總統批准這項策動計畫？

四、美國公民要質問，難道他們的甘乃迪總統知道這件事？而又批准這件事？

五、美國國會裡的四個「看門狗」委員會到底怎麼回事？

原載《釣魚台快訊》第八十期，美國芝加哥，筆名馬力，頁十五—十六，一九七三年四月。

談三反運動

在政治上取得了統治地位，在經濟上取得了統治地位，但是在思想上還沒有完全取得統治地位；在政治上推翻了舊的階級，在經濟上推翻了舊的階級，可是在思想上，舊階級的力量還占有勢力。面對這種情況，社會主義的革命人民怎麼辦？

在漫長而又曲折的社會主義革命過程中，這是經常出現的問題。

從民主革命時期過渡到社會主義時期，思想上尚沒有取得統治地位，革命的果實將拱手相送，再還給舊的階級；在尚未向共產主義過渡的社會主義時期，思想路線的鬥爭也同樣地重要，在這個為時較長的時期，社會主義者在思想上倘不能取得統治地位，那麼無產階級的革命將墮落而走上修正主義的歧路。思想路線的掌握可以說是革命的關鍵問題，稍有疏忽，略有差錯，面前便是反革命的種種指路標。

然而，在什麼地方決定思想鬥爭的勝負呢？大者從經濟發展計劃，外交政策的擬訂，政府機構的行政管理，業務的運作方式；小者從行政上的辦事態度，社會的風尚習俗，人與人的關係，個人的操守等等，從這些地方可以決定思想鬥爭的勝負。然而這些地方的是非，不像軍事上的敵我那樣容易研判。牽涉到國家政治、經濟路線，也關連到個人的生活習慣和做人態度的思想問題是極其複雜的。其中最棘手的問題是：革命者自己常常變成思想鬥爭的對象，舊階級的思想包袱往往也背在革命者自己的身上，而資產階級生活上種種的誘惑對他們也有意想不到的感染力。

革命，也要革自己的命；處理矛盾，有時也必要把自己當作主要矛盾來處理，這是社會主義革命在思想的過程中一項艱鉅的挑戰和考驗。一九五一年底發動的反貪汙、反浪費、反官僚主義的三反運動，就是中國社會主義者把自己當作革命的對象所進行的思想鬥爭。這個運動在歷史上證明了：在政治上和經濟上取得了統治地位，但是在思想上還沒有完全取得統治地位時，社會主義革命只能算剛剛起步，革命正戲還沒有開鑼呢！

從軍事觀點來看，一九四九年中國大陸的解放已標誌著中國革命取得了決定性的最後勝利，因為中國共產黨和中國解放軍從中國土地上驅逐了蔣介石政權及其背後的美帝國主義者。中國正式結束了百年來受帝國主義控制的局面，而獲得了真正的獨立。

但從政治和社會的觀點看來，一九四九年的勝利不能算是革命成功，鬥爭的完結，而毋寧是一個新的開始，是擺在中國共產黨面前一連串未來的鬥爭的開始。國民黨的政府和軍隊撤退了，但是效忠國民黨的特務和在利益上與國民黨認同的地主和城市資產階級，或潛伏地或公開地還留在大陸。當時的政治體制還部份沿襲舊有的規範，國民經濟還陷於癱瘓的戰時經濟之中，一九四九年冬季公布的一九五〇年收支概算，赤字占百分之十八點七，約五億多美元。在一九四九年到一九五一年經濟恢復時期，大部份的市場、銀行依舊被私人企業所控制，加以一九五〇年六月的朝鮮戰爭爆發和國內兩次嚴重災荒，使得內戰以來的通貨膨脹不能短期內克服。事實上，這是滿目瘡痍、百廢待興的時節，怎麼能說是革命已經成功了呢？

倘說一九四九年以前，壓在中國人民頭上的有帝國主義、封建主義和官僚資產階級三座大山的話，一九四九年以後的五十年代初期至少有兩座大山——封建主義和官僚資產階級——還沒有被拋掉。革命的道路還是漫長曲折的。毛澤東在一九四九年的三月說過：「奪取全國勝利，這只是萬里長征走完了第一步。如果這一步也值得驕傲，那是比較渺小的，更值得驕傲的還在後頭。在過了幾十年之後來看中國人民民主革命的勝利，就會使人們感覺那好像只是一齣長劇的一個短小的序幕。劇是必須從序幕開始的，但序幕還不是高潮。」（一九四九年中共七屆二中全會講話）

「三反」和「五反」運動就是序幕結束以後，再發展下去的一幕革命工作。

一九五一年年底，人民政府為克服通貨膨脹恢復國民經濟，發起了「增產節約運動」。但是不久，便發現這個運動很難推進。研究的結果，發現問題的癥結潛伏在中國傳統社會殘存下來的官僚制度。不但在政府機構中，而且在私人企業上都有封建、官僚的細菌寄生其中，大大阻礙了國民經濟的重建。在這裡，革命面臨了兩層關鍵性的抉擇：

第一層：貪汙、浪費、行賄、瞞稅、偷工減料等等現象，是要當作法律問題來處理，單單法辦涉嫌的幾個人呢？還是當作思想的問題處理，藉此進行社會群眾教育？

第二層：倘要進行社會群眾教育，是應該由上而下地對人民灌輸正確的思想呢？還是鼓勵人民自動自發，由下而上地糾正政府幹部可能有的錯誤思想？

第一、二層中的第一種作法看來簡單俐落，彷彿可以馬上奏效，但卻是資產階級的

「民主」作風；第二種作法看來勞師動眾，吃力而不討好，但卻是無產階級的民主真諦。一九五一年年底，人民政府決定以第二種作法來處理這個問題，把「手上不乾淨」、貪汙腐化不當作個別的違法行為懲治，而當作有廣泛社會基礎的世界觀問題來糾正處理，這已經是思想鬥爭中的初步勝利；而更重要的是，當時患有官僚主義作風的多是政府機關中的幹部和共產黨員，人民政府不但不諱病忌醫，掩飾錯誤，反而把自己當作革命的對象，公開由人民來鬥爭。做到這一步，才可以說是徹底把握了正確的路線，從此新民主主義的革命才有機會順利過渡到社會主義的時期，這是引向革命或反革命的關鍵時刻。

在中國社會主義革命史上，五十年代「反貪汙、反浪費、反官僚主義」的「三反」運動有它重大的歷史意義，它與六十年代的「文化大革命」都是藉革命陣營內的自清運動，把社會主義推向新的階段。

為什麼在「三反」運動中，一部份幹部和共產黨員變成了主要的矛盾而成為革命的對象？這是由於這些幹部和黨員思想的不健全而導致的，這些不健全的思想的主要成份有：

一、打天下的思想：一些幹部和黨員參加革命沒有脫離中國傳統的揭竿而起、搶天下、發財致富的封建思想，帶有濃厚的個人主義的流寇作風。對這些人而言，一九四九年軍事上的勝利就是等於已經搶到天下，算是革命已經結束。

二、冒險主義：參加解放戰爭是走頭無路，被逼上梁山，作背水之戰，這些人看不到革命的遠景，更不能階段性地完成革命工作。

三、功臣思想：「誰搶到天下，誰就能享受」的錯誤思想。當時成為「三反」的革命對象之一的共產黨員劉青山就公開唱這種論調。在生活上學習鋪張享受。有些高級幹部甚至於講究：「吃飽、睡好、完成任務的格調。」

四、由鄉入城後的墮落：一九四九年隨著解放戰爭的成功，大部份黨、政、軍、民的幹部由鄉村的根據地進入剛解放的大城市，十里洋場上海、侈奢浮華的南京、廣州，以及資產階級尚未沒落的大城市，單純無邪的幹部受不住物質的誘惑而生活開始墮落。「三反」運動時期擔任廣東省主席的葉劍英特別強調了這一點。

解放後，全國共產黨員總共約有三百萬，還不到全國總人口的百分之一，而全國上、中、下各層的行政機關所需要的幹部和行政人員遠超過這個數目。在延安時期，共產黨主張召開政治協商會議和成立聯合政府，其中有一項具體的建議，稱為「三三制」，即在全國行政人員中共產黨占三分之一，國民黨也占三分之一，其他三分之一由少數黨和民主人士充當。這一項行政人員分配制在全國解放後得到了實現。這是一次統一的工作，然而這一個統一之中又包括了矛盾。三分之二的非共產黨員之中占很大部份的人是屬於資產階級，占少數的共產黨員受其包圍腐蝕自然難免。毛澤東在一九四九年的三月預見了這個矛盾所能帶來的後果：「在拿槍的敵人被消滅以後，不拿槍的敵人依然存在，他們必然地要和我們作拚死的鬥爭」，「因為勝利，黨內的驕傲情緒，以功臣自居的情緒，停頓起來不求進步的情緒，貪圖享樂不願再過艱苦生活的情緒，可能生長。因為勝利，人民感謝我們，資產階級也會出來捧場。敵人的武力是不能征服我們的，這點已經得到證明了。資產階級的捧場可能征服我們隊伍中的意志薄弱者。可能有這樣一些共產黨人，他們是不曾被拿槍的敵人征服過的，他們在這些敵人面前不愧英雄的稱號；但是經不起人們用糖衣裹著的炮彈的攻擊，他們在糖彈面前要打敗仗。」（二引文均出自一九四九年中共七屆二中全會講話。）一九五一年年底到一九五二年六月的「三反」運動中，歷史的事實證明了有一些共產黨人在資產階級的糖彈面前倒下去。

從運動的第一個月（一九五一年十二月）所發現的材料看，貪汙、浪費、官僚主義的現象已經不是幾個大城市的個別問題，而是社會普遍的現象，引起廣大群眾的憤怒。運動第一個月的統計：

一、貪汙：（一）政府系統二十七個單位中發現的貪汙人數，共一千六百七十餘人（二）中央公安部行政處處長宋誌貴一人即用造假條子方法貪汙七億元（人民幣），副處長劉玉澤受賄一億四千餘萬。（三）中央鐵路部衛生局副長蔓焰與人合夥私買鴉片，私造嗎啡一百斤。（四）中央財政部工程師夏茂如等五人集體貪汙三億四千萬元，夏一人分得一億一千萬元。

二、浪費：（一）軍委後勤系統和鐵路系統在一九五一年一年內，因對油槽車處理不當，先後損失了五千噸汽油，另有二千噸汽油與其它油類混淆而完全失去效用。（二）中央紡織工業部所屬經緯紡織機器廠，政府投資四千餘億元，主要廠房由於設計不周，施工不善，在工程尚未完成時，該廠房二百八十九根柱子已有二百八十根不平衡地下沉。（三）人民銀行總行視察團到河南視察工作時，人民銀行河南省分行用了二億五千多萬元的招待費，招待人員一百多人，用了一百多萬元的炮台煙，和一千多斤蘋果，一千六百多斤香蕉、梨、糖、瓜子等。

三、官僚主義：（一）中央貿易部一九五一年向外訂購治口蹄疫的藥品「三」噸，由於擬稿者的官僚主義，誤寫為「三百」噸，各級審稿、核稿、批准的負責幹部，也不加思索，照例答名蓋章，結果多買了二百九十七噸。（二）中央財政部對全國編餘人員多批了二萬七千人，結果多付了四百四十八億元。（三）天蘭鐵路某一段的定線設計，變革工程師們設計十三條路線，爭執一年之久，沒有結果，延誤工期不能及時施工。

中國共產黨結束了它從一九二七年到一九四九年的「鄉村包圍城市」的時期，而剛剛開始新的「由城市領導鄉村」的時期，就面臨了全國滋漫著的貪汙、浪費、官僚主義的大問題。怎麼辦？——這是擺在政治、經濟上剛取得了統治地位的共產黨面前的課題。

貪汙、浪費、官僚是當今資本主義國家普遍的現象，也是人類歷史中，中外古今都可以發現的社會病徵。承認它是人性的弱點，而放任縱容它，還是不承認有所謂不能改變的「人性」而加以斬草除根，這是一個基本的思想鬥爭。封建的資本主義的社會從來就把這些病徵當作必然存在的「人性」的一部份，所以只在這部份的「人性」危害到統治階級的統治秩序時才作出一點兒頭痛醫頭、腳痛醫腳的表面措施。不但不把它當作純法律問題，更重要的是，把它當作思想、世界觀的問題來處理，可以說是社會主義革命在新民主主義時期中路線鬥爭的一大勝利，這表示與資產階級作思想鬥爭的工作沒有間斷或終結。

把自己的弱點顯露出來嗎？以唯物辯證法作為分析、認知事物發展的利器的社會主義者，不承認自己永遠是對的，別人是永遠錯的，也不承認好的是永遠好的，壞的是永遠壞的，所以沒有不能暴露弱點的道理；而且，不但暴露，更重要的是把它看作一次由壞變好的轉機。致之死地而後生，掌握辯證法的社會主義者相信這一點。暴露自己的弱點，把自己當作鬥爭的對象並不等於宣告自己的死刑，無寧是要自己過一段煉獄，淨化自己，而後往更高的一個階段挺進。「三反」運動中由憤怒的中國人民要求處決的劉青山、張子善、薛昆山和宋德貴都是共產黨員。由於他們的反面教材，中國的人民、政府與黨得有機會上了一課。

「三反」運動是一次袖珍型的文化革命，社會主義陣營的一次自清運動，這是中國大陸解放以後，社會主義者把自己當作主要矛盾來鬥爭的第一次全國性運動，是第一次，但是不是最後一次！從馬克思開始從來沒有社會主義的革命者認為一次思想鬥爭，一次文化革命就能洗淨舊思想、舊作風的渣滓。從「三反」運動以後的中國歷史已經證明了這一點。

——一九七三年八月十二日

原載《東風》第四期，美國：東風雜誌社，筆名簡達，頁十四—十五、二五，一九七三年十月。

智利的失敗

如果他們謀殺我，人民將繼續下去……——薩爾瓦多．阿連德。

一、武裝政變對和平過渡

今（七三）年九月一日智利三軍司令和警察首腦聯合發動政變，用武力顛覆了阿連德總統領導的人民團結政府。政變部隊襲擊總統府，阿連德拒絕辭職投降，在槍戰中以身殉職，三年來人民團結政府所進行的種種改革，也隨著阿連德的死亡而暫告中斷。

這一次的政變在世界各國的知識青年團體中已經引起了廣泛的討論，在第三世界的民族主義政治運動中，以及資本主義國家的左派運動中更有激烈的爭論和檢討，問題的焦點集中在：落後或發展中國家在擺脫資本主義國家的軍事和經濟的控制，爭取民族獨立，保衛國家主權的鬥爭中，全盤的戰略和戰術應該怎麼制訂？應該怎麼付諸實行？無疑的，智利這次的武裝政變，在國際共產主義運動的總路線上勢必掀起再度的辯論。這一次的辯論勢必還是環繞著那一個最根本的問題。那就是，到底社會主義可以由上而下，經由議會鬥爭路線與資產階級作長期的和平盤纏而取得呢？還是非經由下而上，先喚起群眾，進行武裝鬥爭，把資產階級徹底消滅而後取得？

這一個根本的問題，似乎從這次智利人民團結政府的失敗中已經得到了答案。

事實上，阿連德總統所代表的團結政府三年來所制訂的措施和政策，本質上都還不能算屬於社會主義。他在一九七〇年十一月就任總統以後所做的幾件大事計有：（一）取消了美國的軍事條約和美軍在智利的基地；（二）收回本國重要資源銅礦、硝石、石油等權利；（三）宣布將銀行從美國的控制下收歸國有；（四）堅持保衛二百浬領海的主權，抵制美國漁船入侵本國領海捕魚。以這些措施難道就可以下結論說，在智利實行了社會主義嗎？

但是，西方社會，尤其是美國，卻常常提到阿連德的「社會主義政策」、「馬克思主義的實驗」、「智利走入歧途」等等，這些宣傳似乎並不能完全隱藏得住西方資本主義國家多少懷有敵意的曲解。這且不說，惹人注意的還是有些社會主義國家或政黨也認為阿連德實行的是社會主義政策，所走的路線是正確可行的社會主義路線。

到底阿連德的團結政府措施怎麼樣？他們的路線又如何？我們回顧一下三年來這個人民團結政府的一些成績就可以瞭解一二，也可以明白他們失敗的緣由。

二、由上而下的「漸進改革」能走到哪裡？

阿連德團結政府的失敗可以從兩方面來解釋。一方面是牽涉到阿連德個人的問題；另一方面是屬於較大的客觀條件問題。

阿連德個人的問題關涉到他的思想和性格的因素。阿連德算是一個社會主義者，他信仰社會主義將帶給包括智利在內的各個落後國家的人民以解放和幸福，而這解放和幸福必須先擺脫帝國主義的控制而後才能獲得，而擺脫帝國主義的控制的唯一辦法就是實行社會主義。阿連德這麼信仰，也這麼看智利的問題，這是無可否認的事實。這些看法都是他思想上的要素。自從一九三三年他成為智利社會黨的創始人之一以後，他的思想不曾動搖過。但是，在抽象的理論上，阿連德的社會主義思想雖然可以說得頭頭是道，振振有詞，然而在具體的實踐上，他卻又彷彿另有所思，自尋別的途徑去了。

未踏入智利社會以前，阿連德是醫學院的學生。正像一般落後國家和殖民地境內的情況一樣，醫學院學生或醫生在那個社會代表思想較進步的一群，對政治運動也比較熱誠。然而也像一般落後國家和殖民地境內的醫學院學生或醫生的一般作風一樣，阿連德也是自視很高，衝勁十足，頗帶著浪漫的個人英雄主義色彩的。這種以社會中堅自許的思想特色，造成了阿連德在日後漸漸看重了上層權力結構的作用，而忽略了建立社會基礎的革命力量；躍動的廣大群眾在阿連德的眼前漸漸失去了鮮明的形象。在生前，阿連德不斷提到「人民」和「群眾」，然而他卻不能一刻或忘智利總統的席位。阿連德生前常常對人解釋他的構想：

他贏得總統的席位之後，就可以藉總統的職權替智利人民做許多事，而他的思想和雄略也就可付諸實現。取得智利總統的位子成為他政治活動的首要目標。一九七〇年在總統競選時期，曾經三次競選，三次失敗的阿連德向智利人民呼喊：「這次我一定要獲得勝利，要是失敗了，下次我還要捲土再來，要是下次再失敗，那麼我要在我的墓碑刻上：薩爾瓦多．阿連德，智利人民未來的總統。」

一九七〇年的競選終於沒有辜負阿連德半生的苦心，他以百分之三十六點三的選票險勝，當選了智利的總統，領導以六個左翼政黨組成的人民團結政府。但是，三年來阿連德試圖藉他總統的職權替人民服務，施展他的雄圖壯志，卻處處遭受挫折，節節失利。事實上，在這一次政變以前，許多人已經擔心阿連德這種先在資產階級控制的現狀下奪取總統席位，再由上而下地進行「社會主義」改革的作法終將失敗，阿連德對於這一層疑慮總是回答說：「這是過渡時期，礙於客觀情勢，不得不這樣做。」

以議會鬥爭為途徑，漸進改良為手段，心想一面同國內外的資產階級討價還價，一面就可以和平過渡到社會主義，這何嘗不是阿連德的異想天開，他空想出來的這條「捷徑」事實證明並不通往社會主義，而只指向崩潰和毀滅。這一次的軍人政變除了無情地置阿連德於死地，而且，在一夜之間，智利一萬個左翼份子也同遭殘戮。

這一次血的教訓指明了一項不容令人掉以輕心的癥結問題，那就是，每一個行動中的社會主義者應該隨時隨地問自己：「議會鬥爭、漸進改良、和平過渡是真正革命的步驟嗎？」「過渡時期」、「礙於客觀情勢」、「不得不」等等藉口能開脫錯誤的路線嗎？

阿連德的錯誤就在於他步步為他脫離現實的作為進行自圓其說。實際的情況是：他想的是社會主義，做的是自由派改良主義。他的自由主義的意識型態經常促使他以「過渡時期」、「客觀情勢」等等藉口來催眠他的社會良心，哄騙他的階級意識睡覺。阿連德個人思想偏差，好拿客觀的現實來襯托他的主觀的作為，最能凸出，而求得印證。

三、一體兩面：「左」傾冒險主義和右傾機會主義

橫在智利被壓迫的人民面前有兩個敵人：一個是智利國內占人口少數的資產階級，以基督教民主黨為他們的代表，另一個是國際帝國主義，像美國ＩＴＴ這種多國家大企業可以作為這股經濟侵略力量的抽樣代表。

這兩大敵人也是阿連德團結政府登台以後想要打擊的兩個大對象，尤其是國際帝國主義。拉丁美洲的歷史使阿連德體認到國際帝國主義的為害，他說：「在不發達國家，尤其是拉丁美洲，帝國主義這個問題有很大的意義。我們社會主義者宣稱，帝國主義是我們的頭號敵人，因此，我們曾經，而且現在還是，把民族解放當作優先的課題。最近幾年來，外國資本的滲透和控制已經增長到所謂的民族資產階級都化為烏有的地步。」

發達國家經常用「經濟援助」、「技術合作」等等的名義從經濟命脈上扼住落後國家。拉丁美洲沒有擺脫這個被帝國主義控制的厄運。面對這種情況，阿連德知道不能解決拉丁美洲的經濟獨立，就無從解放拉丁美洲的人民，而政治上的獨立也就談不上了。

阿連德總統於一九七二年四月十三日，在智利聖地牙哥舉行的聯合國貿易和發展會議第三屆會議開幕式上所發表的演說中，指出幾項二次大戰以來的世界經濟狀況：

1從一九六〇年到一九六九年之間，第三世界國家在世界貿易中所占的比例，由百分之二十一點三降到百分之十七點六；

2外國資本滲透第三世界，最近二十年來給他們造成了許多億美元的淨損失，此外，還使他們負下了將近七百億美元債務；

3根據美洲國家組織的資料，拉丁美洲在一九五〇年到一九六七年之間接受了三十九億美元，而付出了一百二十八億美元，也就是說，他們這一地區每接受一美元就得付出四美元的代價；

4發展中國家集中了世界人口的百分之六十，卻只占世界總收入的百分之十二。阿連德的結論是：「落後的真正原因，在國外是殖民和新殖民剝削，在國內是階級剝削。」

這些話何嘗不是阿連德對拉丁美洲解放事業所提供的一項富有暗示性的簡要綱領。

我們且看看智利的經濟情況：一向有「銅礦王國」之稱的智利擁有銅的蘊藏是一億噸，占西方在世界的第一位；一九六九年的銅產量計有六十八萬多噸，居世界第四位。智利的硝石（化工和軍火工業的重要原料）年產量有一百萬噸以上，居世界第一位。

礦產是智利國民經濟的主體，占全國出口貿易之百分之九十。其中百分之八十左右是銅，智利全國財政收入的百分之三十至四十來自銅礦。

但是悲慘的是這些財富多控制在美國資產階級的手裡：

1智利銅的百分之九十的開採量，掌握在美資安那康達（Anaconda）和肯奈柯特（Kennecott）兩家銅公司手裡；

2 迄至一九七〇年為止，美國對智利私人投資十二億美元；從一九三〇年到一九六九年間，美國財團僅從智利銅礦就掠奪利潤達三十七億美元，等於智利現有全部資產的百分之四十；

3 美國資本控制智利百分之九十的硝石出產；

4 美資控制大部份鐵礦的開採（鐵礦是智利出口的第二位商品，僅次於銅礦），其中年產四十萬噸鋼的，號稱「民族工業」的太平洋鋼鐵公司也控制在美資手中；

5 美資控制智利錳礦、水銀礦、鎢礦等稀有金屬的開採；

6 美資控制智利全境的電話公司，大部份的電力公司。

美資就這樣緊緊扼住智利經濟的喉嚨。阿連德上台以後，要對症下藥，去除外資，使智利的經濟獨立自主，這本是一件好事。但是阿連德未免操之過急，他不但要求對症下藥，而且還要藥到病除。阿連德利用他總統的職權，雷厲風行，沒收財產，將外國大公司國有化。其下手之急速，簡直使美國資本家大有迅雷不及掩耳之歎。單看一九七〇年年底一個月間接不斷的緊急措施，就可見阿連德對外資採取趕盡殺絕政策之一斑，一九七〇年十一月三日，阿連德宣誓就職，接著：

1 十二月一日：宣布沒收第一家私營紡織廠；

2 十二月十六日：對非法經濟外幣活動，同美國洛克菲勒財團有密切聯繫的阿古斯丁．愛德華茲銀行實行管制；

3 十二月二十一日：阿連德總統宣布簽署憲法修改草案，規定將掌握在美國資本手裡的銅礦實行國有化；

4 十二月三十日：宣布一項將所有智利私營銀行實行國營的法律草案同一天，智利政府規定把目前在智利經營的八家外國汽車公司限制為三家；

5 十二月三十一日：阿連德總統宣布：a.對智利最大的一家私營煤礦實行國營；b.沒收屬於私營火地島牧業公司的五十多萬公頃的牧場。

在阿連德當政的三年間，美國滲透在智利的大公司，諸如（一）安那康達公司（Anaconda銅）、（二）塞羅公司（Cerro銅）、（三）肯奈柯特銅公司（Kennecott銅）、（四）伯利恆鋼鐵公司（Bethlehem鐵）、（五）阿姆科鋼鐵公司（Armco鐵）、（六）北印第安那黃銅公司（Northern Indiana Brass銅）、（七）福特汽車公司（Ford Motor汽車）、（八）美國銀行（Bank of America金融）、（九）美國花旗銀行（First National City Bank 金融）、（十）安格羅．芬塔魯硝酸公司（Anglo-Lautaro Nitrate化學、化工）、（十一）杜邦公司（Du Pont化學、化工）、（十二）國際電話電報公司（ITT電訊業）、（十三）帕森斯與惠爾特莫爾公司（Parsons & Whiltemore建築工程）、美國無線電公司（RCA廣播業）、羅爾斯頓．普利納克（Raloton Purinac）、可口可樂（Coca Cola飲料業）等等都被沒收。

這表面上看起來是一連串的勝利，但是，事實上，每一項措施都埋藏著一顆定時炸彈，促使阿連德政策提早它的危機爆發。為什麼？因為阿連德過份低估了美國資本家的力量，以為單靠他總統的職權就可以趕走美資。美國資本主義成為帝國主義可以說是冰凍三尺，非一日之寒。阿連德在戰術上過份輕敵，等到敵人反撲時，便無從招架。美國大公司接連被沒收後，美國的資本家利用他們的政治力量在國際上施壓力，拒絕給予智利貸款和信貸，從外孤立智利財經，另一方面肯奈柯特公司更在法國和德國提出訴訟，要求沒收從智利運往該國的鋼，理由是智利政府非法沒收該公司的銅。雖然結果是智利獲得勝訴，不過美國大資本家以這種「合法的」擾亂行為，使得各國不願購買引起官司的銅，這又打擊了智利的銅外銷。而美國以其五年儲藏量的銅，不但不怕智利不供應，反而將它的儲銅向外以低廉價格銷售，爭取時間，要置智利的銅業於死地。資本主義採取的報復手段使智利慢慢遭受通貨膨脹。一九七一年智利國內的生活費用增加了百分之二十三，而一九七二年的前半年更增加到百分之二十五。

阿連德不但一意孤行，而且要他的政策雷厲風行，一鼓作氣向美國資本主義狂猛進攻。但是沒有踏實的計畫，沒有群眾作後盾，沒有階段性的考慮和作為，單靠個人或少許人的努力，到頭來也難逃氣衰力竭的命運。

阿連德在社會改革上未免犯上了其唯經濟主義的錯誤。經濟不能擺脫外資的控制，政治就無從獨立，這是事實；但是只擺脫外資卻不能保證政治的獨立。擺脫了外來的敵人，國內還是有敵人——智利的資產階級。在阿連德憑藉議會的合法鬥爭路線進行一連串的企業國有化的同時，智利境內的資產階級已經惴惴不安，早已準備為維護他們自身的利益隨時向阿連德的人民團結政府反攻。

其實一開始智利境內的資產階級就不曾放棄他們與阿連德的鬥爭。在一九七〇年競選時期，他們串通美國的國際電話電報公司企圖阻撓阿連德的當選；阿連德當選不久，支持他的陸軍總司令什奈德爾將軍即於十月二十三日被右派謀害；而直接促成阿連德政府崩潰的因素之一是，一九七三年七月中旬發起的四十九日的卡車司機罷工事件，這也是國內資產階級串通外國資本家以金錢資助這些司機們，教唆他們長期罷工的。

從社會結構看來，三年來智利並沒有什麼改變，國會仍然被資產階級的右派控制，中小型的公司、工廠也仍在他們的手裡，工人的生活水平暫時提高了，但是政治水平卻只有降低，德布雷（Regis Debray, 1940-）在訪問阿連德時，便提出一個嚴重的問題，那就是，阿連德沒有發動群眾。在一九七〇年競選時期，投票的群眾是又多又激烈，但是選舉一過，阿連德沒有將這些投票的群眾改造成革命的群眾。阿連德只顧提高他們的生活水平，而忽略了他們的政治水平和教育。因此，一連串的經濟改革措施都沒有和群眾的運動配合，而只限制在國會裡的討價還價上，群眾不能藉此得到教育，更談不上實際的力量支持阿連德政府了。

由於阿連德篤信和平過渡。因此不關心建立一支為人民利益服務的軍隊。雖然後來由於「人民團結陣線」中的「左翼革命運動」（Movement of Revolutionary Left，簡稱MRL）堅持武裝鬥爭的路線影響了阿連德，但是不久主張走修正路線的共產黨（也是「人民團結陣線」的六個政黨中的一個），逼迫阿連德不能走武裝鬥爭的道路，右派更在議會施以壓力，通過一項私人不得攜帶武器的法案，遂使智利資產階級順利地用軍隊和警察力量依照這條法律沒收槍械，削弱左派力量。

軍隊一直是阿連德忽略的一環，這是說，阿連德沒有看出軍隊政治化的重要性。一支沒有政治意識的軍隊是危險的。只要為利益所趨，它隨時可以為某一個集團所僱傭。阿連德思不及此，反而以智利軍人不參政的「優秀傳統」而自豪，結果軍人卻反過來，打破了四十七年不參政的傳統，起來搞政變，先下手為強，推翻了阿連德的政權。

三年來阿連德在國會大忙特忙，但因國會外的社會各階層、各角落並沒有什麼根本的大改變，政治思想不深入人心，意識型態模糊。這種合法的鬥爭、和平的過渡、漸進的改革大抵都不能深入人心，使人脫胎換骨，改變思想。從這一點看來，阿連德只顧在議會作「合法」鬥爭又不免帶有右傾機會主義的弊病。

總括說起來，阿連德三年的人民團結政府並不是一個社會主義的政府，它的一些政策與措施只能說是準備向社會主義過渡的政治綱領而已。而最核心的問題卻在於實施這個政綱的手段本身。許多旁觀者清的人士已經向阿連德頻頻提出對議會鬥爭和和平過渡的懷疑和質問，但阿連德卻不但不能另起爐火，改弦易轍，反而時時以「過渡時期」、「礙於客觀情勢」等藉口來自圓其說。

這一次智利的失敗，在國際共產主義運動中，又一次提出一個古老而又適時的問題來，這個問題就是從一八七一年巴黎公社失敗以後，在共產主義運動中一再被提出的問題：社會主義果真能以「合法的」議會鬥爭取得嗎？

——一九七三年十月十一日

原載《台聲》第二期，美國，筆名李達，頁三—六、八，一九七三年十一月。

聯合國的新時代

在七十年代的第一個年頭，作為世界第一超級大國的美國，已經一連串暴露了它在各方面的衰敗跡象。打了六年的越戰，不但沒有擊敗越共的實力，美國自己耗損了六萬以上的生命和上千億的美元。尼克森總統計畫短期內從越南撤兵，就是美國在軍事上挫敗的具體表現。為了應付國內不斷的通貨膨脹，國外美元的相繼貶值，從八月十五日開始尼克森強制推行的「新經濟措施」，在國內凍結物價，國外禁止美元兌換黃金，這是美國經濟開始凋敝的癥候。美國國內，人民普遍反戰情緒的高漲以及參議院與最高國策經常採取背道而馳的路線，表明了美國內政上的矛盾。十月二十七日晚間，聯合國以七十六票對三十五票的壓倒趨勢通過了阿爾巴尼亞恢復中華人民共和國在聯合國一切權宜，而將台灣從聯合國驅出的提案，這件事更具體地表現了美國在國際外交上的一次總失敗。

1

這次美國在聯合國的失敗，我們不能把它看作僅是美國國際外交策略的失敗，這不是一個孤立事件。這次美國外交的失敗，和它在內政、經濟、軍事各方面的挫折是息息相關的。這些呈現在各部門的衰退現象，背後是有一個總的軌跡可尋的，它說明了目前世局的演變，指出可預測的方向，世界可能的轉化，這條世局演化的總的軌跡是不容我們忽視的！

許多美國的評論家以為這次美國在聯合國無法順利推行它的所謂「雙重中國代表權」的提案，是由於表決以前，美國展開的外交策略錯誤有以致之，一般認為其中最重大的屬於策略上的錯誤有以下幾點：

一、美國對各弱小國家施展高壓手段，不尊重對方國家主權，以為用大量優厚的美援就能控制選票，這種強制的碾壓機策略（streamroller strategy）引起各小國家的反感，以致最後一分鐘，許多國家沒有事先通知美國，就反過來投了阿爾巴尼亞的票。以色列、突尼西亞、西格爾（Seegal）、葡萄牙、厄瓜多爾（Ecuador）、奈及利亞（Nigeria）、比利時、希臘等國家的背棄美國引起了國際間一致的驚愕。

二、尼克森的國家安全顧問凱辛吉二度訪問北京，而且，還比原定計畫多留兩天，而最糟的是，在聯合國投票表決的時候，凱辛吉一班人還留在中國。這使許多國家看出，美國並不全心全意的在搞它的「雙重代表權」的提案。

三、尼克森將於明年初訪問北京，這更使國際外交界認定美國今年在聯大的提案是權宜之計，並非長遠的計畫。許多國家對美國存有戒心，不敢盲目跟隨。

2

以上三點的策略安排可以說導致了美國在聯大的失敗。不錯！這些錯誤都是失敗的原因。但是，我們要問，什麼力量、什麼緣故迫使美國陷入失敗的泥沼，而採用了這些所謂「錯誤的」策略呢？或者，美國是有意在玩「兩面手法」，尤其是，在聯大表決的重要關頭，尼克森居然再度派出他的密使季辛吉到北京。這弦外之音已經很明顯。國際的外交界終於不能不相信：美國在聯大之想衛護台灣的席位只是虛晃一槍的假動作而已。從這裡，又引出一個根本的問題，就是，為什麼美國會一反它二十二年來主張「國民政府代表中國人民」的老傳統，改而主張中華人民共和國應該取代台北政府在聯合國安理會的席位呢？這個問題必須放在整個國際均勢的改變這個大框架裡才可能得到清楚的答案。

正如十月八號的「時代週刊」所引一位資深的聯合國官員的認識，他認為這次聯大的投票：「華盛頓方面並沒有存心贏得勝利，也不準備把美國所有的政治信用都浪費在這件事情上。」同期的「時代週刊」更引了法國代表柯蕭斯可·莫希哲（Jacques Kosciousko-Morizet）的批評，他說：「如果要使雙重代表權的計畫成功，那麼最好就不搞雙重外交。」八號的「新聞週刊」引述了一位美國外交官事後的感嘆，他說：「謝天謝地，還好我們輸掉了！」事情很明白：美國現在是口稱台灣，心在北京。季辛吉第二次從北京回來後宣稱：「中美關係可能有一個新的開始」，這個新的開始才是美國目前以及可預測的將來所關心的，所努力的！

二次大戰以後，美國是世界上唯一還屯兵海外，長期與其他國家作戰的國家，這件事一方面影響了美國的國際聲譽，另一方面也拖垮了美國的經濟實力。最近在資本主義國家之間產生的美元危機更使美國陷入眾叛親離的境地。就這次聯大投票情況來看，美國的「大西洋公約」中的十四個盟國，居然十一個，或投阿爾巴尼亞的票，或以棄權，來抵制美國。這不能不說是美國國際聲望大為低落的象徵。再加上美國長期經濟窘迫不能有效解決，使得國內士氣低落，尤其部份參議院的保守勢力要求政府縮減海外的軍政干涉，認為目前美國應該鳴金收兵，讓海外的美國人解甲歸鄉，需要長期的養精蓄銳。這部份的保守勢力公然鼓吹所謂的「新孤立主義」。維吉尼亞大學的克勞德教授（Inis L. Claude, Jr.）主張把二十幾年來美國自任的「世界憲兵」的職責轉移給聯合國。他主張今後的國際關係應以多邊主義（multilateralism）代替單邊主義（unilateralism）——這說得明白一點，就是，美國已漸漸沒有能力控制世界，沒有能力再用美國自己單邊的意願去擺佈全世界。尼克森自己也承認，美國一國雄霸世界的時代已經過去，而事實證明，今後的世界在經濟上主要由中、英、蘇、日以及歐洲共同市場五個單位相互協調。

3

從以上的事實可以看出，今後在政治思想方面，將會是中國對美、蘇做長期的尖銳鬥爭，周恩來經常表示，任由一兩個超級大國去操縱世界的時代已經過去了。建設中的中國與美、蘇截然不同的地方就是，中國不以「超級大國」自許，而願意做第三世界的代言人。這次中國進入聯合國，引起以中、小國組成的第三世界的喜悅不是沒有道理的，他們認為今後在國際談判中，中國會替他們講話，維護他們的利益，最近二十年的歷史可以看出，中國也確實在替第三世界盡這份力量。

美國擔心著中國會把反殖民主義的鬥爭帶進聯合國，與美國為難，事實上，這也是勢所難免的！在聯合國裡，或由美國一手操縱，或由蘇聯與美國串通一氣，共同造成的種種敗行劣跡，今後也必將一一加以平反。中國在聯合國面臨待解的問題有：

一、要求打著「聯合國軍」旗號的四萬美軍，以及小部份的英、泰軍隊，撤出南韓。

二、在中東問題上，繼續支持巴勒斯坦的民族解放運動。

三、反對美蘇兩國壟斷核武器，並反對現階段美、蘇主張的「裁軍會議」。

四、主張美軍從南韓、台灣、越南、日本、菲律賓以及亞洲各地撤退出去。

五、反對聯合國二十六年來所謂的和平工作，在聯合國史中，聯合國的四次出兵都證明是與亞、非國家爭取民族獨立的潮流反其道而行。

其實，擺在中國面前急待處理的事情太多了，而世局演變的潮流以及處理問題的總方向卻只有一個。那就是：「亞、非、拉中小國家擺脫美、蘇控制，步向真正的獨立自主」的潮流，以及「以亞、非、拉第三世界利益出發，抵制超級大國的霸權政治」。這是二十世紀後半葉的歷史動向，這動向是任何一個政治家或一個國家所不能扭轉或違背的。

正如十月二十六日「紐約時報」刊載的一位聯合國亞洲代表在中國問題表決之後發表的感想，他說：

我們沒有美國的經濟和政治力量去強迫別的國家改變他們的投票。但是，我想有一件事是支持我們的，那就是歷史的動向！

第三世界站起來了！第三世界要與兩個超級大國分庭抗禮！這便是歷史的動向。美國政府也早已瞭解這個不可抗拒的歷史動向；因此在聯合國替台灣出力辯護只是一道煙幕。事後對台灣的被驅逐所表示的惋惜，也是鱷魚的眼淚——假慈悲，然而有一件事卻是真的，那就是美國的惱羞成怒——這倒不是因為美國輸了，而是沒想到會輸得這麼慘，這麼沒有體面。

——一九七一年十一月二日；手稿。

日本的經濟路線

日本新上任的首相田中角榮，以迅雷不及掩耳之勢，在上任不到兩個月之內，就宣佈日本政府願意接受中國提出的恢復中日邦交三原則，並且決定於九月底親自訪問北京，以達成中日國交的正常化。

在田中首相尚未訪問北京，中日國交尚未正式建立以前，我們除了預祝田中首相訪問成功，中日國交順利達成以外，我們應該更以冷靜的態度來看看日本目前的發展。

一九二四年，第一次世界大戰後的第六年，孫中山到日本，在神戶高等女校以「大亞洲主義」為題，向日本人民作了一次演講。在這次演講中，孫中山明白指出了當時日本國策中一條企圖背叛亞洲，而倒向西方資本主義國家的危險路線。孫中山說：

究竟是做西方霸道的鷹犬，或是做東方王道的干城，就是你們日本國民去詳審慎擇。

當時的日本正走到了「西方霸道的鷹犬」和「東方王道的干城」兩種截然不同的路線的分岔口上。

今天，日本再一次走上了這種分岔口。當年孫中山向日本人民提出的這句忠告，在今天仍舊不失它的時代意義。用現代的術語來解釋，孫中山這句話就是說：

究竟日本要跟隨西方資本主義的路線，還是站到第三世界的陣營裡來，共同抵禦超級大國的侵略。

更具體的說，就是今天日本在軍事上，要在美國核傘保護下稱臣，接受美國的武裝扶植，而在亞洲地區充當美國的警犬，或是接受日本人民的要求，拒絕美國核武裝的引誘，廢棄與美國簽訂的單邊受惠的、不平等的「安保條約」，而斷然走向中立的工業國的康莊道路。

在經濟上，要鞏固資本主義路線，與美國競爭搶奪世界資源，霸占世界市場，或放棄「壟斷亞洲、進軍歐美」的經濟侵略路線而站在亞洲人民的立場上，維護亞洲的利益，抵制歐美資本主義國家的經濟滲透與控制。

今天，日本不但在軍事上、經濟上面臨了這種兩條路線的抉擇，在其他文化、思想、教育各方面也面臨了同樣的抉擇。年來日本文學界極右派的三島由紀夫和保守派的川端康成相繼自殺，分別抗議日本文化接受西化後的墮落，表示對現代日本的絕望，這兩位日本文學界的領袖之自殺，正是日本在軍事、政治、經濟、文化、思想、教育各方面路線總紛亂的局面下首先發作的癥候。

日本社會在各界各行所呈現的路線紛擾，到底因何而起？它又與目前表面上的工業猛進、經濟繁榮有何關連，這問題是瞭解當代日本社會發展所不能不預先知道的，現在讓我們在這裡作一次簡略的考察。讓我們從「日本的再度武裝」這個題目著手。

日本從二次大戰的戰敗國，經二十二年的經營，已經一躍而成為當今資本主義國家裡的強國，目前日本的國家生產總值已經超過西德，而成為世界第二強大的資本主義經濟國。

然而，日本最大的問題是國內的天然資源不足。為了保持、增進目前的工業生產水平，日本非由國外運進大量的原料不可，從海外運進日本的原料，其航線便成為日本外交上以及今後軍事上必先克服的難題。以石油為例，日本的石油百分之九十以上有賴於中東，由中東運到日本的石油航線是由中東經印度洋，通過馬六甲海峽，經西太平洋，再到日本。在這長途航線中，每個關口、每個地區，對原料能否順利運到日本都起著相當重要的作用。為了保障航線中的每個關口、每個地區不致造成阻礙，最有效的辦法在日本政府看來，是發展軍事力量，以軍隊保護工業原料的航線。

我們看清楚了日本經濟的成長有賴於重工業的發展，而重工業的發展有賴於國外的資源供應，而國外資源的運輸有賴於日本的商船航隊，而商船所必經之航線，其安全則有賴於軍隊的保護。

日本戰後至今的國家建設和經濟成長便沿著這種邏輯演變，到了今天，日本不但陷入了西方現代化國家所面臨的嚴重的空氣汙染問題而不能自拔之後，還走上了不得不發展武力，重整軍備的窮途。

各國發出的「日本軍國主義又復活了」的警告，就是看清了日本目前正走的「以軍事保障工業」這條路將導致的不良後果而提出的。其實，任何一個國家為了防禦目的而發展軍備應該是理所當然，不可苛責的，而日本要發展軍備以維護它工業生命線，又為何要以「軍國主義復活」相責呢？要回答這個問題，只要瞭解日本目前經濟發展的路線就能得到答案。

日本經濟發展的兩大特色是：第一，工業原料由外輸內，第二，工業成品由內銷外。所以原料來源在國外，消費市場也在國外。外在因素對日本經濟的成長有著絕對性的影響，這造成了日本國民一種極端不安的心理，而這種不安的心理更催迫日本軍備的重建。

為了保證海外工業原料得以獲取，為了保證目前海外市場得以維持，日本要把軍隊屯備在經濟的背後，以應付萬一，保護它的工業經濟。這種「經濟在先軍事在後」的路線正是軍國主義之所以構成的血脈。

我們再以剛才提到的由中東運到日本的石油航線為例，這條航線之中對日本最關緊要的關口之一是馬六甲海峽，如果馬六甲海峽一旦關閉，對日本的工業將產生嚴重的不良後果，日本政府深深瞭解到這一點，所以把這個海域稱為「日本海上和工業的生命線」，更有形地組織「馬六甲海峽協進會」、「馬六甲海峽航線推進本部」，一方面在國際輿論上製造「馬六甲海峽國際化」的觀念，另一方面，以馬六甲海峽為中心，展開經濟滲透和政治控制雙管齊下的策略，企圖控制印尼、馬來亞以及整個東南亞。目前日本最焚心焦慮的是還苦於不能名正言順地將它的所謂「自衛隊」派遣到海外，以鞏固它的工業原料航線以及亞洲各地的經濟滲透和政治控制。去年十月間，當時的日本自衛隊隊長，實質上等於國防部長的西村就曾野心勃勃地表示，日本的軍人應該可以派遣到亞洲各地，以擔當他所謂的「救護」工作。

日本從今年開始的第四個五年擴軍計畫中，經費已經大大增加，單單向美國購買軍火的費用就比前一期的擴軍計畫增加一倍，由五億美元增至十億美元，而總經費則由第三期的六十五億美元增至一七八億美元，增加二點七四倍。

為了提高「自衛隊」的作戰能力，日本正無限制地增強兵力，準備增加三十萬名陸海空軍的「自衛隊」司團數目，同時把「預備自衛隊」增加到六萬名，在「鄉土防衛隊」的名義下，也可以武裝一百萬軍隊，而且目前已經掌握了七百萬徵兵者的名單，打算在必要時，隨時恢復徵兵制。企圖達到它在亞洲以絕對優勢掌握「制海權」與「制空權」的野心。

這項日本再度武裝的措施中，最嚇人的是美國在暗中支持，並扶植日本走上核子武裝的道路，今年三月二日日本社會黨要求「美日安全委員會」召開會議，證明日本政府關於沒有在日本存放核武器的聲明，要迫美國將核武器從日本撤走。

日本政府在軍事、政治、經濟、文化上一步步走上「美國路線」，以經濟滲透，再以政治控制東南亞，將來無可避免地再以軍事鎮壓之，那時全面的軍國主義就將羽毛長成，脫巢而出了。日本軍國主義成長之日，也將是亞洲人民、世界人民重遭不幸之日。

日本這種以「軍事保障工業經濟」，再發展成「軍國主義」的國策，正潛伏在日本表面上的工業推進、經濟繁榮之內，日本青年學生的政治運動正是反對日本走向軍國主義的具體表現。

生性敏感的文學家三島與川端的自殺也正是抗議「美國路線」侵入日本，擾亂日本社會各界的最沉痛的表現。

在田中首相訪問中國，中日恢復邦交的前夕，我們除了對於日本新內閣的英明政策表示欣慰之外，我們更不能不為目前走在歧路上的日本表示擔憂。

——一九七二年八月二十三日；手稿。

談女性問題

——看女人去嗎？別忘了你的鞭子！

十九世紀八十年代尼采筆下的一個老媪這樣告訴中年男子查拉圖斯拉。

自從尼采那一條鞭子狠狠地在女人的身上抽了第一記到今天，時間已經潺潺地經過了將近一百年，社會上的變遷層出不窮，不斷有翻天覆地、破舊立新的變化。然而，獨獨令人詫異的是，尼采那一條鞭子還牢牢地握在男人的手裡；更令人驚訝的是，婦女自己不時還默許、暗示、甚至於縱容男人繼續揮動這一條鞭子。一百年來男人壓迫婦女的歷史仍舊以它穩打穩紮的步伐向前行進。

但是歷史上，婦女自己挺身而出，反抗這種殘酷的人壓迫人的社會現象卻有層出不窮的實例，尤其近代西方婦女不斷有女權運動、婦女解放運動等等集體的行動，中國五四運動以後，婦女反抗吃人的禮教，主張婚姻自由，更有不少婦女直接加入政治鬥爭，從事解放舊中國的革命事業。這些都是婦女起來反抗男女不平等的社會現象的歷史事實。然而，總結起來，一個赤裸裸的，不容迴避的事實是：歷史上，直到現在，還沒有過一次婦女運動能夠單獨作戰而成功地解放了被壓迫的婦女。因此，另一個赤裸裸的，不容迴避的事實是：就在現在，就在此刻，婦女還正一分一秒地被壓迫著。

一個令人困擾的問題遲早要降臨到每一個婦女運動的工作者自己。那就是，第一，到底問題存在於壓迫婦女的男人與被男人壓迫的婦女的兩性之間呢？還是，第二，問題的癥結在於整個社會制度的不合理？或是，第三，兩性之間的現有的矛盾和目前社會制度的不合理，這兩者都造成了長久以來不得解決的婦女被壓迫的事實？

正像其他的革命一樣，不會團結同盟軍而孤軍奮戰的隊伍終歸是要失敗的。西方從早期的女權運動到今天的婦女解放運動已經有百餘年的歷史，卻都是一連串失敗的紀錄，主要的原因就是我們婦女還沒有弄通團結的道理，而以為婦女解放就是造男人的反，革自己丈夫的命，而忽視了真正的敵人不是男人，而是社會制度。

只有先推翻了資產階級的社會，婦女才能得到真正的解放。而以為婦女的解放就是推翻男性沙文主義，這是捨本逐末的錯誤的革命路線。西方一百年來的婦女一系列的奮鬥給了我們這個教訓。

在易卜生《傀儡家庭》中的娜拉，她是屬於早期覺醒的婦女行列。她不願意作家庭的傀儡，不願作她丈夫的傀儡，她要擺脫加諸於女人的羈絆，她要自由，她要逃出牢籠。然而娜拉所選擇的自由的道路是什麼呢？是「離家出走」這一條浪漫其表，毀滅其實的歧途。四十九年前魯迅為娜拉這個問題提出了一個疑問：「娜拉走後怎樣？」魯迅當時提出這個問題時，他自己心底並沒有一個明確的答案，但是他彷彿模糊地意識到，娜拉離家出走之後，事實上並沒有真正選擇到自由，而是投入更大的一團漆黑，既使娜拉的丈夫沒有能夠來找她，但是整個社會的體制卻要她「規規矩矩地」做一個女人，她逃不過社會的千目所視萬夫所指的道德監視。

魯迅的疑問「娜拉走後怎樣？」可以在現在的美國得到具體的答案。

今天，美國社會裡有成千成萬的娜拉從家庭出走了。換來的解放是哪一種解放呢？她們把男性沙文主義誤以為是她們真正的敵人，於是在偏狹的窄道上與男人過不去：以前男人要她們作淑女節婦，今天她們偏偏要放浪形骸；以前男人要她們濃妝豔抹，今天她們偏偏要衣著襤褸；以前男人要她們舉止端莊，今天她們偏要拿著大麻煙，吞煙吐霧，於是以前在舉止行為上視為婦女禁忌的，今天她們都要求與男人亦步亦趨，達到她們所要的「自由」「平等」，今天窩在各城市角落的一群群「解放了的」女人和男人，離開了家庭，投入了更漆黑的美國資本主義社會的暗角裡。美國這些婦女——這些娜拉的孫女們！——不但沒有替其他的婦女解放，而且也沒有解放自己。

十九世紀資產階級的敵人馬克思替我們婦女講了一句話。他說：「女人是人類的無產階級。」問題的癥結在於：「無產階級」四個字，這裡除了象徵女人是受壓迫者之外，還強調了階級的關鍵問題。

只有消滅資產階級才能徹底打破現存的資本主義社會體制，一切壓迫女人的資產階級的道德觀才能順之砸爛。

所以真正婦女解放的道路是推翻資產階級和它控制的國家機器，而不是與這個那個男人過不去，或只造男人的反不造資產階級的反，更不是把孩子丟了，離家出走。

我們從港台來的婦女，已經從毒惡的封建教育中掙脫出來，也從美國這一套資本主義的社會制度中看出它虛偽、險惡的真面目，我們要開始發動婦女的解放運動，我們不走偏頗的個人主義，我們不以造男人的反為目的，而是我們要求他們老老實實地放下握在手上的尼采的那條鞭子，從大題出發，為階級服務，共同來推翻眼前這個不合理的社會體制，建立新的健康的世界。男人不但不是我們婦女解放運動的敵人，而是我們的同志、戰友，我們要團結男人世界的同盟軍，把婦女解放運動進行到底。

——初稿。

車夫與人道主義

記得胡適死的時候，北部有一個作家以「中國的良心」為題作悼文來紀念死者，這就令人想起胡適《嘗試集》裡的一首詩來，詩題是〈人力車夫〉，講的也是關於良心的問題。那首詩是以「車子！車子！」「車來如飛」開句的，接著說，來了一部車，車夫竟然是一個年幼的兒童，他不忍心坐上去，但是那個小孩卻說：「你老的好心腸，飽不了我的餓肚皮。」他心裡一想，也不無道理，於是只好點頭上車，表現了人道主義進退維谷的窘態。

這首詩在中學時代由國文老師在黑板上特別介紹過，也藉此特別發揮了一下人道主義的精神，所以後來總是掛在心上，在街上走路時也格外留心這種精神。當時在台灣人力車早已絕跡，心想這類令知識份子的良心格外痛苦的事或許也會隨之消失。然而事實卻不盡然，代人力車而起的三輪車，或在台北代三輪車而起的計程車，都彷彿依稀還繼承了當年令胡適感到窘迫的情境。年幼的兒童蹬三輪或去開計程車大抵已經看不見了，況且法律的規定也不允許有這類事情發生。但是老車夫逆風蹬三輪或漏夜搶生意，造成睡眠不足的台北車夫把計程車開歪了，開到路旁去撞電線桿的事，理應也像芒刺一般會刺痛著人道主義者的良心的。只是現代很少有人將這類事訴諸筆墨，記在紙上，更少有人把它寫成詩歌，去引動讀者在書房裡的共鳴，因而很難把握，到底是台灣的現代人已經沒有了胡適這種古老的問題呢？還是有而不宣？這確鑿是很令人難以斷定的問題。唯其難以斷定，所以也確鑿很令人苦惱。百思、千聞、萬看，然而就是不得其解，斯誠令人苦惱之極。

惱著，惱著，驀然間彷彿終於有了答案了。而且，隨著答案的到來，也解除了心中的苦惱。

這令人不再苦惱的答案，來自放在街角冷僻處的乞食的破碗上。銅錢丟在破碗的聲響分明是告訴人，這人道主義的精神尚在人間，不曾死去。這一發現確是烏雲中綻出的一線光明，掃卻了不少疑惑。可以於焉肯定的是：現代雖然少見有類似胡適那樣去歌頌人道主義者內心侷促窘迫的情境，然而就在台灣，人道主義的進退維谷和進退維谷的人道主義卻斷不能說它不存在。設想一個人走近一身襤褸汙穢的乞丐時，首先是這種光景引動了他的惻隱之心，進而使他將手探入袋中，預準施捨，其間可以是兩三秒鐘的事，然而其內心活動難免是一番折騰，一段複雜的過程，與胡適詩中面對著那個幼齡的人力芒刺在刺激著，有外在的不平在炮烙著它，隨時叫它縮緊。人道主義者認為，這雖然不能使人太平無事，理直氣壯地活著，不過，反過來說這卻是構成社會進步的一個動力。果是如此，這未嘗不叫人感到欣慰愉快。

然而愉快著，愉快著。忽然也聽說早有名言，說向乞丐施捨反而是很不人道的事情，因為他們得到了施捨，就安於他們的現狀了。這于他們不但不是解救之路，反而將他們更置於不能超拔的境地，使他們永生永世做著乞丐。所以這名言的結論是，問題不出在這個乞丐或那個乞丐身上，而在於整個社會的問題。因此，向這個乞丐或那個乞丐，或甚而至於全部的乞丐，理應慰撫不了貨真價實的那顆人類的良心。

這樣一想，也覺得不無道理。推而廣之，統而思之，也就懷疑到胡適在〈人力車夫〉一詩中所表現的人道主義的身上去。因為儘管偌大的人道主義者群不斷的有其良心進退為難的窘境，然而年幼的兒童當人力車夫的問題卻換了不同的形式延綿不斷地存在下去，這種良心的刺痛是無能為力的了。

這樣思想下去，便與中學時代老師烙印在你心上的人道主義的模式大相逕庭起來。這難免又引起了一陣內心的交戰，徒然在心裡製造了一些疑團。後來我在一本西洋的聖賢之書裡找到了答案。

聖．奧古斯丁是後世的西方學者們認為不但是個人道主義者，而且是一個很大型的人道主義者。在他的《懺悔錄》中，他記下了一段他年輕時代的往事。有一天奧古斯丁的朋友找他去鬥技場看戲，作為人道主義的奧古斯丁看到手無寸鐵的基督徒被獅子撲食時，當場用雙手的十個指頭矇上他臉上的兩顆眼睛。人道精神迫使他不忍卒睹。不過，幾分鐘過後，好奇心迫使他的手指慢慢地挪移，眼睛從指縫中望出去，終而至於全神貫注，被那場面所吸引。第一次看完以後，奧古斯丁不但沒有下定決心不再去，反而成了那鬥技場的常客，彷彿要努力地從獸食人的事情上悟出道理來。

——手稿。

爬山

沒有人不曾嚮往過爬山，也沒有人不曾實際爬過山，然而爬山的經驗帶給了我們什麼呢？

到達山峰的目標以前，我們經過多少曲折、迂迴，遇到多少絕路、峭壁，渡過多少山谷、水澗，大的曲折、小的曲折，大的迂迴、小的迂迴佈滿在我們的面前。

有時濃煙密霧，山頭隱沒在虛無飄渺之中，我們在叢林雜草中摸索，在黑暗的森林裡潛行，頓時彷彿失卻了希望。有時柳暗花明，豁盡天開，大片的天空又在我們面前豁開，山峰又映入我們的眼眶，於是鬥爭的希望又在胸口燃燒。

純粹理性不斷地告訴我們兩點之間直線最短，心裡恨不得一蹴既成，從這裡直奔山峰，或巴不得有仙境中的飛天老爺車，一坐就飛上山頂，然而經驗告訴我們，從來沒有人這樣聰明地克服一座山。

克服山的途徑總是曲折的、迂迴的，有時好不容易爬過一段崎嶇坎坷的險路，但接著而來的卻是往下直瀉的山坡，暫時看來彷彿往下走了，離目標更遠了，但是奔走一段之後，它接上了另一個更高的山巒，又往上爬了；有時我們的視線狠抓著目標不放，一步一步邁進山頂，很有把握地前進，但接著迎面而來的是絕崖峭壁，擋住了我們的去路，遮住了我們的目標，暫時看來彷彿撞上了「此路不通」，但是從旁一繞，又絕路逢生，順著坡脈山勢挺進，發現我們又升上更高的山層，更接近山峰了，於是再挺進，挺進。

朋友，我們的革命事業又何嘗不是這樣曲折地、迂迴地向前推進的！壓在我們頭上的山是要克服的。但是彷彿從來沒有一登既達、一蹴既成的攀登方法。那麼，就讓我們能屈能伸，善於利用山勢而不頂撞它，機動迂迴地前進吧！正如列寧在總結當年的革命事業的一個階段時說：「為了推翻國際資產階級而進行的戰爭，要比國家之間通常進行的最頑強的戰爭還要困難百倍，複雜百倍，進行這樣的戰爭而事先拒絕採用動機辦法，拒絕利用敵人之間的利益矛盾（哪怕是暫時矛盾），拒絕同各種可能的同盟者（哪怕是暫時的、不穩定的、動搖的、有條件的同盟者）通融和妥協，這豈不是可笑到了極點嗎？這豈不是正像我們想攀登一座崎嶇險阻、未經勘查、人跡未到的高山，卻預先拒絕有時要迂迴前進，有時要向後折轉，放棄已經選定的方向而試著向各種不同的方向走嗎？」（列寧全集，第三十九集卷）

原載美國紐約：《群報》第三十五期，未署名，頁五、六，一九七三年一月。

保釣追憶錄

六十年代全世界的騷動之中，傷了根本，而帶來的創傷最難以癒合，後遺症的病程最長的將是中國——中國的文革。目前的症狀和體軀都已顯現，有待社會的和精神的病理學家來加以診斷。中國的後代（由我們這一代開始）都在這漫長難治的病程中掙扎，到哪一代才能真正掙脫，這是難以預測的。這不是太晦澀太悲觀了嗎？然而這是比較文化學，比較社會學，甚至比較文學中真正做了比較後所能得到的唯一真誠的結論，黑格爾不曾故意詆毀中國，但中國文明在他眼裡，是否能脫離文化的搖籃期，則是疑問。

從七九至八二，我的情緒停止了長期鐘擺的動態，而成為一線直徑的形勢。兩端擺盪時，在思想上是歐陸和英倫的（柏拉圖或亞里斯多德），在文學上是形式主義和內容要求，在行動上，是學院還是脫離學院。

一、關於民族意識增長的問題

相當複雜。作為世界的一員，與其他先進國家並肩探尋人間命運的氣概，中國人一直沒有建立，舉凡世界新事物的建立，難題的突破，中國人很難參與。世界兩極的探險，人類環境的探討，疾病的控制或根除，科學／人文知識的長進等等，中國人作為一個民族，一直在坐享其成的地位上。也就是說，魯迅所說的「拿來主義」的心理還是無形地控制著我們。從這一點來看，中國百年來的民族意識是相當萎弱的。

中國人所說的民族主義，經常是指排外而言。把騎在頭上的外國人排出國門，這是不想看到自己做別人的奴隸。這是不錯的，但是我們對自己做了世界的二等公民這一點比較不著急。

百年來的中國歷史一直在民族自大狂和民族自卑感的兩極擺盪。而很少深一層去探究這一個病徵，從而設法做一個健全的現代人，面對世界而生活。

從這一點來看，保釣運動只達成了排外的民族意識，而深一層的民族意識較少觸及。

一個群眾運動只應付眼前的政治問題而沒有以文化信念和人文透視作為基礎總是短命的。保釣運動開始不久，就超越了實際的政治層面而開始探索思想層面的問題，由於這一點，保釣運動才沒有成為只是一個政治運動，而是一個規模較大的文化運動。也由於這一點，它可以呼應前面的那個文化運動（即五四運動）而作為那個運動的承繼者。

也就是說，保釣運動應該是中國百年來時斷時續的啟蒙運動的一個環節，從百日維新、洋務運動、五四而至保釣的一段歷史的連環套去看，可以比較明顯地看出保釣的得失。

釣運、統運、大陸的民主運動或台灣的黨外運動，都是一種面對不合理的社會現象而要求合理化的作為，但是由於中國人人文素養的缺乏，對合理的人類社會的前景沒有具體的藍圖，因此常常是能破而不能立。

二、探討社會主義問題和共產主義問題

馬克思主義與其放在政治層面上，不如放在文化層面上來考慮。

特別是整個中國的國民性還不能脫離農民意識的時候，更不可能在政治上實現馬克思主義。由於馬克思主義的理想過於高標，接近宗教，連先進國家都難以企及，更何況是較落後的國家。

馬克思主義帶有濃厚的前瞻性，對人間未來有一個完美的圖景，而人性，特別是人際關係中體現的人性，又是那麼不完美。以不完美的實際形態強說已經落實了完美的社會生活，往往都是不實的政治宣傳。一些所謂的「自由主義份子」常常喜歡把馬克思主義和實際的共產黨政權兩者混為一談，舉出共產國家的一些「黑暗面」，從而對馬克思主義加以否定，這倒是和共產黨人站在一起的。雙方都是要把共產政權和馬克思主義等同起來。一邊說我們實現了馬克思主義，因為我們實現的國家體制就是馬克思主義；另一邊說，所以從你們的體制就可以看出馬克思主義的糟糕。

真正考慮馬克思主義，恐怕還是得跳過這兩家的利害衝突，從更深一層的人文精神的

立場來進行。馬克思主義是為「市民社會」（civil society，相對於國家而言的社會）高度發展後設計的一套社會生活。到那個時候，國家的力量已經被削減，國家的整部機器已經要取消，社會力量相對擴大，馬克思主義順勢成為人們生活的一些規則。

反視今日中國，國家權力龐大，社會力量微弱，國民意識受制於農業生活，這是離實現社會主義條件遠甚的一個國家。五四時期鼓吹馬克思主義的陳獨秀，在審視中國社會結構後，也主張先發展資本主義再論社會主義，在他看來，推展資本主義也就是促使馬克思主義早日誕生。這種論調看似矛盾，然而畢竟有它獨特的洞視和真實性。

考察今日中國的問題，最好擺脫中國政府所標榜的那些意識型態。而直接從「中國的問題歸根結柢是農民問題」這一關鍵著手，即使擺脫了農業社會，在意識上也還長期帶有農民意識。由這一點，也可以看台灣的社會現象。

從這一根本問題進行社會研究或社會改革，毛澤東的一九四九的革命才有可能成為中國歷史上最後的一次農民革命，如果中國不設法擺脫意識上牢牢攀附的農民性（也攀在我們留學的知識份子身上），中國仍不免要受黑格爾的「中國沒有歷史，因為它只有朝代的重複」之譏。毛澤東的革命雖有其特殊的色彩，然而終究是重複著中國歷史上趁亂崛起的農民革命。

不管這場革命的原先理想有多高，但其人民的素質如此，輪到辦國家大事時，也只能發揮農民的智慧而已。魯迅說：

> 大約國民如此，是絕不會有好的政府的，好的政府，或者反而容易倒。也不會有好議

員的；現在常有人罵議員，說他們收賄，無持操，趨炎附勢，自私自利，但大多數的國民，豈非正是如此的麼？

這類的議員，其實確是國民的代表。——《華蓋集》

共產黨員就是直接從中國國民中提拔上去的，基本上大致都是沒有什麼教育的農民，建國初年或許還有一些朝氣可以彌補其不足，日子一久，中國的國民性也就暴露出來了，中國大陸在這三十幾年來，正值其他國家都在發展，科技突飛猛進之時，它卻忙於倒行逆施，忙於內亂，忙於整知識份子。這個問題應是保釣人士可以探究的。如果他還秉有最初參加運動的那份赤誠的話。

其實擺在中國人面前的問題是中國人自己的國民性的問題。再引一句魯迅的話：

最初的革命是排滿，容易做到的，其次的改革是要國民改革自己的壞根性，於是就不肯了。——《兩地書》

這個「就不肯了」的現象，或許也是保釣人士可以加以深思的課題。

中國需要一個啟蒙運動。

中國還沒有一個「現代」（不指時代而言，指精神而言），中國的「現代」很難產，中國人是前現代（pre-modern）人。

如果在海外的中國知識份子從麻將桌下來考慮考慮這個問題……。

再看幾段引句：

有人說，人類當中只有一小撮偏執的天才永遠無法完全成熟，他們抱著青年時期的某種理想主義的世界觀活下去，而絕大多數的正常人，不管是革新還是保守，每個人最終目的都是為了滿足自己的慾望而活，人是不可能一輩子醉心於祭樂（禮）的。

——五木寬之，《飄泊者的旗幟》

信仰是精神方面的能力；動物沒有這種能力；野人和沒開化的人只有恐懼和懷疑。只有高度發展的生物才能夠有信仰。——契訶夫〈札記〉，葉靈鳳編《契訶夫》p.156

這是一種更高級的信仰，最好的例子是杜斯妥也夫斯基筆下的人物。保釣的人，事後觀之，懷有偉大目的的並不多。

再引一句契訶夫的話：

我們憑了活動的目的來判斷人的活動；凡是目的偉大的，那活動才偉大。

（同上，p.144）

*一九八五年十二月二十一日紐約《台灣與世界》雜誌主辦的「保釣運動回顧」座談會上的發言；手稿。

【附錄二】

在海外推展話劇運動是時候了

李　渝

加州灣區由中國留學生組織成的「日出劇團」經過了四個多月的苦心經營，終於在一九七三年四月八日演出了四幕長劇《雷雨》。當晚柏克萊的「小劇場」上上下下都擠滿了人群，情況非常熱烈。同月十八日《雷雨》又在舊金山華埠演出，全場爆滿，其實在沒有開幕之前，預購戲票的就已經近千人了。五月十九日，「日出劇團」又南下洛杉磯，作第三次演出，劇終時全場千餘人起立鼓掌。《雷雨》的三次演出無論在留學生群中或是在華埠都深受好評，柏克萊當地的英文《加大每日新聞》，以及舊金山的《為民報》、《時代報》都有專文特別介紹和推薦。這是繼一九七一年《日出》一劇之後，中國留學生在文藝工作的再一次努力成果，這成果再一次留下了相當程度的影響。

《雷雨》原著曹禺，一九三五年發表在《文學季刊》上。從三十年代起到今天，《雷雨》一直不斷的在中國及海外有中國人的地方上演著，深受大眾歡迎。《雷雨》的產生固然要歸功於曹禺個人的才華，但是沒有三十年代動亂的中國社會做為寫作背景，這樣一部特具影響力的巨著是出現不了的。三十年代的中國正處於帝國主義的資本勢力入侵，封建的舊世代正面臨崩潰的歷史階段。而舊勢力也很明白自身的危境，他們紛紛轉向與入侵的強大外國勢力勾結，轉變為買辦集團。在維護自身既得利益之下，更加凌厲的欺壓自己的同胞。《雷雨》中的周氏紳商家庭就是這種封建買辦勢力結合的典型，他們對外無情壓榨煤礦工人，對內亂搞封建男女關係，而最後的結局是死的死，跑的跑，瘋的瘋，在爆發了一場雷雨之後，一個大家庭終於煙消人滅。

不難看出，《雷雨》是以這樣一個紳商家庭在新舊兩種潮流沖激下的敗滅做為主幹而寫的，這原本是一個強有力的主題，能夠深刻地帶出歷史感和社會感。然而由於曹禺過份強調了男女戀愛和宿命論，這股社會力或歷史力在原作中並沒有產生作用。周家的悲劇原應是在歷史進展中的一個典型悲劇，有廣泛的代表性，在原作中卻變成了個人的或家庭的悲劇。追尋這悲劇的由來時，曹禺不向社會、歷史中去找，卻將它歸之於命運之神的手在黑暗處神祕而無情地擺弄著人們。曹禺在《雷雨》序文裡自己說：「在這鬥爭背後或有一個主宰來使用它的管轄，這主宰，希伯來的先知們讚它為『上帝』，希臘的戲劇家們稱它為『命運』，近代的人撇棄這些迷離恍惚的觀念直截了當地叫它為『自然的法則』。」於是那場其實是社會力階級力火併下的大雷雨卻變成了自然的法則，命運的悲劇，天地間的殘忍。

從這樣頹喪的情緒出發，難怪曹禺當初要求看完戲的人回家時，「帶著一種哀靜的心情，在夢想，在計算裡煎熬著的人們。盪漾在他們的心裡應該是水似的悲哀，流不盡的。」然而當時《雷雨》創作的年代正逢「九一八」，「一二八」，「塘沽協定」之後，「七七事變」就要爆發。在這種全國國民都處在生死存亡的關頭，怎麼能叫觀眾心甘情願地低著頭，夢想這做亡國奴的命運，而心中只是充滿「水似的悲哀」呢？

難怪早在一九四〇年，就有人批評《雷雨》並不是一部真正的現實主義作品，由於它只反映了現實的表皮，這種罪惡的現實為什麼會產生？怎麼產生？並沒有挖下去。充其量，它只是更接近於暴露客觀現實的自然主義作品罷了。到一九四九年，文藝思潮更向前進一步的時候，《雷雨》受到了更嚴厲的批評。「未名社」作家楊晦說：「那樣眼睜睜的現實問題，我們的作者，卻一定要強調『雷雨』，強調不可知的力量，」但是，「我們不要『一種哀靜的心情』，不要什麼『欣賞的距離』。我們所要求的，是對於現實的認識與瞭解……我們要求的，是在心裡得到一種認識，增加了一份解決現實問題的力量，我們要由瞭解進而為一種行動。我們決不能容許在心裡盪漾一種水似的、流不盡的悲哀，因為我們走出劇場以後，到明天，各有各的事情要做。」

二十四年前，這樣一位批評家的呼籲終於在今天得到了反響；柏克萊「日出劇團」編導小組將那命運操縱的雷雨蛻變成了新生命併發的風暴。

為了增加時代感，一九七三年的《雷雨》在舞台上出現時，發生地點已從四、五十年前的天津搬到了七〇年代的台北。雖然事隔半個世紀，雖然台北已處所謂「經濟起飛」的世代，正如「演出的話」中所說的：「在中國的一個角落，一個仰靠外國勢力與舊式封建殘餘所支撐起來的畸形社會裡，『雷雨』仍然在上演著。」這就是為什麼改編後的《雷雨》不但不遙遠，反而使人覺得更真實，更緊逼人的緣故了。

七〇年代的周家人幹的事仍舊不外乎一面剝削壓榨礦工，一面又繼續玩弄男女關係，官僚買辦勢力的這種醜惡階級特性是一輩子不改的。於是我們看到舞台上周樸園仍舊專橫凶惡，繁漪仍舊虛無頹廢，周萍仍舊懦弱自私，周沖也仍舊需要靠魯媽才能從無知天真中把他點醒。然而工人魯家卻從原劇陰暗卑微處冒向顯著的地位，在舞台上光亮起來了。

也許是兩年多以來的學生運動使中國留學生們認識了新的價值觀罷，改編後的《雷雨》中，下層階級站到舞台前面來了。魯大海一出現時，不像原劇那樣向周萍談判其妹四鳳與周萍間的曖昧關係了，相反的，他態度堅強，向老闆周樸園交涉礦工們的要求。這一點題，埋伏下了終局的全礦場罷工，周樸園垮台的伏線，加重了資本家如何剝削勞工這一在原劇中不重要的故事線路，而使它成為主題。魯媽一角刪去了許多悲觀、悵然的宿命論的話，使一個本是周樸園性愛下的犧牲品變換成周家罪惡的勇敢揭發者，最後表現出了毅然拋下雖是骨肉卻是相反階級的周萍，帶領著下一代昂首走出周家大門的硬骨頭精神。魯媽被重新賦予了堅強的靈魂，她在舞台上的身影使我們不禁想起了李奶奶（紅燈記），盼水媽（龍江頌），沙奶奶（沙家濱）這種種形象不同、精神卻一樣的舞台上的英雄人物。原劇周公館淪為慈善醫院這一結尾也刪去了，而以狂風暴雨中，魯媽手牽大海和四鳳走出周家，繁漪狂喊：「我要看你們周家毀滅！」一聲中落幕。這一改變使原劇完全擺脫了那「水似的悲哀」，而舊勢力的滅亡，新希望的產生，在雷光雨聲中變得如此明確，當觀眾走出劇場時，心中也必定翻滾著一股遏止不住的熱情吧。三十年代原劇失敗的原因，最主要的，是曹禺沒有看清楚下層階級的力量，也沒有明確的階級感。他的創作才華就浪費了在挖掘男女與血緣關係上。或許是因為曹禺生長於舊式大家庭罷，他能夠清清楚楚將封建大家庭的那顆腐爛了的心剝露出來，尤其能夠描寫像他自己一樣年青的自由主義知識份子在舊傳統崩潰之時的掙扎和反叛，例如

《北京人》中的曾文清、素姨，《雷雨》中的周萍、繁漪，《日出》中的方達生，然而在原劇中沒有被給予重要戲份的魯媽和魯大這樣的販夫走卒，男僕女傭，漁人礦工的勞動者，這位出身清華大學的高級知識份子卻忽略了他們能夠產生的力量。在整個戲劇發展的過程中，他們完全附隸於周家這一線路，本身沒有獨立性。曹禺在解放之後，明瞭了自己的短處，也曾改寫《雷雨》，刪去了很多談情說愛場面，增加了礦工戲。但是下層階級那種特有的高貴情操，只有在「日出劇團」的改編之下才透露出來。在劇終時，魯媽手牽大海和四鳳，莊嚴的形象充滿自信和決心，「日出劇團」終將《雷雨》從虛無敗滅裡救了出來，實實在在賦予了它現實的任務，光明的遠景。

在演出上「日出劇團」或許還有些小毛病，一般說來，演出水準相當整齊。周樸園、繁漪、魯媽、魯貴的幾場對手戲已超出時下「百萬影片」的水準，不要說在台灣上演的《武陵人》、《第五牆》，這類不知所云的「現代派」話劇了。然而我們在批評《雷雨》的同時，更念念不忘的是灣區中國同學們的苦幹精神，他們在做工念書之餘，能夠排演出這樣有意義、有水準的作品，不能不說是留學生界難得的事了，而且似乎也為打麻將，看武俠小說，搞股票房地產的一般留學生提供了更好的一項活動。

其實《雷雨》從劇本的修改，演員的召集，排練，一直到前後台通力合作這一連串的演出過程之中，在工作態度和方法上，遵循的就是一條現實而光明的完完全全不同的新路。除了選擇正確主題之外，技術上「日出劇團」採用的是集體經營的方式：有主意大家出，有困難大家解決，有勞力大家分攤著做。這種集體而又民主的方法掃除了個人主義、風頭主義，和明星制度。一部話劇的成功演出不是西方式的個人才華的顯揚，而是大家共同的心血，同志愛的結晶體。

這樣的一條重視主題，而且拋除晦澀和頹廢，在主題中推展出新希望的集體創作路線早就為千萬中國人所遵守著，實在不是一條「新」路了。然而對於從台港中國留學生來說，身受了二十多年殖民地式的買辦文化教育，歐美的個人主義和形式主義被教導成是文藝的最高表達方式，經過兩年多的保釣運動，如今終於背叛了這種教導，卻不能說不是走上了一條不同的新路，不能不說是雷雨後的新晴，從洛杉磯千人起立鼓掌看來，這條新路也廣泛而熱情的被海外中國人所接受了。有人說保釣運動已經進入「低潮」，但是從《雷雨》演出的種種跡象看來，因釣運與認識新中國而起的新價值觀，最明顯的，從與下層階級認同的一點來說，與其說釣運的高潮已退，倒不如說它已經變成了一道潛流，它的影響力在海外中國人之間流動著。《雷雨》的演出是這潛流的一個突出表現，同時它本身也更推動了這一潛流的流動。

北美西部地區的中國留學生們在保釣運動話劇工作這一環節上，一向是打前鋒。《日出》一劇像春雷一樣的響遍，此後的兩年中，更有不斷的努力和進步。粵語新劇的創作，例如《革命前奏曲》，《海外夢覺》，現在再加上《雷雨》的改編與演出，一波接著一波，層層上漲。其實，學生運動或是政治運動是離不開文藝運動的，而文藝運動中尤以話劇運動最有效力。話劇通常能夠比較不直接卻更細膩深入地顯出人的思想層面，再加上舞台上實際人物的行走配合、聲光佈置，在感染力上比其他文藝形式要強，在宣傳方面也要比演講會、座談會這一類政治活動有時要更吸引人，更容易說服人。至於一種能夠深刻反映現實，批評現實的戲劇，它早已不是舞台上供觀眾賞玩，舞台下供文人品評推敲的貧血東西，而是文化線上的鋒利武器了。不必說中國現今的樣板戲能夠啟發革命情操罷，回看五四以來，話劇、廣播劇、街頭劇、小劇場，這種種戲劇形式在歷史上打動了多少人心，喚起了多少群眾！

從改編《雷雨》在北美廣泛為中國人所接受所推讚看來，繼承五四以來這一光輝的戲劇傳統，在海外推廣話劇運動確實是時候了。這個工作項目已由「日出劇團」開了先鋒。在不斷向前進步的同時，它需要各地的支持和呼應，以使這一股層層上漲的浪水能夠成為大江大河。靠著戲劇工作來尋找進步的力量，也許我們都能逐漸在過程中由瞭解現實進而對現實採取行動，使我們走出劇場之後，到明天，都去做那些應該做的事，那麼也許這一江河就可以匯入那前進中的歷史潮流中去了。

原載《東風》第三期，美國：東風雜誌社，頁三十二——三十四，一九七三年六月。

【附錄二】

《桂蓉媳婦》演出的話

李 渝

女性佔世界人口的一半，然而這一半人口的大部份都沒有自主的權利，不能盡情發揮作用，被以男性為中心的不合理社會所束縛。

人類歷史幾乎就是一部女性受剝削壓迫的歷史。父系社會處處以男子為重，男人是一家之主，一國之君，而女子從小就被調教要做賢淑溫順的人。舊社會裡女子生下是父親的財產，結了婚是丈夫的財產，沒有自己的獨立位置。現代社會到來命運也不會好多少，婦女生活的極終目標仍舊被認定是找個好男人，有個好歸宿罷了。受這樣的價值觀念所統御，如何打扮，如何討男人歡喜，如何侍候男人的腸胃，如何將自己打扮漂亮家裡收拾得溫馨，成為現代婦女的新理想。也許有人覺得人各有志，而男主外、女主內，雙方同意了不也是很公平嗎？事實卻是，當男人的工作被承認、肯定時，女子在油煙、灰塵、孩童之間的奔波卻常常被認為是本份的普通家務，沒什麼大不了的，辛苦完全被忽略了，勞動力完全被蔑視了。

更重要的是，當婦女長期滯留在家中，很容易和外界大環境失聯，除了在買菜購物之際知道了一些物價的升降之外，不容易看見世界發生了什麼事，得到什麼新知識，久而久之，眼光逐漸縮小在家屋之內，除了柴米油鹽雞毛蒜皮之外，不再去動其他的腦子，和外在環境的進展脫了節。等到男人下班回來，那一桌豐盛的晚餐前的笑容變成了一天唯一的志業和慰藉以後，本來可以成為社會動力的人，就這樣成了傳統男女關係的附庸奴隸。

這種現象不禁使我們自問：作為一個女性，她的生存價值是什麼？是依順了那些不成文卻無處不在的社會條例，心甘情願給豢養在屋簷底下做寄生蟲，還是獨立自主，做一個有意志、決心，敢於思想和行動的人？其實淑女、閨秀、名媛貴婦等還是很幸運的，佔大多數的低階層婦女，她們的命運是什麼？她們的生存價值又在哪裡？當今社會，酒家女、妓女、按摩女等各種行業，是各個角落的大張著口的火坑，正等待著窮人家的女兒們跳入呢。倖免的也得落進車衣廠、電子廠、加工廠，成為廉價勞力，轉入另一種不幸的輪迴。貧窮本就是辛苦的，貧窮的女人更是雙重辛苦，她們暗無天日的生活才是更為深切的社會悲劇。

自身經驗驅使女性自覺自醒，迫切的感到，再沒有奮力去改變社會的萬種無理才是最緊要的事了。我們應該時時以低階層婦女為懷，從她們的立場來看事，才能揭發更深沉的問題。

女性主義運動顯然不是與男性為敵，要打倒男人，或者把他們趕到廚房和育嬰室去。而是要為女子在這不合理的社會中爭取一個定點。在這一個定點上，女子也要成為社會能動力的一份子，要與另一半人類齊進，來共同建設合理而平等的制度。在這個新制度裡，人的價值是以能力和智慧為基點，不是性別。

六十五年前的三月八日，美國芝加哥女工們為爭取基本人權展開了大規模的抗爭，半個世紀以來，她們的訴求決心和行動為各個國家的女性傚法和繼承。我們選在三月演出原名「婦女代表」的「桂蓉媳婦」，也是為了傚取國際婦女節的精神。桂蓉是個農村女子，她領悟到落後思想的鉗制，主動爭取介入社會的權力和機會，終於能夠自己站起來。桂蓉是個先進典型，她的故事是鼓勵我們的好榜樣。演出之前，我們一面歡欣於展出這一個光明的例子，一面憂懷著還被蜷屈在暗處的「媳婦」們。然而就在此刻，有數不清的桂蓉們正是在為掙脫枷鎖的一天而奮鬥著；女性運動是一支火把，在我們之間將不歇的傳遞下去！

《桂蓉媳婦》改編自《婦女代表》（原載《劇本雜誌》，中國戲劇家協會，一九五三年第三期），一九七三年三月為慶祝三八婦女節在紐約曼哈頓演出。此文根據當日節目單上〈演出的話〉修訂。

【附錄三】

小說《雨後春花》

李　渝

從一月下半旬P城就開始落雨了。雨時大時小時有時無，但總是淅淅瀝瀝的下不停。阿英坐在公寓的窗沿，沒神的望著街外。

P城姐妹會從成立到現在也快一年了，參加人數卻越來越少，本是二十幾個人的團體，如今剩下十來個，一星期一次的聚會一連好幾回竟只有七、八個，甚至五、六個人出席。前天開會，一向最忠貞的阿玲居然也說功課忙，又老是感冒，不能常來了。

阿英一想就不高興，起初說好是大家一起幹的，現在這有事那有事，動不動就不來，一點積極性都沒有，還談什麼婦女解放運動的。

一年來姐妹會雖然做了不少事，像聯誼會、學習會、讀書會等等，通訊也一直在出刊，整個工作推行得並不順利，其實是每況愈下的。學習小組現在一開會就吵架，每個人都有一套說法，都是自己有理，誰也不聽誰的。平心靜氣討論的時候少，大聲爭辯的時候多，問題永遠解決不了。再說通訊吧，本來是講好每期大家一起來籌劃的，後來因為出主意的人太多，幾次工作會議六、七小時馬拉松開下來得不出結論，於是公推一個編輯小組負責，其他人做收集資料的工作。不到一個月，小小四個人的編輯組又吵翻了天；路線問題、讀者對象是誰、文章內容，甚至設計上貼不貼一個圖案，都吵得人仰馬翻。一個氣跑了，另一個鬧情緒不肯再合作，只剩小陳和阿元兩人撐局面。而人手不足挑燈夜戰的結果，小陳實驗出了不少錯，立刻就被教授老闆削了獎學金，生活費出現問題，無心再負責通訊了。這份本來就逐漸萎縮的刊物真不知道該怎樣才能維持下去。至於聯誼會的事，記得第一次開會，浩浩蕩蕩來了五、六十人，可是上個月底只不過第二次開會，出乎意外的只出現一半人數，而且都是自己姐妹會的會員再加上幾個熟人而已，簡直看不見民眾。事後檢討，有人認為宣傳做得不夠，有人認為節目太單調，吸引不了人。討論到後來不得要領，最容易上火的阿芳大罵不來的人是「反動派」，而且批評姐妹會走錯路線，搞什麼「修正主義」的活動，「革命又不是『請客吃飯』！」當時大家都很氣餒，雖然覺得阿芳話說得有點過，但是也想不出其他緣由來。這次聯誼會之後，不是姐妹會會員的老同學蔡秀美打電話告訴阿英一個內幕消息：「大家說妳們是左派，是共產黨，很怕。」

阿英前思後想，當初姐妹會成立那天，大夥是多麼的興奮呀！一聲號召，小小屋子裡就坐滿了人。女性解放這一題目使平日來往不多的這批女子們一下子就熟絡起來，議程還沒定好呢大家就談開了。有些人坦白訴說親身經驗，有些人有板有眼分析和評論，有些人引用歷史上、書本上的例子來闡述女子向來受欺負的事實。阿英睜大眼睛，看著聽著，心想，這群平日秀氣的太太小姐們，原來一個個心中都藏著一股洪流啊！說到女性們應該自己站起來，做一點有意義的事之後，大家更痛快了，都點頭說這才是辦法，於是立刻就約定了下一次開會的時間，也好具體的討論以後該怎麼做，姐妹會就這麼立時成立了。

那真是心交心、意通意的一個晚上啊，阿英想。大家的經驗是一樣的，理想是類近的。然而，怎麼工作一路敗頹了下來呢？

其實就在第二次聚會的時候，氣氛就不太一樣了。那是週六的一個下午，由於上次人多，就改借了學校一間交誼室作會址，和第一次不同的是，不少人把一家大小都帶了來，包括丈夫在內。作接待的阿芳見到男人，不客氣的一律拒於門外，認為：「這是姐妹會，是談婦女解放問題的，你們男人不要來看戲！」

男人可不可以參加的情況上次並沒有遇到，由於事前沒有準備，大家意見不一致，於是當場決定投票表決。帶丈夫來的畢竟佔少數，就通過了原先的處理方式，請男人們回家。雖說是民主投票決定的，那幾位丈夫被拒的太太們卻是當場就不高興起來。

討論工作項目時，半數左右的有孩子的人提議辦托兒服務，理由是可以解決實際生活上的一些困難。把婦女從廚房解放出來的公共食堂辦不到，托兒服務至少可以讓人換個手，省出一些照料小孩的時間，得到一些工作和學習的機會。還在讀碩士的張立美立刻反對，主張應該針對女學生而非家庭主婦做工作，因為，「家庭主婦、職業婦女的積極性不高。」

當時場上的家庭主婦和職業婦女也立刻就譁然了，七嘴八舌批評她看不起人、偏見。當眾被指責的立美也氣上來反駁對方，「家庭主婦一腦子丈夫小孩，職業婦女只知道哪個公司老闆好，薪水高，一點階級情感、階級立場都沒有的！」

立美提到的觀念頗中要害，而當時又被那些在會場跑來跑去的小孩子們吵得頭昏，於是阿英也舉手發言，「應該革命人生觀第一，婦女運動第一，家事、私事第七、第八！」

站在門口的阿芳鼓掌叫好，不等主席答應就搶著說，「辦托兒所是給小資產階級錦上添花，我們婦女會是要投入進步運動的，不是來給你看小孩的！」

陳文文這時緊接說，「我們應該眼光放遠大一點，不要只看在男人、丈夫、小孩身上！」

這一來一往彼此聲援附和，阿英是覺得場面上一片痛快，句句有理的。那天的聚會就在兩種意見分歧中不了了之。不料這下卻真正觸怒了好幾位已婚會員，這也是事後蔡秀美打電話來才知道的。據說這幾位會員因而怨言不少，口傳之下，姐妹會的名譽受到了頗大的打擊。

雖然心中不安，阿英不願意諒解再不來開會的人，認為她們處處表現了保守落伍的心態，向她們屈服就等於不能把持正確路線，是妥協的表現。

「革命事業第一，家事其次」，這句話錯不了，必須是行動的大前提——但是，為什麼那麼多人不同意，甚至索性迴避了呢？望著那下不完的淅瀝雨，雖然不斷替自己打氣，心中一團悶氣卻像塊乾海綿一樣卡在那裡。

越想越悶，越悶越不開心，她從窗臺跳下來，拿出外衣和雨傘。過橋去華埠找又梅聊聊，看又梅怎麼說，她這麼打算。

一進人人書店，正遇到老謝在店裡拆紙箱，對方抬起頭來看見她，笑著說，「阿英，一陣子沒見妳了，上回買的書都看了嗎？」

阿英心叫慚愧，最近被這些姐姐妹妹的事弄得不安，書連摸都還沒摸呢。她一邊支吾是啊是啊一邊也忙著拆箱子，幫著把裡頭的一包包工藝品拿出來，這才發覺書店又擴張了，不但書更多，又添了兩個唱片架，還加了一間工藝品小賣室。

老謝說，「姐妹會辦得怎樣了，新到幾張唱片，拿去會上放放吧。」阿英越覺得心虛，忙忙清完了一個箱子就轉去了書架，拿了一本選集，打個岔後繞到後邊工作室去了。

又梅比劃著雙手，正在教一群小孩子們唱歌呢，阿英向她做了個手勢，要她等會過來。地下室裡乒乓球桌周圍佔滿了人，華埠工作隊的小龍正在和一個工人模樣的殺得熱鬧，大大小小觀眾在旁邊鼓掌叫好。閱覽架旁的沙發上，有幾個唐山伯在抽菸看報打瞌睡。

阿英依著一個舊竹椅坐下來，身邊一個白髮老伯漏出大門牙向她友善的笑著打招呼。阿英就英文夾雜著三兩句廣東話跟他聊起來，問他近來日子過得可好，阿伯漏著門牙呵呵說好啊好啊，「以前是沒地方去的，現在想來就過來坐坐，看看家鄉報紙畫報什麼的，和別的老頭聊聊，眼前人這樣多，小孫子跑來跑去，好啊好啊。」

又梅走下樓梯了，阿英拍拍老伯的手，站起來。又梅笑著說，「雨天沒地方去，倒是想起我了。」阿英老實招出是來請教的。又梅說，「這裡太吵，我們去後邊談。」

穿過房間時，又梅用流利的廣東話跟這個招呼跟那個打趣，一路有說有笑。她穿著一件寬大的藍色工作服，牛仔褲，雙腕袖子卷上的地方沾著粉筆灰，頭髮直湯湯的。老同學林又梅大學時代可不是這個樣子的，那時她是法學院的一朵名花，又漂亮又伶俐書又念得出色，總被老師寵著、被男孩子圍著捧著不可一世。後來在美國再見她，那是兩、三年前運動還沒開始時，她仍舊是一身時尚眼睛長在頭頂的。

這兩年的變化真是大，昔日的美麗高傲的公主變成了眼前這樸素實在的社會工作者，學生運動是何等神奇的把她蛻變成了另一種人。

小屋中坐定，阿英就一五一十把近來的挫折和煩惱都傾了出來。又梅專心的聽，等她說完，沉默了一會，並沒有回答阿英的問題，倒是說起方才在交誼室和她聊天的白髮阿伯來。

「那位譚伯，」又梅說，「兩年前花園角那一次示威，還向我們扔石頭呢。」

「可是，」她又接著說，「妳剛才坐的那把椅子，倒也是他後來從家裡自己搬來的。」

又梅談起在華埠初開始工作時的情形，「那時候還沒有樓上的教室和這地下室，只有現在的人人書店一小片店面，店裡放幾本雜書而已，可是我們想做事的熱情絕不下於妳們姐妹會成立的那一天。小書店重新漆得油亮，店門貼上醒目的革命標語，還掛出了五星旗呢。一切就緒，大家以為從此革命工作就要起步了。想不到開張之後門可羅雀，偶然幾個好奇的過路人探頭看看就又走了，倒是那種梳了油頭的幫會青年有意搗蛋，進來故意把書碰翻，問些無聊問題等等，生意這樣清冷，店就維持不了了。本來談好兩年租約的，房東改變主意，要三個月內就收回，只給了搬遷的時間而已。大家腳步亂起來，開始意見不合，不懷好意的人乘機興風作浪，眼看就撐不住了。」

又梅將椅子往前移了移，「這時候，幾個年青時曾做苦工的唐山伯找上了門來。他們告訴我們，一九五〇年代就在這同一地方，他們曾經和右派有過激烈的鬥爭，幾乎被關進牢裡，當時美國正是麥卡錫時代。他們勸我們要和民眾生活在一起，走實際的和收斂的道路。我們聽了以後，經過了好一陣爭論，到底是把五星旗收了起來，同時也開始自我檢討批評，才承認留學生的我們平日來到中國城不過是吃飯買菜而已，從不曾想去瞭解當地民眾，對他們有什麼關心的，像我這從台灣來的，連他們的話都一句不懂呢。也是從那時起，我才認真學起了廣東話。」

當初又梅決定到華埠去做社會服務工作時，阿英是很不以為然的，雖然又梅主修亞裔研究，主意應該放在華裔身上，但是她從台灣來，還是應該貢獻於台灣問題才是，記得那時又梅回答，「只要誠心去做事就好，而且那兒工人窮人多，是培養階級情感的好地方，將來回台灣貢獻經驗也不遲。」

不要說別的，就看她現在衣著樸素談吐誠懇，本地話說得沒疙瘩，就知道她已經從工作中學習到不少東西了。

又梅繼續說，「後來我們一步步開辦了互助托兒，食物合作社，華語班，技術進習班，又有學法律的同學提供法律協助，幫居民解決一些日常繁雜問題，一切的一切，都是為了改正過去的傲慢無知，汲取老唐山伯的經驗，和大眾生活在一起。」

阿英聽到這裡，記起姐妹會第二次聚會不久，一天在超市遇到劉麗明，對方向她抱怨公子哥丈夫從不幫忙家事，兩大袋菜還得自己扛回家，對她開玩笑的說，「我看妳們婦女會不要去搞什麼革命事業的，不如組織個一星期一次的car pool，幫幫我們這種不會開車的人，還算真是為人民服務呢。」

當時聽著心裡就嘀咕，想著，「自己嫁個公子哥怪誰？何況女性主義又不是為妳買菜燒飯的，真是沒有立場！」

啊呀，好在這話當時沒說出口！

「效果來得也真快，一年下來，買書的，來書店聊天閒坐的人都多了。房東的小女兒寄放在托兒班，再不提提前解租約的事了。書店生意慢慢好起來，就一併租下了後面的房間和地下室。現在常有人自動過來作義工，捐傢俱、食品。那天譚伯把他的藤椅親自搬來時，我們真是又感激又高興。」

想不到那舊藤椅還有故事呢，阿英的心情開朗起來，「對姐妹會來說，這是多麼好的學習的例子！」

踏出店門時，滴答的雨竟停了，微風涼爽的吹來，回程公車的窗外，天空的厚雲和車子一起飛動，透出了塊塊的藍天，白羽的水鳥沿海岸線呱呱叫著飛過海面，海水閃爍著粼粼的陽光。

阿英反省又反省，回想自己這一年來說過的話做過的事，點點滴滴，胸口橫著的那塊海綿漸漸軟化了。她記起離開書店時謝伯提醒的看書的事，從背包中拿出新買的一本書，翻開來，在「關心群眾生活」的下面，讀到了：

> 我們要勝利，一定還要做很多的工作……解決群眾的穿衣問題，吃飯問題，住房，柴米油鹽問題，衛生問題，總之，一切群眾的實際生活問題，都是我們應當注意的問題，假如我們對這些問題注意了，解決了，滿足了群眾的需要，我們就真正成了群眾生活的組織者，群眾就會真正圍繞在我們的周圍，熱烈地擁護我們。

她坐直了身子接著讀下去：

> 我們不但要提出任務，而且要解決完成任務的方法問題，我們的任務是過河，

但是沒有橋或沒有船就不能過，不解決橋或船的問題，任務也只是瞎說一頓。

建立進步的人生觀是沒錯的，但是光談理論，不做群眾工作，不正是空講過河，卻不找船一樣嗎？

公車快到站了，雖是黃昏，不遠處的P城已經點亮了燈火，阿英歡喜起來，特別感到了溫馨，她想，在那裡，有我朝夕一同工作的夥伴，在那裡，有我急於接近的陌生人；她的胸中開始滋潤了，「這個週末的學習會上一定要提出關心群眾這件事，」她對自己說，「也許，也許真應該採納托兒的意見，辦一個托兒班，也許，可以組織一個開車服務團隊，幫忙接送搬運等，也許我們可以提供駕駛學習，教開車，也許……。」最要緊的是自己少說話，少辯論，不要老以為自己的想法才是最正確的，才是應該執行的。

她的心熱起來，多少事，多少人，就在不遠的那兒等待著她呢！

而且，她想，群眾運動固然是船，婦女運動不也是船嗎？那更大更光明的任務難道不是藉著關心身邊的人，藉著女性的解放而在將來和男性並肩一起建立一個沒有壓迫剝削的公平又快樂的世界嗎？

一下車阿英就跑了起來。下了這許多天的雨，沒想到一街的桃花都開了，雨霽的陽光下一樹接一樹，在回家的路上開得滿滿的，紅彤彤的，飛耀在她的耳旁。

原載《東風雜誌》第三期，美國：東風雜誌社，頁三七—六一，一九七三年六月。二〇一三年夏修訂。

【編者跋】

射雕回看

李渝

風勁角弓鳴，將軍獵渭城。草枯鷹眼疾，雪盡馬蹄輕。忽過新豐市，還歸細柳營。回看射雕處，千里暮雲平。

——〈觀獵〉王維

美國西海岸灣區的柏克萊是個自由開放的大學城，一九六〇、七〇年代美國學生運動風起雲湧，加州大學走在激進的最前鋒。一九七一年中國留學生保衛釣魚台運動發生前夕，在地學運的抗爭目標已由反戰、言論自由等轉進黑人民權運動、原住民解放運動、女性主義、維護人民公園等。

每天校園內外人潮洶湧，煙硝瀰漫，學生在廣場上燒徵集令，黑豹黨穿黑皮夾克結隊巡邏，警察和學生隨時以催淚彈和石頭對陣，每時每處都熱鬧非凡，開放進取的精神洋溢，濡染著從極權台灣和殖民香港來的中國留學生們。初期保釣運動在反傳統、反體制，反剝削壓迫、嚮往公平自由社會的理想主義的傾向上，深深由美國學運啟發著。

運動由香港學生發起，台灣學生響應，一九七一年一月十五日，加大「保衛釣魚台列島行動委員會」和「中國同學會」聯合在校園舉行第一次討論會，決定一月二十九日中午十二點半，在三藩市中國城聖瑪利廣場舉行示威，運動正式啟動。當時為示威而擬定的標語和口號包括了：「團結就是力量」、「發揚五四愛國精神」、「中國人民勢必拿回釣魚台」、「打倒日本軍國主義」、「反對美日勾結謀奪中國土地」、「美國無權過問釣魚台」、「反對美國侵犯中國領土、染指中國油礦」、「二十一條賣國喪權不許重演」、「反對出賣釣魚台，誓死反對」、「公開一切中日談判內容」等。其中以「外抗強權，內除國賊」為主要。

除了反對日本軍國主義、反資反殖外，口號把矛頭指向了國民黨，這是當時同時發動在他地的釣運尚未提出的議題，它使柏城釣運在全美釣運聯盟中脫穎而出，也使《中央日報》社論立刻單挑柏城成員，戴上紅帽子，列入×匪名單，並且在接下來的四九示威時，以暴力攻擊保釣成員。

「行動委員會」中香港同學多負責實務，例如聯絡人馬、安排會議、佈置示威等，台灣同學多負責文職，包括了敘述理論、出版刊物、演出話劇等，雙邊一起策劃親密合作，屬於後者的文字工作則多由松棻執筆或撰擬。

緊接示威，行委會號召遠近才藝人手，作為紀念「五四」五十二週年活動的一部份，排練四幕二場十八位演員的曹禺的《日出》，五月八日在加大「小劇場」公演，晚八時六百席位坐滿，準時開幕。隨後《戰報》第二期特大號一九七一年六月一日出刊，手抄鋼版印刷七十六頁，厚厚對摺成一疊，夾在挖空的電話黃冊裡，寄到了台北。

位於校園西北角1793 Oxford St——牛津街的我們的公寓位置便利，成為釣運的聯絡站。這是三層老樓房的第一層，空間很大也舊得可以，傢俱泰半都是街上撿回的，每次請陳世驤老師來坐，不知該讓他坐在哪把還像樣的椅子裡。樓裡其他二層舍友都是赤腳長髮抽大麻的六〇年代美國好青年，三樓的兩位男生在閣樓培植了大麻溫室，枝葉長高了伸出天窗，從底下街頭仰望就能見。樓房的大門從不關，一樓我們公寓門本就鎖不上也從不鎖，朋友們都知道怎麼按住門把中間一個環節，往右轉就能開，這訣竅保釣期間越發發揮了作用。

除了晚上睡覺時間，從早到晚不論陰晴，我們的公寓開始隨時有人進出來去，房裡滿滿是人，電話鈴響個不停，永遠講在線上，爐上總是坐著茶水飯食。每天都是朝氣的，活潑的，一心只想打抱不平、改變現狀、捍衛世界，充滿了對自己和世界的期許。我們熱情地策劃，熱烈地行動，一起編刊物、發傳單、排話劇、辦電台，一起買菜吃飯、開會開車、躺在長椅上地板上睡覺、聊天、談理想、定方案、趕期限、討論、辯論、吵架，吵完之後的午夜三點鐘一起過海去舊金山吃宵夜。週末常有唐文標從核桃溪開車過來，一路迢迢。唐某有遠見，立下報效台灣的志向，顧慮回台問題，寧做一個旁觀者，卻隨時支援又比誰都激情。大夥之間直率相對，不猜不忌，坦誠合作，樂觀進取，共同的理想形成共同的生活群體，建立了誠摯的友情，共度了一段如花季一般燦爛而短暫的青春時光。

運動喚起歷史意識和認同論題，小型讀書會形成，大家開始一起念中國現代史。如果說釣運，與二十餘年來對港、台來的我們不過是個模糊存在的中國大陸開始了關心，並且以後很快向左傾，朝統一運動邁進，要從這重讀中國現代史開始。

柏城有兩處圖書館，一是東方語文系辦公樓Duran Hall二樓的中韓日文圖書館，一是市區霞塔克街上的「中國研究中心」——Center for Chinese Studies，前者屬正脈，後者專藏二十世紀中國左派政經史，兩處書籍齊全豐富。我們本就不相信國民黨的說法，現在發現了范文瀾、費孝通、侯外廬等史學大家，他們筆下別有故事，文筆又老練深厚，讓人讀不釋手，和我們在台灣和香港念到的史述是多麼的不一樣；歷史以嶄新而迷人的面目出現，給予了極大的衝擊。

讀中國近百年半殖民史，從鴉片戰爭到一九四九，不受感於列強的狠毒，政權的腐敗懦弱，人民的辛苦，愛國人士的奮鬥與壯烈犧牲，而同情左派或者思想開始左轉，大約是不可能的。魯迅成為燈塔，瞿秋白、聞一多等整套借回來複印，沈從文小說集被傳閱。大家看完《東方紅》舞劇時，那種共享的興奮現在想起來仍舊是栩栩如昨日。是的，華夏疆土是黑暗沉淪的大地，對那時的我們，是畢竟在延安不是在南京，在北京不是在台北，出現了曙光。

一九七二年，松棻述職聯合國，我們搬到紐約。從學院小城來到大都會，而自己也不再是學生了，如同告別無邪少年時光，生活的新階段開始。

紐約釣運本就人多，現在又加入了從美、歐各地匯集來的基本上是保釣成員的聯合國新職員，規模可以想見。運動的客觀條件這時也出現關鍵性變數：一九七一年十一月聯合國會員投票，以中華人民共和國替代中華民國，中國聯大代表團進駐曼哈頓六十二街。一九七二年二月尼克森訪問中國大陸，發佈上海「聯合公報」，中共聲勢如日中天。釣運改觀，迅速進入與中國緊密掛鉤的統運高峰。代表團向忠貞人士提供包括了職位升等、企業商機，和代辦旅遊、進出口貿易等等優惠權益。

本著青年知識份子的良知良能與權制抗爭，釣運發動得清新有力，充滿了進步精神，現在在理論上、行動上，尤其是在實際生活中，開始和權力中心走得非常近。從抗議一個政權變成依附、擁護，甚至取悅一個政權，運動掉轉方向，語言和作風都改變了。國家／中國不可批評，政體有維護的必要，言行要和官方齊步，「正確路線」必須堅持，不容許不同意見另立「山頭」。更糟的是，人與人猜忌起來，精力花去了「摸底」，處理「內部矛盾」，「奪權」，和比左的理論論戰上。紐約一個小型婦女會，聚會時間都用來「揪毒草」，極左有理，把持言論權，態度之專橫，話語之凌厲，做法之絕斷，借「正義」之聲行霸凌之實是驚人的。

統運和文革可怕的接近起來，接近到使人後來不得不慶幸，好在這是美國，好在這是紐約曼哈頓，否則暴力已經發生。

於我，柏城和紐約分據釣運經驗的兩個階段，前者使我在核心的參與中看見了人的可愛，人性的可塑，和理想主義的動人力量；後者使我初步接觸了政治現實，在某種程度上體驗了人際關係的可畏，領悟了人的局限。保釣經驗給予我的與其說是歷史政治社會意義或知識，不如說是一種對生活與人的認識。

學生運動和政治運動是兩個層次，兩種疆域的活動。前者沒有先置條件，見不平則鳴，自發自動自然，是它純潔清新的美質，也是它的局範。它是即興的，暫時的，過渡的，在抗議吶喊之後，學生們仍是要回去教室，學運能做的就是這樣了。如果由抗議進而要求改變現狀，就必須進入體制與其奮鬥，才會有成效，但是這就不再是學運，而是要求專職或專志的政治活動了（例如八〇年代台灣反對黨的成立就顯示了這一種轉進的過程）。

要求政運像學運一樣乾淨是幼稚的。八〇年代中國「改革開放」，極左失勢，史述又一次翻案改寫，四九年後歷史揭去另一層假面。理想主義的我們本以為社會主義是要消除不平等階級，去除剝削壓迫制度，建立公平合理共享社會的，現實中的社會主義政權不容情地告示我們，它卻是經由狠毒的權鬥和不斷裁制異己，為人間帶來了大飢荒和大動亂。

松棻曾提起政治運動是否可以滌洗人性的問題，現在運動的現實和被不能再虛妄的語言所打點喬裝出來的五、六、七〇年代新中國社會主義歷史都直接回答了這問題。

政治自然有其複雜細膩層次，和為國為民的高尚目的，但是政治和權鬥分不開關係，一旦登上權利的列車，啟動的往往是人性負面素質，而且難得有人會願意下車。人是不會因政治運動而改變的，原來是怎樣的人，後來還是怎樣的人，何況本就革命理論一套，日常生活行為卻是另一套。人性才是永遠的。釐定人行動的究竟不是理想理論等空話，而是本能、實利、對現實情況的考慮。私心、嫉心、權慾與其說在政治中才見，不如說存在於比比你我之間。不是統治者才會獨裁，我們都有法西斯的潛力；不是政治家才會打謊，關頭上凡人都不願說真話；不嫉妒別人比自己強不太可能，而權利一旦拿到手裡嚐到口中，人人都不會想放下它。能夠阻擋腐敗沉淪的，不是政治運動，是嚴格的法律、強有力的制衡制度，可遇不可求的個人崇高操守。政治有政策、功能、實利要緊緊掌握，是強者的疆場，不用甚至不能講良知，軟心腸的政治家注定要失敗。而想獲得成效則必須攻佔權域，否則連上場說話做事的機會都沒有。這是無奈的歷史鐵律和生活本質。釣運從政治性變成為人與處境的哲學問題，發出了沉重的警訊。

政治謀求國家與人民的利益，並不骯髒，政治家為眾人造福，絕非個個可厭。人間行業各有先決性質和條件，比如音樂要耳靈手巧，金融要會數錢，政治則須擅長權謀，不避敗德。各業對等均值，遵守遊戲的規則，有成者都值得驕傲和受人尊敬。優良的政治更是億萬人的期盼和幸福。七〇年代釣運後來促生了一批熱誠的政治家和社會工作者，二〇一二年日本強收釣島入領土，釣魚台問題出現遠比以前複雜激烈的新局面，今日保釣行動者以不同的方式仍在孜孜不息地奮鬥著。

在所有的志業中，只有藝術容忍不切實際，容納懦弱畏縮，只有藝術接受幻想、痴夢和顛狂——怎麼荒唐都沒關係。只有藝術在乎人的本質，和生活的意義，掛念生命的沉浮，關注康德說的「頭上的星斗和心中的道德」，致力於超性的可能。

只有在包涵了文學在內的藝術的國度，人可以洗滌，再生，讓自己變成好人，讓周圍成為新世界。

光陰倏忽，激昂青春年代轉眼已遙在半個世紀前。回首釣運，於我，是加州靛藍的天空，明亮的太陽，無邪的人情——這樣的日子和關係，不是運動的活動還是道理等，形成了我的保釣記憶。這記憶常又會引出別的記憶，例如陽光的校園草地，晨昏灑在草地上的晶瑩的水泉，陰涼乾淨的總圖書館和東方圖書館，線裝書的頁角蜿蜒著蟲蝕，學校餐廳兩塊錢的午餐夠兩人合吃飽，在校務大樓廣場的石階上曬太陽，鼓聲從廣場的底層傳過來，南邊電報街的漂亮嬉皮們，Cody書店和毛／Moe 書店，北邊演哥達楚浮維斯康新小林正樹小津安二郎的小電影院，霞塔克街上喬法尼的披薩口味最豐富，無名／no name小吃店讓你在搖曳的藤花影下虛坐一下午；牆角的半邊蓮在黃昏的光線中顏色特別艷；然而三、四月一下起細雨，就很像台北了，牛津街上的小葉梅就會從打濕了的黑色樹幹上綻放出一年一度的水紅色的五瓣花，從向西的窗口，花樹的頂端，海灣遙遙在跟你眨眼閃爍。這一件件清晰又生動的情與景形成如鑲彩玻璃一般的記憶的圖域，與其說是和保釣有關，不如說它就是柏城求學生活的全部紀錄。

運動過去，年齡增長，工作、職業，自己到底要做什麼、能做什麼的問題接踵而來。一九七四年夏去中國，見到後期文革。現實中國和理想、理論中國相距甚遠，外象令人不安，回來後就此一併把心中疑問帶向某種總結，逐漸退出活動。

松棻重續哲學和文學論述，我重拾藝術史，在我們重新寫小說前。

*根據刊於一九九六年九月九日中國時報《人間副刊》〈保釣和文革〉增寫。

The Guo Sung Fen Collection

All the wondering and searching has one central image in mind, that's the author's homeland: Taiwan.

Volume 1

Guo Sung Fen on Baodiao Movement

1971, Berkeley, at the center of civic protests that lead to counterculture prevailing the US, students from Hong Kong and Taiwan got organized by an abrupt issue: to reclaim the sovereign of Diaoyu Islands, which marked the beginning of the so-called Baodiao Movement. Originally a pursuer of academic achievements, Guo Sung Fen suddenly found himself involved deeply into these political/national controversies. This collection detailed the dynamics beneath Baodiao Movement, gives us a better view of the turnning point that affect the course of Taiwan till now.

Volume 2

Guo Sung Fen on Civic Engagement

Intellectuals would always be challenged with the classical dilemma: whether to engage in political and societal issue whenever possible, or to maintain individual independent all the time. On the high tide of Baodiao Movement, these two contradictive approaches collided head-to-head and inevitably led to cleavages within comradeship. In the reading of Sartre and Camus, two prominent thinker of 20th century that broke up by activism division, Guo Sung Fen fought his way through enigmatic discourses.

Guo Sung Fen on Baodiao Movement
First Edition

by Guo Sung Fen (郭松棻)

INK Literary Monthly Publishing Co., Ltd.
8F., No.249, Jian 1st Road,
Zhonghe Dist., New Taipei City 235, Taiwan (R.O.C.)
ink.book@msa.hinet.net
http://www.sudu.cc

Chief Editor: Chu An-ming
Text Editor: Sung Minching   Chen Chien-yu
Art Director: Lin Li-hua
Publisher: Chang Shu-min

This publication receives funding support from the Editor Power Project Grant Program by Ministry of Culture, Republic of China (Taiwan)

Library of Congress Cataloging in Publication Data

Guo Sung Fen (郭松棻),
Guo Sung Fen on Baodiao Movement

1 Baodiao Movement
2 Collection

ISBN 978-986-5823-31-3 (paperback)

文學叢書 465

INK PUBLISHING

郭松棻文集：保釣卷

作　　者　郭松棻
主　　編　李　渝　簡義明
總 編 輯　初安民
責任編輯　宋敏菁　孫家琦　施淑清
美術編輯　黃昶憲　林麗華
校　　對　李　渝　簡義明　孫家琦　施淑清

發 行 人　張書銘
出　　版　INK印刻文學生活雜誌出版有限公司
新北市中和區建一路249號8樓
電話：02-22281626
傳真：02-22281598
e-mail：ink.book@msa.hinet.net
網　　址　舒讀網http：//www.sudu.cc

法律顧問　巨鼎博達法律事務所
施竣中律師
總 代 理　成陽出版股份有限公司
電　　話　03-3589000（代表號）
傳　　真　03-3556521
郵政劃撥　19000691 成陽出版股份有限公司
印　　刷　海王印刷事業股份有限公司

港澳總經銷　泛華發行代理有限公司
地　　址　香港新界將軍澳工業邨駿昌街7號2樓
電　　話　(852) 2798 2220
傳　　真　(852) 2796 5471
網　　址　www.gccd.com.hk

出版日期　2015年11月　初版
ISBN　978-986-5823-31-3

定　價　430元

本書榮獲 文化部 MINISTRY OF CULTURE 編輯力出版企畫補助

國家圖書館出版品預行編目資料

郭松棻文集：保釣卷 / 郭松棻 著；
--初版，--新北市：INK印刻文學，
2015.11　面；17 × 23公分（印刻文學；465）
ISBN　978-986-5823-31-3（平裝）
1.保釣運動　2.文集
578.19307　102016961